甘肃省文化资源名录
（第三十二卷）
地名文化 Ⅲ

村、社区

总 主 编：陈 青　王福生
副总主编：马廷旭
总 校 对：刘玉顺
本卷主编：李 骅　王 荟

图书在版编目（CIP）数据

甘肃省文化资源名录. 第三十二卷 / 陈青, 王福生总主编; 甘肃省社会科学院编. — 北京: 中国书籍出版社, 2018.1
ISBN 978-7-5068-6716-0

Ⅰ. ①甘⋯ Ⅱ. ①陈⋯ ②王⋯ ③甘⋯ Ⅲ. ①文化遗产—甘肃—名录 Ⅳ. ①K294.2-62

中国版本图书馆CIP数据核字（2018）第027837号

甘肃省文化资源名录　第三十二卷

陈　青　王福生　　总主编
甘肃省社会科学院　　编

责任编辑	李国永
责任印制	孙马飞　马　芝
封面设计	东方美迪
出版发行	中国书籍出版社
地　　址	北京市丰台区三路居路97号（邮编：100073）
电　　话	（010）52257143（总编室）　　　（010）52257140（发行部）
电子邮箱	eo@chinabp.com.cn
经　　销	全国新华书店
印　　刷	三河市顺兴印务有限公司
开　　本	787毫米×1092毫米　1/16
字　　数	426千字
印　　张	17
版　　次	2018年1月第1版　2018年1月第1次印刷
书　　号	ISBN 978-7-5068-6716-0
定　　价	208.00元

版权所有　翻印必究

甘肃省文化资源普查和分类分级评估工作领导小组

组　长　　连　辑

副组长　　张广智

成　员　　俞建宁　张建昌　范　鹏　武来银　伏晓春　赵海林
　　　　　　王智平　周继尧　史志明　李宗锋　阿　布　李　堋
　　　　　　曹玉龙　陈　汉　梁文钊　陈德兴　妥建福　樊　辉
　　　　　　肖立群　王兰玲　肖学智　宋金圣　拜真忠　卢旺存
　　　　　　石生泰　柳　民　吴国生　火玉龙　车安宁　马少青
　　　　　　王福生　张智若

甘肃省文化资源普查和分类分级评估工作领导小组办公室及下设机构

主　　　任　　范　鹏

常务副主任　　王福生

副　主　任　　李　堋　　王兰玲　　柳　民

执行副主任　　侯拓野　　马廷旭　　陈月芳　　廖士俊

成　　　员　　杨文福　　丁　禄　　田锡如　　李含荣　　路晓峰　　刘效明
　　　　　　　张建胜　　徐麟辉　　马志强　　张春锋　　梁朝阳　　方剑平
　　　　　　　黄国明　　王银军　　刘志忠　　李拾良　　王登渤　　赵艳超
　　　　　　　席浩林　　王　钢　　刘　晋　　李军林　　王景辉　　邵　斌
　　　　　　　杨彦斌　　李素芬　　李才仁加　王　旭　　王治纲

综合协调组

组　　长　　王灵凤

成　　员　　庞　巍　　马争朝　　吴绍珍　　巨　虹　　王彦翔　　唐莉萍
　　　　　　段翠清

普查业务组

组　　长　　谢增虎

成　　员　　马东平　　侯宗辉　　马亚萍　　戚晓萍　　魏学宏　　李　骅
　　　　　　买小英　　梁仲靖　　王　屹　　海　敬

技术保障组

组　　长　　刘玉顺

成　　员　　胡圣方　　王　荟　　谢宏斌　　张博文　　宋晓琴

专家联络组

组　　长　　郝树声　　马步升

成　　员　　金　蓉　　赵　敏

甘肃省文化资源名录编纂委员会

主　　任　　陈　青　郝　远
副 主 任　　范　鹏　彭鸿嘉　俞建宁　王福生
委　　员　　朱智文　安文华　刘进军　马廷旭
　　　　　　王俊莲　王　琦　陈双梅

总 主 编　　陈　青　王福生
副总主编　　马廷旭
总 校 对　　刘玉顺
成　　员　　谢增虎　马东平　侯宗辉　马亚萍　戚晓萍
　　　　　　魏学宏　赵国军　谢　羽　金　蓉　买小英
　　　　　　巨　虹　吴绍珍　胡圣方　李　骅　鲁雪峰
　　　　　　梁仲靖　王　荟　王　屹　海　敬　段翠清
　　　　　　李志鹏　尹小娟　姜　江

前 言

丝绸之路三千里，华夏文明八千年。甘肃是华夏文明的重要发祥地之一，是中华民族重要的文化资源宝库，是国务院认定的"华夏文明传承创新区"。为了保护和传承甘肃恢宏的历史与当代文化资源，使之能够汇总展示给世界，并永久流传，甘肃省从2013年4月启动了全省文化资源普查工作。在甘肃省文化资源普查和分类分级评估工作领导小组组织下，动员全省各市（州）县（区）、31个厅局及省直单位的专业人员，数十位专家学者，历时两年，完成了普查和数据录入工作。对于全省文化资源普查成果，甘肃省社会科学院又经过两年时间整理完善、分类编辑、拾遗补阙、校对编排，现在终于有了《甘肃省文化资源名录》的付梓出版。

《甘肃省文化资源名录》集中展现了甘肃历史悠久、丰富多样的文化资源。甘肃历史文化遗存位列全国前茅，民族民俗文化特色鲜明，现代文化颇具实力。伏羲文化、大地湾文化、马家窑文化、齐家文化、寺洼文化、彩陶文化、周秦早期文化、长城文化、汉简文化、三国文化、五凉文化、敦煌文化、石窟文化、黄河文化等历史文化资源积淀深厚；道教文化、西夏文化、伊斯兰文化、藏传佛教文化等民族宗教文化资源星罗棋布；大革命文化、根据地文化、长征文化、抗日文化、解放区文化等红色文化资源耀眼夺目；工业文化、科技文化、歌舞文化、大众文化等现代文化资源特色鲜明。可以说，文化资源是历代生活在甘肃的华夏儿女留给这块大地的永不磨灭的最辉煌印记。

就甘肃省文化资源的精华而言，截至2017年初，全省馆藏可移动文物为195.84万件，各类不可移动文物16895处。有世界文化遗产7处，全国重点文物保护单位131处，省级文物保护单位556处，国家级非物质文化遗产代表性项目68项。有国家级历史文化名城4座，国家级历史文化名镇7座，中国历史文化名村2座，中国传统村落36个。莫高窟、嘉峪关、伏羲庙、麦积山、炳灵寺、阳关、玉门关、锁阳城、崆峒山、拉卜楞寺、中山桥……，都是甘肃文化的历史见证；敦煌汉简、悬泉汉简、铜奔马、牛肉面、剪纸、花儿、皮影、羊皮筏子、黄河水车……，都是甘肃永恒的文化名片；腊子口、哈达铺、会师楼、南梁……，都是甘肃代表性红色文化遗产；酒泉卫星发射中心、刘家峡水电站、玉门油田、《读者》《丝路花雨》《大梦敦煌》……，都是甘肃之所以为甘肃的鲜明标志；祁连山、雪山冰川、河西走廊、大漠戈壁、高原草原、天池梅园……，都是如意甘肃的生动写照。众多的历史、自然和现代文化资源犹如满天繁星，镶嵌在广袤的甘肃大地上熠熠生辉。

《甘肃省文化资源名录》汇总甘肃省文化资源的精华，完成了打造华夏文明传承创新区的基础工作。《名录》将文化资源分为二十大类，分别是：文物；红色文化；重要历史事件与人物；重要历史文献；民族语言文字；非物质文化遗产；自然景观文化；宗教文化；文学艺术；饮食文化；建筑文化；节庆、赛事文化；文化之乡；地名文化；文化传媒；社科研究；文化类高等教育；文化艺术机构团体；文化产业；文化人才。每类文化资源按属性又分若干子分类，每个子分类都有严格的界定。同时，将文化资源级别分为省级和市州级。省级文化资源是指国务院、国家有关部委、甘肃省政府和省直部门已经明确命名、认定、管理（或委托管理）的国家级和省级文化资源，以及甘肃省文化资源普查办公室评估认定并核定公布、报送备案的文化资源。市州级文化资源是指甘肃省各市州、县级政府及其管理部门已经明确命名、认定、管理的市县文化资源，以及甘肃省文化资源普查办公室评估认定并核定公布、报送备案的市县文化资源。甘肃省内世界级文化资源（遗产）纳入省级文化资源管理范围，暂未认定级别和不需认定级别的文化资源统一纳入市州级文化资源范围。

推出《甘肃省文化资源名录》，对于推进华夏文明传承创新区建设、甘肃文化大省建设、丝绸之路黄金段建设意义深远。《名录》不仅仅记录了甘肃文化资源的种类和数量，也使甘肃文化资源的资源类别、品相级别、蕴藏情况、流布地域、传承范围和衍变情况得以准确和清晰化。通过编辑出版《甘肃省文化资源名录》，形成一个科学完整的文化资源数据库、文化资源研究的学术平台、文化资源传承保护和开发利用的指南，有助于更好地挖掘那些具有世界影响、国家价值、显著特点、唯一仅存、开发潜力巨大的代表性文化资源，为文化资源的有效保护提供科学依据，为重点文化资源找到开发的机遇并重塑生长的价值，为文化产业项目的开发利用提供可靠的参考。所以，《名录》的推出，是甘肃省文化资源普查成果面向世界迈出的第一步，是文化实力助推甘肃转型发展的坚实步伐，它为甘肃省今后对文化资源进行保护传承、专题研究、数字展示、市场开发奠定了基础。

甘肃省社会科学院

2017 年 7 月

目 录

前　言　001

村、社区　001

（十五）天水市张家川回族自治县　002
（十六）武威市凉州区　049
（十七）武威市古浪县　051
（十八）武威市民勤县　069
（十九）武威市天祝县　070
（二十）张掖市甘州区　107
（二十一）张掖市山丹县　155
（二十二）张掖市民乐县　178
（二十三）张掖市临泽县　200
（二十四）张掖市肃南裕固族自治县　214
（二十五）张掖市高台县　234

后　记　258

甘肃省文化资源名录
第三十二卷 地名文化 Ⅲ

村、社区

（十五）天水市张家川回族自治县
（十六）武威市凉州区
（十七）武威市古浪县
（十八）武威市民勤县
（十九）武威市天祝县
（二十）张掖市甘州区
（二十一）张掖市山丹县
（二十二）张掖市民乐县
（二十三）张掖市临泽县
（二十四）张掖市肃南裕固族自治县
（二十五）张掖市高台县

（十五）天水市张家川回族自治县

0001 大阳乡下渠村

简　介：下渠村位于张家川县西南部，属张家川县北部梁峁沟壑地形，境内海拔1200-1500米。全村产业结构以种植业和养殖业为主，种植业以粮食作物为主，有玉米、小麦、马铃薯；经济作物以冬油菜、胡麻为主；养殖业以养牛和养羊为主。

0002 梁山乡丹麻村

简　介：丹麻村位于张家川县西部半干旱山区，与庄浪县朱店镇相接壤，离县城46公里。有六年级小学1所，教职工8人，就读学生138名。该村是一个纯汉族村。全村共有7个村民小组。

0003 闫家乡三友村

简　介：三友村地处闫家乡东南部，属典型高寒阴湿山区，全村共有3个组，73户，365人。相传1918年，有三位分别姓金、贾、赵的少年，从山西太原一路逃荒来到现在的三友村，三人在此开荒种地，繁衍后代。后来家族不断壮大，三个姓氏分别住在三头。三友村就是因他们的居住特点和为了纪念三个少年的友谊而得名的。

0004 连五乡腰庄村

简　介：腰庄村由苏家、腰庄、大丈八、小丈八4个自然村组成。全村有6个村民小组，291户，1541人。

0005 恭门镇水池村

简　介：水池村距离恭门镇12公里，共有7个村民小组，185户，821人，耕地面积1819.6亩。全村共有党员30名，村干部3人。村民主要种植小麦、玉米、洋芋等农作物。

0006 马鹿乡宝坪村

简　介：马鹿乡宝坪村地处张家川县东部，省道S305公路沿线。全村现有两个自然村，4个村民小组，人口180户，800人。该村有土地面积2652亩，耕地面积1860亩，人均耕地面积2.2亩；大家畜存栏350头，羊500只。人均纯收入3000元。

0007 恭门镇河北村

简　介：河北村距离恭门镇4公里，共有5个村民小组，201户，1005人，耕地面积2354亩。主要种植小麦、玉米、洋芋等农作物。畜牧业主要是养殖牛、羊、猪、鸡，大多处于散养状态。

0008 闫家乡朝阳村

简　介：清朝战乱年间，当时住在陕西凤翔县朝家堡子第三十六坊的回族群众为了避难逃至闫家的仁义沟，定居下来后沿用当时朝家堡子的村名，后将仁义沟更名为朝阳村，沿用至今。朝阳村位于闫家乡南部，距乡政府所在地1.5公里，有2个自然村，3个村民小组，158户，723人。全村耕地面积2206亩，实施退耕还林365亩。

0009 大阳乡水滩村

简　介：水滩村辖4个村民小组，158户，784人；有耕地面积1280亩，其中粮田面积977亩，人均2.6亩。

0010 马关乡上河村

简　介：上河村位于马关乡北部，南接小庄村，北连上豆村；距离乡政府3公里，属半干旱浅山区。全村下设4个村民小组，共有224户，1247人。全村总面积为1456亩，其中耕地面积为1225亩，人均1.2亩，以种植小麦、玉米等粮食作物为主。

0011 张家川镇西街村

简　介：张家川镇西街村位于县城西部，有8个村民小组，525户，2568人，是一个纯回族聚居村。该村耕地面积1198亩，人均0.7亩。2012年农民人均纯收入3200元。

0012 张棉乡和平村

简　介：和平村位于张棉乡西南部，距乡政府5公里，属关山林源浅山区，平均海拔1900米，年降雨量630毫米左右，气候高寒阴湿。全村共有4个村民小组，229户，1126人，其中回族212人，劳动力580人。全村有耕地面积2230亩，其中计税面积1824亩，主要种植小麦、洋芋、玉米等作物。群众收入主要靠种植、养殖和劳务输出。和平村由3个自然村组成，分别是韦家、王家、吊湾。韦家以前叫韦家弯，三个自然村各自成立一个大队，没有合在一个大队名下，并且王家和韦家虽然都是纯汉族，但之间为了争占山头产生很大的矛盾。吊湾是一个纯回族自然村，和韦家、王家也有分歧，后来，政府部门为了方便管理和让各村相处融洽，把韦家、王家、吊湾组合成一个大队，起名叫"和平大队"，这就是和平村村名的由来。

0013 恭门镇麻山村

简　介：麻山村位于恭门镇东南，距离镇政府所在地8公里。平均海拔2064米，属高寒阴湿气候。全村有6个村民小组，5个自然村，252户，1202人，总面积5768亩，耕地面积3996亩，其中退耕还林面积为1450亩。粮食作物以小麦、玉米、马铃薯为主，经济作物有蚕豆、胡麻等。2012年人均纯收入1830元。

0014 刘堡乡米家村

简　介：米家村位于刘堡乡最南端，距张家川县城3公里。全村共有村民910人，庄天二级公路穿境而过。清朝末期，米家三兄弟逃难到此，此地原本是大森林，兄弟三人在此开荒耕地为生，米家村名就由此而来。

0015 梁山乡岳山村

简　介：岳山村位于梁山乡东南部，距乡政府4公里。全村有4个自然村，9个村民小组，334户，1632人。全村耕地面积3472亩，人均2.1亩。经济发展以种植业、劳务输出为主，由于近年来通过不断调整产业结构，扩大劳务输出规模，全村经济发展较快，到2013年底，人均年纯收入达到3350元。

0016 恭门镇付川村

简　介：恭门镇付川村位于恭门镇东部，距城中心6.3公里，是一个传统农业大村。全村总面积3.2平方公里，有8个村民小组，425个农户，2007人，总耕地面积3301亩，人均占有耕地1.65亩，人均年纯收入达到2010元。

0017 大阳乡侯吴村

简　介：侯吴村位于张家川县东西部干旱山区，平均海拔1600-1900米，年均降雨量500毫米，年平均气温8℃，无霜期160天。全村共有3个村民小组，214户，1147人，耕地面积1600亩，人均1.7亩，其中粮田面积1400亩，梯田面积1400亩。

0018 木河乡李沟村

简　介：李沟村位于木河乡西部，张蔡公路穿村而过。平均海拔1680米，年均降雨量550毫米，年平均气温7℃，无霜期175天。全村共有6个村民小组，389户，1894人。产业结构以种植业和养殖业为主，种植业以粮食作物为主，有玉米、小麦、马铃薯；经济作物以冬油菜、胡麻为主；养殖业以养牛和养羊为主，现有存栏大型家畜580头，羊689只。2013年全村农民人均纯收入2450元。

0019 木河乡庄河村

简　介：庄河村地处张家川县城与龙山镇之间、木河乡西部，张蔡公路从村中穿过。全村有6个村民小组，415户，2156人。该村耕地面积2324亩，现存栏牛866头，羊2850只。2013年底全村农民人均纯收入5700元。

0020 闫家乡陈庙村

简　介：1862-1877年间，原来居住在今陕西省凤翔县的回族，为了躲避战火，北上翻关山来到了今天的张家川回族自治县，从凤翔县逃亡来的回族人至今被称为"凤翔人"。张家川县闫家乡陈庙村人就是从陕西逃亡上来的"凤翔人"中的一小股。传说，陈庙人逃亡走到陈庙村时，看见一座庙在那里，就居住在庙里，后来慢慢发现那儿有山有水、有森林，可以开荒种植庄稼，就在那儿居住了下来繁衍生息。后来打听到，他们居住的那座庙是原来几户陈姓人家的庙，就把该地取名"陈家庙"。解放以后建立了行政村，取名"陈庙村"。陈庙村位于闫家乡西北部，距乡政府所在地5公里。全村有3个村民小组，110户，429人。村民主要种植小麦、马铃薯、蚕豆、胡麻等作物。2012年村民人均纯收入2000元左右。

0021 平安乡磨马村

简　介：磨马村位于张家川县东部，距县城13公里，总面积10.3平方公里，耕地面积4266亩，人均占有面积4.5亩。共有6个村民小组，256户，1028人。农民年人均纯收入2141元。

0022 马关乡八杜村

简　介：八杜村位于马关乡东北方，与庙湾村相毗邻，东面是庙湾，西面为石川村。该村现有7个自然小组，339户，1667人。全村面积大约3.6平方公里，耕地面积2723亩，人均面积1.6亩。该村产业以种植业、养殖业和劳务输出为主。

0023 大阳乡中庄村

简　介：中庄村位于张家川县东西部干旱山区，平均海拔1600-1900米，年均降雨量500毫米，年平均气温8℃，无霜期160天。全村共有6个村民小组，234户，1247人，耕地面积1700亩，人均1.7亩，其中粮田面积1400亩，梯田面积1400亩。全村产业以种植业和养殖业为主。

0024 恭门镇毛磨村

简　介：毛磨村位于恭门镇西南部。全村有3个村民小组，106户，434人，其中男227人，女207人。全村现有大家畜存栏455头。有耕地面积有1015亩，林地面积有865亩。

0025 张棉乡张棉村

简　介：张棉村是张棉乡政府所在地，地理条件比较差，属高寒阴湿区。全村共有4个自然村，5个村民小组，231户，1097人，耕地面积2490亩，人均耕地2.27亩。相传张骞应募出使月氏途中被匈奴王所拘。匈奴王将公主许配给张骞。张骞在匈奴地一住十二年有余，生有三男两女。后张骞伺机携公主和儿女回国复命，在返回中原的途中，担心汉武帝将会以叛逆之罪杀掉他，便将匈奴公主和五个孩子安置在张家川，自己和叔父张裕皋等人去长安面君复旨。汉武帝见他一片丹心，赦免其罪，还封张骞为博望侯，其长子张绵，次子张络，三子张絮也各有赐爵。当时，为了防止匈奴南侵，汉武帝钦定张绵为亭驿官职，建立驿站。后因敌人不断骚扰，张绵便将驿站迁移到今张家川县张棉乡所在地，因驿官司名叫张绵，后人称此地为张棉驿，名传至今。

0026 张棉乡东峡村

简　介：东峡村地处张家川县张棉驿乡东北部深山区，是以汉族人口占主体的贫困农业村。该村自然条件比较差，境内地势为西南低东北高，地表较为凹凸不平，地势起伏较大，海拔在2100-2300米之间。东峡村原名叫照雨川，民国时期由于笔误，文字记载为"赵映川"。在解放前，因躲避战乱和部分进山放牧的群众定居在"石窑子""上堡子"，并与"照雨川"沿河分布，形成现在的三个自然村。1953年成立张棉驿乡后，乡政府考虑到三个自然村坐落在龙山河源头的东面峡谷地段，便更名为"东峡村"。

0027 马关乡东山村

简　介：东山村位于张家川县西部干旱山区，距马关乡政府4公里，是一个纯回族村。全村总住户数223户，总人口1231人，共分为4个村民小组。土地总面积为2949.2亩，其中，耕地面积1511亩。全村产业结构以种植业和养殖业为主，种植业以粮食作物为主，有玉米、小麦、马铃薯；经济作物以冬油菜、胡麻为主。

0028 恭门镇团结村

简　介：团结村位于镇政府正东 3.7 公里处。该村有 5 个村民小组，162 户，756 人，其中农业人口 756 人，劳动力 451 人，属于回汉杂居村。全村耕地面积 2804 亩，人均耕地 3.7 亩，退耕还林面积 1912 亩，其中山地占耕地面积的 78% 以上，土地贫瘠，广种薄收。农民收入以种植业和外出务工为主，农作物主要有小麦、玉米、洋芋等。经济作物主要有胡麻、油菜。2012 年，农民人均纯收入 1500 元。

0029 恭门镇天河村

简　介：天河村位于恭门镇西南部，有 6 个村民小组，187 户，932 人，其中男 470 人，女 462 人；汉族 715 人，回族 217 人。全村现有大家畜存栏牛 643 只，有耕地面积 2643 亩，林地面积 1025 亩。

0030 马鹿乡堡梁村

简　介：堡梁村位于张家川县东部，南北与大滩村接壤，西与草川接壤，东与金川接壤；距县城 37 公里，海拔 1860 米。全村有 4 个村民小组，253 户，1132 人。堡梁村回汉杂居，其中回族 153 户，695 人，占总人口的 63%；农民劳动力 682 人，占总人口的 62%。全村耕地面积 2945 亩，粮食作物以冬小麦、马铃薯、蚕豆为主。

0031 马关乡黄花村

简　介：黄花村位于马关乡西部，距县城 50 公里，是一个纯汉族村。全村有 3 个自然村，5 个村民小组，202 户，1101 人，耕地面积 1149 亩，年降水量 540 毫米，属半干旱地区。全村产业以种植业和养殖业为主。

0032 马鹿乡白杨村

简　介：白杨村位于张家川县东南部，距马鹿乡政府驻地2.5公里，于S305线以东依山座落，居住分散。全村共有3个自然小村，4个村民小组，159户，735人。全村有土地面积2313.4亩，人均耕地面积2.8亩，以种植业和养殖业为主导产业，种植业主要有小麦、洋芋等粮食作物和大麻、蚕豆、牛蒡、独活等经济作物。畜牧养殖业以大家畜马、牛为主。2013年底村民人均纯收入3180元。该村依山傍水，有得天独厚的天然林资源和和广阔的草资源。

0033 张棉乡马夭村

简　介：马夭村位于张家川县东部高寒阴湿山区，平均海拔1900米，年均降雨量600毫米，年平均气温4.6℃，无霜期180天。全村共有8个村民小组，270户，1448人，耕地面积3563亩，人均2.46亩，其中粮田面积2000亩，梯田面积1563亩。清朝咸丰年间，陕西一带的回族迁移到现在的马夭村，由于是马氏一族，并且住的是窑洞，因此得名马夭村。

0034 大阳乡梁堡村

简　介：梁堡村地处边远山区，距县城18公里。该村土地贫瘠，土壤结构属半干旱浅山区。全村4个村民小组，共有1283人，其中男603人，女680人；村耕地面积1540亩，人均耕地1.19亩，果园面积120亩，退耕还林面积88.5亩，年人均纯收入1960元。

0035 连五乡兰家村

简　介：兰家村大多人口都由陕西搬迁而来，以兰姓为主，故称为"兰家村"。全村共有4个村民小组，231户，1233人。

0036 大阳乡陈阳村

简　介：陈阳村位于大阳乡东南部高寒阴湿山区，共有 6 个村民小组，252 户，1335 人。该村有耕地面积 2030 亩，人均 1.5 亩，其中粮田面积 1930 亩，梯田面积 1500 亩；以种植业和养殖业为主。2012 年村民人均纯收入 3410 元。

0037 木河乡店子村

简　介：店子村地处张蔡公路，属木河乡中心地带，是一个纯回族聚居村。全村共有 5 个村民小组，406 户，2080 人，耕地面积 4818 亩。全村主要经济来源以种植养殖业、劳务输出业、皮毛贩运业为主。2012 年村民人均收入 2056 元。

0038 恭门镇张巴村

简　介：张巴村位于恭门镇西南部，距离恭门镇政府 14 公里，共有 4 个村民小组，169 户，840 人，耕地面积 2462 亩。村民以农作物种植和畜牧养殖业为主；大多数青壮年在新疆、兰州和西安等地开办清真饮食餐馆。村民收入以劳务收入为主，2012 年人均纯收入为 1896 元。村民主要种植小麦、玉米、洋芋等农作物；畜牧业主要是养殖牛、羊、鸡。

0039 连五乡中心村

简　介：中心村之前所属赵坡公社，以韩姓为主，又叫赵坡韩家。全村 6 个村民小组，257 户，1258 人。

0040 胡川乡深坷村

简　介：深坷村地处张家川县城西南 9 公里处，海拔 1820 米。全村耕地面积 2309 亩，人均 2.0 亩；共有 7 个村民小组，296 户，1190 人，年均劳务输出 500 多人。村民年人均纯收入1890元。年均降雨量540毫米，气温7℃左右，无霜期158天。村内草地面积较大，气候适宜，水资源丰富，适宜发展蔬菜种植业和畜牧养殖业。深坷村属纯回族村，辖7个村民小组，以深坷综合养殖厂为龙头，农户分散自养。

0041 张家川镇崔家村

简　介：崔家村地处张家川镇东部，现有204户，1262人。村级组织活动场所总占地210平方米，建筑面积54平方米，投资4万元，始建于2004年。活动场所现有党员活动室、农家书屋、计生室等3个功能室。该村共有耕地面积2156亩，人均占有耕地2亩。产业结构以种（养）殖和餐饮业为主。全村人均纯收入3450元。

0042 龙山镇汪堡村

简　介：汪堡村地处龙山镇西北部，与龙山镇城区相毗邻，共9个村民小组，395户，有党员45人，村代会代表25人。总耕地面积1783亩。全村人口和睦相处，安居乐业，现在村里拥有双垄沟播玉米180亩，小麦800亩，油菜230亩，其他种植作物（包括洋芋等）573亩；道路绿化3000米；核桃园650亩，栽植苗木17000株。村里从事皮毛加工人员56人，收益150万元；劳务输出300人，收益700万元；规模以上宾馆5家，从事人员13人，收益500万元。村里还养有牛21头、羊200只、鸡20000只。

0043 刘堡乡王山村

简　介：王山村地处刘堡乡西北，全村纯回族人口，有2个自然村，4个村民小组，共173户，888人，至2013年底人均收入3450元。

0044 川王乡大庄村

简　介：大庄村位于张家川县西北部，距川王乡政府约3公里。全村有5个自然村，3个村民小组，共212户，1135人。全村耕地2542亩。该村以农业种植为支柱产业，养殖、劳务为副业，目前，大庄村已成为以农业为主，养殖、劳务为辅的综合经济体。

0045 平安乡水泉村

简　介：水泉村位于平安乡东部，距乡所在地6.5公里，海拔高度为2250米，年气温温差大，无霜期143天左右，冬长寒冷，夏短凉爽，年降水量650毫米左右，年平均气温9.4℃，自然灾害频繁，属典型的高寒阴湿区。村内植被良好，草木茂盛，地理环境比较优越。全村总面积21.2平方公里，其中耕地4398亩，人均5.43亩。全村共有7个村民小组，187户，810人。

0046 龙山镇官泉村

简　介：官泉村位于张家川县龙山镇城区东部，属张家川县西部沟壑梁峁地形，海拔1645米，年降雨量599.8毫米左右，年平均气温8.3℃左右。全村共有8个村民小组，478户，2280人，耕地面积1536亩，人均0.7亩。有回族村民750人，占总人口的33%；汉族1530人，占总人口的67%。全村以种植业、劳务输出、商品零售业和养殖业为主。有耕地面积1538亩，川地80亩，山地1458亩，其中小麦播种面积408亩，玉米种植面积530亩，菜籽300亩。洋芋蔬菜等其它农作物300亩，沟壑梁峁绿化1万株，道路绿化1公里。

0047 平安乡马原村

简　介：马原村位于张家川县东部，距县城8公里，耕地面积3285亩，人均占有面积2.94亩。共有7个村民小组，210户，1119人。

0048 大阳乡下李村

简　介：下李村位于张家川县西北部，距县城30公里，距大阳乡政府2公里，东邻大阳乡刘沟村，南接清水县松树乡左李村，西与大阳乡南山村毗邻,北靠大阳乡大阳村小杨村,属张家川县西部梁峁沟壑干旱山区。境内海拔1550-1850米,年平均降雨量550毫米左右,年均温度在8℃左右,有效低温2300-2600℃,光照时数2090小时,无霜期165天,属温和半干旱区。土壤主要是红粘土及黑鸡粪土、黄土类等,植被稀少,土性绵酥。

0049 川王乡松树湾村

简　介：松树湾村位于张家川县川王乡西部,距张家川县城33公里,距川王乡政府8公里,东与铁洼、川王村相邻,南与小河村接邻,西与连五乡腰庄、四合村相邻,北与庄浪县盘安乡史家湾村相邻,是一个纯回族行政村。全村192户,1012人,劳动力500多人；耕地3184亩,林地220亩。2013年人均纯收入2300元。种植业以小麦、油菜、玉米经济作物为主。养殖业以牛、羊和家禽为主。目前,村里有养殖大户17户,2013年牛、羊禽饲养量分别达到100头、600头。养殖收入实现50万元,人均500元。外出务工550人,其中全家外出务工310人,劳务经济总收入300万元,人均收入1850元。

0050 张棉乡先马村

简　介：先马村位于张棉乡东南部,东与马夭村相邻,北与喜湾村相邻,南与刘堡乡李山村接壤,西与川王乡哈沟村相邻。据村里老人说,起初有一魏姓和陈姓大户人家在此居住,被人们叫"陈魏",但相邻组全部为马姓人居住。在成立村组时,这几个组合并为一个村,由于马姓人居住的时间久且人数多,故名先马村。

0051 马关乡草湾村

简　介：草湾村地处马关乡西南端,东邻东山村,西靠西山村,南与马堡村相连,北与石川村接壤。有耕地面积3318.75亩,人均1.17亩。该村辖7个自然村,分为9个村小组,人口2817人,527户。

0052 刘堡乡刘堡村

简　介：刘堡村位于乡政府对面，交通畅通，距县城8公里。全村共有大组5个，404户，2055人，纯汉族。主要以种植为业，大部分村民以打工为主，环境较好。

0053 川王乡峡口村

简　介：峡口村位于张家川县西北部，海拔2040-2100米，年降雨量550毫米左右，年平均体温7℃左右。全村共有3个村民小组，106户，567人，耕地面积1467亩，人均2.58亩，其中良田面积1386亩，梯田面积285亩。全村产业结构以种植业和养殖业为主，种植的粮食作物有玉米、小麦、马铃薯；经济作物以冬油菜、胡麻为主，2013年粮食总产量35吨，人均占有粮食537公斤。养殖业以养牛为主，存栏大家畜180头。全村年输出务工人员108人，劳务总收入55元。人均年纯收入2200元。

0054 刘堡乡芦科村

简　介：芦科村地处刘堡乡东梁片区，因地势偏高，气候寒冷，分芦上、芦下等5个自然村而得名。全村175户，787人，5个村民小组，耕地面积3120亩。人均纯收入2980元。

0055 龙山镇北河村

简　介：北河村位于龙山镇城郊东北部，海拔1500米，光照充足，大多为半山土地。全村分为4个村民小组，共有376户，2023人，其中汉族95户，513人。全村有耕地面积1505亩，其中山地1053亩，川地452亩，冬小麦播种面积439亩，玉米种植面积630亩，菜籽和其它农作物360亩。

0056 大阳乡阳湾村

简　介：阳湾村位于张家川县西部干旱山区，平均海拔1780米。全村共有1个村民小组，127户，557人，耕地面积601亩。全村种植业以粮食作物为主，有玉米、小麦、马铃薯；经济作物以冬油菜、胡麻为主。全村年输出务工人员123人，劳务总收入24万元。2013年全村人均纯收入2600元。

0057 川王乡冯家村

简　介：冯家村位于张家川县西北部半干旱山区，距离乡政府2公里。全村有2个自然村，4个村民小组，135户，1020人，耕地面积1672多亩，人均1.6亩，其中粮田面积1420亩，梯田面积1260亩。全村产业结构以种植业和养殖业为主，种植业以粮食作物为主，有玉米、小麦、马铃薯；经济作物以冬油菜、胡麻为主；养殖业以养牛和养羊为主。全村年输出务工人员275人，劳务总收入160.8万元。2011年全村农民人均纯收入1712元。

0058 龙山镇北街村

简　介：北街村地处龙山镇城区中心地段，距张川县城约15公里，有着得天独厚的地域优势，涉及庄浪县、清水县、秦安县、张家川四县商品集散之地，也是张家川县西部乡镇的物流中心。全村耕地面积为1023亩，种植作物690亩。

0059 恭门镇海河村

简　介：海河村是张川县恭门镇经济发展较为落后的村之一，距镇政府8公里，为恭门镇最南端的一个行政村。该村地理位置偏僻，自然条件差。全村共有4个村民小组，171户，792人，其中劳力人数495人。全村耕地总面积约2603亩，人均约4.2亩。2013年农民人均纯收入2914元。

0060 大阳乡东沟村

简　介：东沟村位于张家川县东西部干旱山区，平均海拔 1600-1900 米，年均降雨量 500 毫米，年平均气温 8℃，无霜期 160 天。全村共有 3 个村民小组，230 户，1207 人，耕地面积 2300 亩，人均 2 亩，其中粮田面积 1700 亩，梯田面积 1500 亩。

0061 木河乡上渠村

简　介：上渠村位于木河乡南部，距张家川县 10 公里，距木河乡 10 公里。共有 2 个自然村，5 个村民小组，276 户，1502 人，其中有劳动力 767 人。全村耕地面积共 1747 亩，其中退耕还林 649.7 亩。2013 年人均纯收入 2130 元。该村种植业以玉米、小麦、洋芋、油菜为主；养殖业以牛、羊为主。2014 年牛、羊饲养量分别达到 218 头、450 只，养殖收入实现 21 万元。外出务工人员 363 人，其中在省外务工 360 人，劳务经济总收入 450 多万元。

0062 恭门镇麻崖村

简　介：麻崖村位于恭门镇东北方，北接邻杨坡村，西连恭门村，东、南接城子村；距恭门镇 3 公里。全村下辖 6 个村民小组，228 户，1025 人，其中劳动力 684 人；有耕地面积 1292 亩。2012 年人均纯收入 2108 元。

0063 胡川乡宁马村

简　介：宁马村地处张家川县西南 13 公里处，属纯回族村，西面与清水县松树乡接壤。全村共有 7 个村民小组，4 个自然村，1268 人，268 户，总耕地面积 2086 亩。

0064 马鹿乡长宁村

简　介：长宁村属甘肃天水张家川回族自治县马鹿乡，人口以回、汉两族构成，是一个典型的山区回汉杂居村。长宁由于地处关山脚下，森林茂密，植被保存完好，适宜于人们渡假、休闲、旅游，是陕甘地区盛夏避暑的天然阳伞。长宁全村有4个自然小组，6个村民小组，288户，1407人。全村共有土地面积4820亩，其中耕地面积4344亩，人均占有耕地3亩。全村粮食总产量422100公斤。经济结构以种植业、养殖业、旅游业、劳务输出为主。

0065 龙山镇韩川村

简　介：韩川村位于张家川县龙山镇西部川区，是一个回汉杂居的贫困村，隶属张家川回族自治县龙山镇政府管辖，距镇政府3.5公里，交通便利。全村共有9个自然小组，420户，2220人。

0066 马关乡西山村

简　介：西山村位于马关乡西部，东接石川村，西连梁山乡梁家村，北与赵沟村相毗邻，南与草湾村相对，距离乡政府7公里，属半干旱浅山区。全村下设3个村民小组，共有198户，1029人。全村总面积为1256亩，其中耕地面积为1125亩，人均1.1亩，以种植小麦、玉米等粮食作物为主。

0067 大阳乡刘沟村

简　介：刘沟村位于张家川县大阳乡东南部山区，平均海拔1600米，年均降雨量450毫米，年平均气温15℃，无霜期220天。全村共有6个村民小组，258户，1350人，耕地面积1285多亩，人均0.98亩，其中粮田面积944亩，梯田面积341亩。全村产业结构以种植业和养殖业为主，种植业以粮食作物为主，有玉米、小麦、马铃薯；经济作物以冬油菜、胡麻为主。2013年粮食总产量1.8万公斤，人均占有粮122公斤。养殖业以养牛和养羊为主，存栏大家畜83头，羊280只。全村年输出务工人员249人，劳务总收入224万元。2013年全村人均纯收入4577.45元。

0068 闫家乡闫家村

简　介：闫家村是闫家乡政府所在地，距县城25公里，有2个自然村，6个村民小组，279户，1117人。全村总面积2.38平方公里，其中耕地面积2437亩，平均海拔1900米。以种植小麦、玉米、马铃薯、胡麻为主。2011年粮食亩产400斤，人均纯收入2086元。闫家村是一个纯回族聚居的村，因旧时境内有闫氏客店而得名。

0069 恭门镇河峪村

简　介：河峪村位于恭门镇东南，距离镇政府所在地13公里，平均海拔2162米，属高寒阴湿气候。全村有4个村民小组，2个自然村，164户，710人。全村总面积2158亩，耕地面积2058亩，其中退耕还林面积为2150亩。粮食作物以小麦、马铃薯为主，经济作物有蚕豆、胡麻等。2013年人均纯收入1630元。

0070 梁山乡杨崖村

简　介：杨崖村位于张家川县梁山乡东南部。全村现有人口216户，6个村民小组，1327人，其中常年外出户87户，617人。全村现有耕地1949亩，梯田面积1600亩。截止2012年，全村基本上实现了梯田化。2013年人均纯收入3000元。

0071 平安乡大湾村

简　介：大湾村位于张家川县东部，距县城15公里；有耕地面积2853亩，人均占有面积4.95亩。全村共有5个村民小组，117户，576人。

0072 胡川乡刘塬村

简　介：刘塬村地处张家川县城20公里处，距乡政府9公里，交通便利，气候适宜，水资源丰富，适宜发展种植业和畜牧养殖业。刘塬村属回汉杂居村，下辖5个村民小组，9个自然村，151户，795人。全村耕地2800亩，人均3.52亩，以牛、羊为主的大家畜饲养量达352头。劳务输出210人，其中女56人。全村主导产业为种植业，特色产业为种植业和畜牧业。

0073 胡川乡蒲家村

简　介：解放前，蒲氏汉族家族曾在此散居，故名为"蒲家"。随后，其他姓氏回族（如白氏、李氏、马氏、杨氏等）人家相继搬迁至此居住至今，后又搬迁至（距现在蒲家村5公里处的清水县黄门乡）三湾村居住，但习惯上一直称"蒲家"。全村有6个自然组，即东组、西组、山场组、西河组、杜条组、芦子组，人口900余人。

0074 胡川乡窑上村

简　介：窑上村位于张家川县胡川乡东南山区，东与恭门镇仁湾村相邻，西与柳湾村罗全组相连，南与清水县薛堡村相邻，北靠蒲家村东组。全村共有4个村民小组，166户，769人，耕地面积3010亩，人均3.9亩，其中粮田面积2574亩，退耕还林面积311.3亩，草地面积124.7亩。全村产业结构以种植业和养殖业为主，种植业以粮食作物为主，有玉米、小麦、马铃薯；经济作物以冬油菜、胡麻为主。2013年粮食总产量134575公斤，人均占有粮175公斤。养殖业以养牛和养羊为主，存栏大家畜77头，羊223只。全村年输出务工人员177人，劳务总收入209万元。2013年全村农民人均纯收入2280元。

0075 胡川乡祁沟村

简　介：相传公元前四千多年前，三任黄帝

姬豕统一全国后，封炎帝神农氏的后人于卢氏（今河南三门峡市卢氏县），并赐姓为祁，祁姓娶黄帝轩辕氏嫡系女子为妻，后入赘于黄帝族。祁江阳为黄帝轩辕氏的十三任帝，祁江阳执政时期，黄帝族中几大贵族集团因争夺政权不断发生内乱，祁江阳在强敌的逼迫下只好率族人北迁。后黄帝轩辕氏的十五任帝祁号次即位，但黄帝轩辕氏的政权已极度衰弱，被逼迫让出帝位，从此祁氏族人四处流落，繁衍生息。元末明初，为避战乱，一祁姓人率家眷在逃亡途中，发现一地三面环山，且山势较缓、土地肥沃，南山之上有九眼清泉，水声潺潺，（现在的九泉组）宜人居住，便安居下来，命名为祁家沟，即现在的祁沟村。

0076 胡川乡后湾村

简　介：后湾村位于张家川县城西南10公里处，距乡政府2公里，东临庄天二级公路；年均降雨量560毫米，气温8℃左右，无霜期146天。村内草地面积较大，气候适宜，适宜发展种植业和畜牧养殖业。目前，后湾村属纯回族村，辖3个村民小组，2个自然村，78户，437人；全村耕地面积965亩，人均2亩；以牛为主的大家畜饲养量达167头（匹），户均2头；劳务输出168人。2013年底人均纯收入3255元。全村主导产业为种植业和餐饮劳务业。

0077 龙山镇四方村

简　介：四方村总共有5个村民小组，383户，2240人，属纯回族村。全村有党员54名，村代会成员31人。四方村耕地面积1488亩，其中山地848亩，川地640亩。2013年办理养老保险258户，742人，参保率达到100%。在农业产业方面，种植双垄沟播玉米600亩，小麦400亩，油菜籽240亩，马铃薯等作物248亩；2014年沟壑梁卯绿化1万株。

0078 胡川乡张堡村

简　介：张堡村位于张家川县城西南11公里处，是乡政府所在地，西临庄天二级公路和后川河；年均降雨量520毫米，气温7℃左右，无霜期150天。村内草地面积较大，交通便利，气候适宜，水资源丰富，适宜发展种植业和畜牧养殖业。此外，村内具有丰富的沙、石资源，为发展采石业创造了有利的条件。张堡村属纯回族村，辖7个村民小组，3个自然村，255户，1281人。2014年实施易地扶贫搬迁新农村项目1处。全村耕地面积2340亩，人均2.1亩。以牛为主的大家畜饲养量达325头（匹），劳务输出294人。2013年底人均纯收入3255元。

0079 恭门镇梁湾村

简　介：梁湾村地处恭门镇西郊，距镇区1公里，有5个村民小组，211户，1004人，属纯回族聚居村。总耕地面积1670.3亩，人均1.2亩。全村经济以种植业和劳务输出为主。2012年底全村农民人均纯收入达2230元。

0080 马鹿乡陡崖村

简　介：陡崖村位于马鹿乡政府西北角，三面环山，距县城37公里，平均海拔1960米，年均降雨量560毫米，年平均气温12℃，无霜期156天，属典型的高原阴湿山区。全村共有3个村民小组，108户，514人，其中回族5户，30人，由两个自然村组成，是一个回汉杂居的村。全村有耕地面积1548亩，人均3亩，主要种植小麦、玉米、洋芋等粮食作物及大麻、蚕豆等经济作物。全村大家畜存栏2232头（匹、只），其中牛1264头，马516匹，羊452只，属我乡的养殖大村之一。

0081 大阳乡南山村

简　介：南山村位于张家川县西部半干旱山区，平均海拔1600米，年均降雨量450毫米，年平均气温15℃，无霜期220天。全村共有4个村民小组，195户，884人，耕地面积1070多亩，人均1.21亩，其中粮田面积80亩，梯田面积990亩。全村产业结构以种植业和养殖业为主，种植业以粮食作物为主，有玉米、小麦、马铃薯；经济作物以冬油菜、胡麻为主，2011年粮食总产量1.6万公斤，人均占有粮122公斤。养殖业以养牛和养羊为主，存栏大家畜83头，羊280只。全村年输出务工人员249人，劳务总收入224万元。2011年全村人均纯收入1712元。

0082 梁山乡阳屲村

简　介：阳屲村位于张家川县梁山乡北部，距梁山乡政府约5公里，与庄浪县管辖的朱店镇接壤，县级公路孔韩路从村中穿过。全村6个自然村，11个村民小组，共530户，人口2568人。全村耕地5553亩，地税面积4550亩，人均年收入2900元，剩余劳动力900余人，村两委班子7人。

0083 龙山镇马河村

简　介：马河村有5个组，552户，3210人，其中村会委员50人。该村有耕地面积2292亩，人均0.66亩，川地1520亩。马河村从东（关路上）至西（许杨家）分布在公路两旁1公里，5个组交叉居住。全村分为上关路、东坡、高坡上、西关里、许杨家、寺背后、河川里、果园地等8个区域，道路硬化8000米。

0084 张家川镇堡山村

简　介：堡山村地处张家川镇西部，现有332户，1525人。全村耕地面积2429亩，人均1.2亩，其中粮田面积1645亩，梯田面积2000亩。全村产业结构以种植业、养殖业和劳务输出业为主。2013年全村人均纯收入3680元。

0085 龙山镇芦塬村

简　介：芦塬村有3个村民小组，179户，835人，其中27户（34人）全家外出务工经商。全村以种养殖业和外出务工为主，有耕地面积709亩，其中小麦播种面积215亩，玉米种植面积281亩，菜籽195亩。全村绿化道路2136米，沟壑梁峁绿化面积18亩。

0086 马鹿乡林峰村

简　介：林峰村位于马鹿乡南部，距马鹿乡政府6.2公里，属于回汉杂居村，共有人口578人，124户，分为5个自然小组：一组李家坡、二组阳坡、三组阴坡、四组杏胡沟、五组赵家大庄。该村地处阴寒潮湿地带，早晚温差较大，农作物以大麻、蚕豆、马铃薯、小麦为主，小麦产量不稳定。牧业以养羊、养牛为主。

0087 平安乡新庄村

简　介：新庄村位于平安乡东部，总面积12平方公里，耕地面积3861亩，人均占有面积2.6亩。年降水量160毫米左右，年平均气温5.8摄氏度。全村共有6个村民小组，265户，1175人，属回汉杂居村，其中回族406人，汉族769人。

0088 梁山乡樱桃沟村

简　介：樱桃沟村位于张家川县西部，分别与秦安县、庄浪县接壤，在梁山乡以南5公里处。全村共有2个村民小组，103户，507人，总耕地面积876亩，良田560亩。主要种植作物为玉米、小麦、马铃薯、油菜。

0089 恭门镇西关村

简　介：西关村位于恭门镇政府所在地，省道S305线横贯全村，共辖4个自然村，6个村民小组，272户，1218人。现有耕地面积1662亩，包括天平铁路征地30亩，退耕还林216亩，城镇规划24.9亩，实有耕地1391.1亩，人均耕地1.14亩。西关村主要依托小城镇发展小型零售业，全村从事零售商业的有40户，其中规模较大的有7户，占全村14.7%。全村共有大小型机动车辆40辆（大型货车3辆），占全村人口的14.7%，车辆主要从事农业生产。村民依靠外出务工增加收入，全村共有各类外出务工人员200余人。

0090 龙山镇李山村

简　介：李山村位于龙山镇西部，有2个自然村，下设3个村民小组，175户，944人。全村外出务工人员达到419人，占全村总人口的44%。

0091 恭门镇张窑村

简　介：张窑村地处偏远，交通不便。全村有7个村民小组，172户，850人，其中贫困人口694人。全村有耕地3406亩，村民以种植小麦为主，兼种蚕豆等极少量经济作物。

0092 木河乡高山村

简　介：高山村位于张家川县中西部高寒阴湿山区，平均海拔1720米，年均降雨量550毫米，年平均气温7℃，无霜期175天。全村共有6个村民小组，296户，1027人，其中贫困户56户，298人。全村产业结构以种植业和养殖业为主，种植业以粮食作物为主，有玉米、小麦、马铃薯；经济作物以冬油菜、胡麻为主；养殖业以养牛和养羊为主，2013年全村存栏大型家畜362头，羊320只。全村年输出务工人员230人，劳务总收入60万元。2013年全村人均纯收入2650元。

0093 大阳乡吴家村

简　介：吴家村位于张家川县西北部地区，距县城30公里，距大阳乡政府9公里，东邻大阳乡高沟村，西接侯吴村，属张家川县西部梁峁沟壑干旱地区，境内海拔1550-1850米，年平均降雨量550毫米左右，年均温度8℃-10℃，无霜期165天，属温和半干旱区。全村有3个村民小组，131户，664人。村里有清真寺2座，村阵地1处。2012年底，全村人均年纯收入1750元，人均占有粮215公斤，是一个纯回族村。全村产业结构以种粮、养殖、劳务输出为主，种粮以小麦、玉米、马铃薯等为主；养殖业以饲养牛、羊、鸡为主。群众经济收入以养殖业、饮食业和劳务输出等为主。全村现从事饮食业32人，劳务输出210人。

0094　恭门镇杨坡村

简　介：杨坡村距离恭门镇3公里，共有7个村民小组，288户，1376人，耕地面积2285亩。全村现有党员32名，村干部3人。

0095　刘堡乡高家村

简　介：高家村主要由高、马、李三大姓组成。全村有5个自然小组，分别是：一组高家，面积331，人数276；二组阳沟，面积345，人数299；三组寺咀，面积310，人数191；四组庙上，面积357，人数392；五组庙下，面积378，人数340。

0096　马关乡上豆村

简　介：上豆村位于马关乡东北部，距离乡政府所在地约8公里，人口2607人。全村共有10个村民小组，总耕地面积为4052亩，人均1.6亩。大部分村民以务农和劳务为主。

0097　刘堡乡丰银村

简　介：丰银村原名叫冯营，在1980年由村文书刻章时改名叫丰银村。全村共有4个自然村组：前梁组30户，汉族，153人；刘秦组29户，回族，163人；丰银组35户，回族，159人；上川组38户，回族，170人。

0098　马鹿乡金川村

简　介：金川村距离县城37公里，是马鹿乡政府所在地。全村由2个自然组组成，9个村民小组，406户，2002人，其中回族986人，占总人口的49%。全村拥有耕地面积4599亩，人均2.3亩。有退耕还林面积

131.2 亩，草原面积 7500 亩。

0099 大阳乡豁岘村

简　介：豁岘村位于张家川县西部干旱山区，大阳乡东南部后沟流域，距离乡政府所在地小阳村 5-6 公里，平均海拔 1600 米，年均降雨量 600 毫米，年平均气温 7.6℃，无霜期 159 天。全村共有 5 个自然村，5 个村民小组，182 户，930 人；有耕地面积 1300 余亩，人均 1.4 亩。全村种植业以粮食作物为主，有玉米、小麦、马铃薯；经济作物以冬油菜、胡麻为主。2013 年粮食总产量 21 万公斤，人均占有粮 500 公斤。养殖业以养牛和养羊为主，存栏牛 100 头，羊 280 只。全村年输出务工人员 300 余人，其中从事清真餐饮服务业人数 200 余人，年劳务总收入达 330 万元。2013 年全村人均纯收入 3600 余元。

0100 刘堡乡杜家村

简　介：杜家村因居住过姓杜的人而命名。全村有 3 个自然组，220 户，1095 人；有耕地面积 1385 亩，以种植业、养殖业为主。种植业主要有小麦、洋芋、玉米、油菜，养殖业以牛、羊为主。

0101 川王乡小河村

简　介：小河村位于川王乡中东部，乡政府所在地，有 6 个村民小组，238 户，1398 人，耕地面积 2645 亩。小河村充分依托 "一事一议" 财政奖补项目及扶贫开发工程，按照现代农业示范园标准，修建蔬菜园区机电井 2 眼，高位蓄水池 1 座，配套节水灌溉 400 亩。修建蔬菜园区道路 3 公里，栽植行道树 9000 余株，为培育特色产业奠定了良好基础。

0102 张棉乡庙川村

简　介：庙川村位于张棉乡西北 5 公里处，有 3 个自然村庄，下辖 6 个村民小组，1471 人，315 户。全村拥有耕地面积 1693 亩，人均占有耕地 1.2 亩。群众收入主要靠传统种植业、养殖业和劳务输出。全村地势西南低东北高，气候高寒阴湿。

0103 木河乡杜渠村

简 介：杜渠村位于木河乡东北部，共有4个自然村，133户，690人，是一个纯回族村。全村拥有耕地面积2230亩，2013年人均纯收入2130元，以种植和养殖业为主，种植以冬小麦、玉米、油菜为主，养殖以牛羊为主。

0104 川王乡王沟村

简 介：王沟村位于川王乡东南部，距离乡政府所在地3公里，有5个村民小组，218户，1198人，耕地面积1945亩。王沟村充分依托"一事一议"财政奖补项目及扶贫开发工程，解决全村小巷道硬化和全村安全饮水工程。全村产业以养殖业和种植业为主，全村年输出务工人员103人次，年人均收入2230元。

0105 马鹿乡韩河村

简 介：韩河村地处马鹿乡西北面，共有人口607人，128户，分3个自然小组，回汉杂居，耕地面积2102亩。

0106 马关乡西台村

简 介：西台村位于马关乡东北部，距离乡政府约2公里。全村总户数317户，总人口1627人，其中回族63户，人口448人。全村共有8个村民小组，总耕地面积为1902亩，其中粮田面积1383亩，人均1.04亩。大部分村民以务农和劳务输出为主。

0107 龙山镇冯源村

简 介：冯源村以种养殖业、皮毛贩运、清真餐饮服务和外出务工为主。全村拥有耕地面积735亩，川地715亩，山地20亩，其中小麦播种面积200亩，玉米种植面积300亩，菜籽100亩，洋芋蔬菜等其它农作物130亩，沟壑梁卯绿化面积7亩；共有皮毛贩运10户，年收入20万元；外出务工人员38户，95人，以青壮年为主，年创劳务收入95万元；有3户经营清真餐馆，创收入400万元。

0108 张棉乡喜湾村

简 介：喜湾村名是因喜氏一族住在湾里而得名。喜湾村位于张家川县北部高寒阴湿山区，平均海拔1950米，年均降雨量600毫米，年平均气温4.6℃，无霜期180天。全村共有4个村民小组，110户，535人，耕地面积1427亩，人均2.67亩，其中粮田面积1823亩，梯田面积457亩。全村产业结构以种植业和养殖业为主，种植业以粮食作物为主，有小麦、马铃薯；经济作物以冬油菜、胡麻为主，2013年粮食总产量1.3756万公斤，人均占有粮257公斤。养殖业以养牛和养羊为主，存栏大家畜295头，牛103头，羊192只。全村年输出务工人员87人，劳务总收入160万元。2013年全村农民人均纯收入2000元。

0109 马鹿乡寺湾村

简 介：寺湾村，以汉族为主，是马鹿乡最边远的山村，位于陕甘交界处的关山西麓，地处关山林缘区，东与陕西省陇县接壤，西南均与清水接壤，北与马鹿乡花园村相连。这里森林茂密，风景优美，民风纯朴，交通便利，适宜于人们休闲、旅游、渡假，是陕甘地区盛夏避暑的天然阳伞。寺湾村共有4个自然组，3个村民小组，共44户村民，总人口194人。

0110 刘堡乡董家村

简 介：董家村因于1936年姓董的人来村住过而得名。全村有5个自然组，176户，816人，地处刘堡乡西梁区，属半干旱山区，海拔1700米，距乡政府12公里，距县城15公里。

0111 恭门镇许湾村

简　介：许湾村地处张家川县东部高寒山区，平均海拔1968米，年降雨量658毫米，年平均气温5.7-6.8℃，无霜期140天。许湾村是一个纯回族聚居村。全村共有3个村民小组，101户，483人，现有村干部3名，大学生村官1名。全村有劳动力239人，其中外出劳动人员190人。全村现有耕地面积1075亩，人均1.72亩，农作物以小麦、玉米、马铃薯为主，经济作物以玉米、胡麻、小麦为主。全村主要经济来源是种植业和养殖业。2011年粮食总产量201.6吨，人均产粮364公斤。养殖业以养牛和养羊为主，现存栏家畜466头(只)，其中牛存栏42头，羊存栏424只。

0112 恭门镇古土村

简　介：古土村距离恭门镇3公里，共有6个村民小组，267户，1267人，耕地面积1854亩。村民主要种植小麦、玉米、洋芋等农作物。

0113 大阳乡汪洋村

简　介：汪洋村位于张家川县西南部，属张家川县北部梁峁沟壑地形，境内海拔1200-1500米。全村共有5个村民小组，230户，1109人。全村拥有耕地面积2111亩，人均1.9亩，其中粮田面积1777亩，梯田面积1006亩，是一个纯回族居住的典型贫困村。全村产业结构以种植业和养殖业为主，种植业以粮食作物为主，有玉米、小麦、马铃薯；经济作物以冬油菜、胡麻为主，2013年粮食总产量455吨，人均占有粮410公斤。养殖业以养牛和养羊为主，2013年畜牧业收入60万元，人均畜牧业收入541元。全村年输出务工人员320人，劳务总收入20万元。2013年全村农民人均纯收入2100元。

0114 龙山镇西沟村

简　介：西沟村位于龙山镇南部，距城区2公里，属回汉杂居村，全村有7个村民小组，

510 户，2560 人，其中回族 850 人，占总人口的 33%；耕地面积 2180 亩，人均 0.85 亩。全村产业以种植业和皮毛贩运业为主导产业，种植业以种植玉米，小麦等粮食作物为主。2012 年全村人均纯收入 3680 元。

0115 闫家乡车古村

简　介：车古村又名车古峪村，相传西汉时期飞将军李广在此射虎而得名"射虎峪"，在流传的过程中逐渐改成了车古峪，解放后建立行政村"车古村"。车古村位于闫家乡北部，距乡政府所在地 7 公里。全村共有 7 个村民小组，220 户，1026 人，耕地面积 4088 亩，人均 4 亩，大家畜存栏 1565 头。2013 年全村人均纯收入 2014 元。

0116 连五乡连五村

简　介：连五村由韩村、刘家湾、连五、连五坊、金盆湾 5 个自然村组成，有 7 个村民小组，304 户，1732 人。

0117 大阳乡阳沟村

简　介：阳沟村位于张家川县大阳乡东南部高寒阴湿山区，平均海拔 1800 米。全村共有 3 个村民小组，101 户，497 人，耕地面积 1141 亩，人均 2.3 亩。产业结构以种植业和养殖业为主，种植业以粮食作物为主，有玉米、小麦、马铃薯；经济作物以冬油菜、胡麻为主，养殖业以养牛和养羊为主。

0118 马关乡赵沟村

简　介：赵沟村位于张家川县西部、马关乡西部，属干旱山区，是一个回汉杂居的村。全村共有 5 个村民小组，239 户，1151 人，耕地面积 1581 亩，人均 1.32 亩。全村产业结构以种植业和养殖业为主，种植业以玉米、小麦、马铃薯为主；经济作物以冬油菜、胡麻为主。

0119 刘堡乡郑沟村

简　介：郑沟村，截止2013年底全村共有356户，1561人，耕地面积2163亩。2013年人均纯收入3377元。辖区内分为3个自然村，6个村民小组。该村为纯回族村，地貌呈沟壑。最早在这里住着姓郑的人，因此得名郑沟。

0120 连五乡张家村

简　介：张家村又名阳洼张家，3个村民小组，125户，630人。之所以曾叫阳洼张家，是因全村人居住整齐，又在山阳，全村以张姓为主，故名为张家村。

0121 恭门镇西坡村

简　介：西坡村位于恭门镇东北，距恭门镇4.5公里处，是一个纯汉族村。全村共有8个村民小组，总人口1640人，357户，有劳动力995人，常年外出务工480人。该村土地总面积6500亩，2011年人均纯收入1892元。

0122 刘堡乡罗湾村

简　介：罗湾村共有4个自然组123户，578人。该村原称为罗家湾里，后来为了方便变更为罗湾。

0123 马鹿乡康王村

简　介：康王村是一个回汉杂居村，位于马鹿乡东南部，距乡政府2公里，海拔1790米，年降雨量860毫米以上，无霜期126天，属典型的高寒阴湿山区。全村有3个村民小组，共146户，681人。全村耕地面积2729亩，粮食播种面积2248亩，人均占有耕地3.4亩。全村牛饲养量达到385头，规模养殖户22户，年出栏牛150头，收入66万元。现在，村两委新修村组道路 2 条 2.4 公里，桥梁 1 座，铺设涵洞 3 处，硬化自然组道路 12 条 8162 平米，修建水渠 800 多米，治理了河堤，从而大大方便了村民的生产与生活。

0124 闫家乡草川梁村

简　介：草川梁村位于张家川县东部高寒阴湿山区，平均海拔 3000 米，年均降雨量 4010 毫米，年平均气温 15~18℃，无霜期 90 天。全村共有 2 个村民小组，58 户，294 人，耕地面积 1060 亩，人均 4.3 亩。全村产业结构以种植业和养殖业为主，种植业以粮食作物为主，有小麦、马铃薯；经济作物以大麻、蚕豆为主，2011 年粮食总产量 1.5 万公斤，人均占有粮 300 公斤。养殖业以养牛和养羊为主，现存栏大家畜 60 头，羊 300 只。全村年输出务工人员 205 人，劳务总收入 100 万元。2013 年全村人均纯收入 2096 元。

0125 梁山乡斜头村

简　介：约 100 年前，斜头村村民由甘肃礼县迁居至此，迁居至此的居民看到这个地方不正东、不正西、不正南、不正北，便称之为"斜头村"。斜头村位于张家川县西部半干旱山区，与庄浪县朱店镇相接壤，距梁山集镇 1.5 公里，是一个纯回族村。全村共 2 个自然村，5 个村民小组，236 户，1049 人，其中劳动力 576 人。全村产业结构以种植业、养殖业、劳务输出为主，种植业以粮食作物为主，有玉米、小麦、马铃薯；经济作物以冬油菜、胡麻为主。2013 年粮食总产量 45 万公斤，人均占有粮 360 公斤。养殖业以养牛和养羊为主，存栏大家畜 86 头，羊 400 只。全村年输出务工人员 270 人，劳务总收入 210 万元。2013 年全村农民人均纯收入 2921 元。

0126 马关乡马堡村

简　介：马堡村位于马关乡西南部，西北部和梁山乡相邻，东部与连五乡接壤，东南部与龙山镇相邻。马堡村有 5 个村民小组，513 户，2799 人，总耕地面积 2449 亩，其中粮田面积 1900 亩。该村的主要产业是种植业、养殖业及劳务输出。

0127 马鹿乡草川村

简 介：草川村历史悠久，底蕴丰厚，现有自然组3个，122户，549人。全村共有耕地2484亩，林地2400亩，以种植业和畜牧业为主。

0128 木河乡楸木村

简 介：楸木村位于木河乡西北部，是一个纯回族村，平均海拔1710米，年平均气温7℃，无霜期175天。全村共有三个自然村，347户，1749人，耕地面积1847亩。2013年村民人均纯收入2320元。楸木村以种植业和养殖业为主导产业。种植业以粮食作物为主，有玉米、小麦、马铃薯；经济作物以冬油菜、胡麻为主，2013年粮食总产量45.36万公斤，人均占有粮345公斤。养殖业以养牛和养羊为主，现存栏大家畜305头，羊420只。

0129 马关乡西庄村

简 介：西庄村现有4个村民小组，227户，1083人，是一个纯汉族村。该村位于马关乡西南部，距离乡政府4公里。全村总耕地面积为2005亩，其中粮田面积1007亩，人均1.2亩。该村的主要产业是种植业和养殖业。

0130 连五乡马咀村

简 介：马咀村又名马嘴头村，其人口居住在半山腰，因山体形状像马头，又像马嘴，故起村名马咀村。全村有6个村民小组，288户，1411人。

0131 闫家乡花山村

简 介：花山村的祖先，在清朝战乱年间从陕西凤翔县流落到此地。花山村位于闫家乡北部，距乡政府所在地3公里。全村有3个自然村，5个村民小组，198户，874人。村里现有大家畜存栏（牛）144头，羊存栏114只；有林地面积718亩，实施退耕还林138.5亩。村民主要种植小麦、马铃薯、蚕豆、胡麻等作物。2013年该村人均纯收入2200

元左右。

0132 马鹿乡花园村

简　介：花园村地处陕甘交界，关山林缘区，位于张家川县最东部的关山西麓，东与陕西省陇县接壤，是陕西省进入甘肃省的第一村。这里民风纯朴，风景优美，交通便利，有美丽的云凤山风景区。全村总面积6733.7亩，境内平均海拔1900米，年平均气温5.8℃，年降雨量700毫米以上，无霜期149天，属典型的温寒湿润区。全村共有5个自然组，140户村民，667人，其中回族96人，占总人口的14.4%，是一个典型的回汉杂居村，农民人均纯收入2005元。全村有耕地面积2774.7亩，人均占有耕地4.2亩，主要种植小麦、玉米、洋芋等粮食作物及大麻、蚕豆等经济作物。全村有草山面积669.5亩，独具发展畜牧业的优越条件，大家畜存栏数750头（匹）。全村境内山青林茂、万木峥嵘，有林地面积2141.9亩，森林覆盖率达56%，木材总量达6.3万立方米，林区生长有天麻、党参、柴胡十几味名贵药材，出产蕨菜、生漆等上百种林富产品；栖息着金钱豹、林麝、红腹锦鸡等多种珍禽异兽，旅游资源丰富。神奇秀美的关山风光、绿波荡漾的天然草场和古朴浓郁的民族农家乐共同构成独具特色的旅游资源。

0133 木河乡八卜村

简　介：八卜村位于木河乡南部。全村共有2个村民小组，126户，636人，耕地面积1745亩，平均海拔1823米。全村以种植、养殖业为主，2013年人均纯收入2432元。

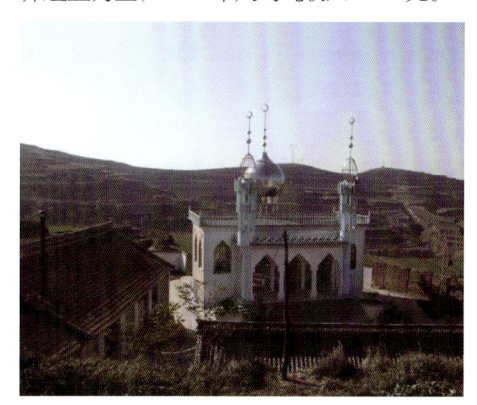

0134 马鹿乡白杨村

简　介：白杨村位于张家川县东部高寒阴湿地带，距乡政府驻地2.5公里，是一个回汉杂居村。全村共有4个村民小组，157户，734人，耕地面积2313.4亩，人均3.15亩。全村产业结构单一，种植业以粮食作物为主，有玉米、小麦等；经济作物以马铃薯、大麻、蚕豆、中药材独活为主。养殖业以养牛和养马为主，现存栏大家畜600头。2013年底全村人均纯收入3180元。

0135 大阳乡闫庄村

简　介：闫庄村原名闫家，因村人全部姓闫而得名。闫家祖籍山西大槐树村，清朝年间，由于社会时局不稳定，加之闹饥荒，由山西大槐树村搬来闫牛两家，后来牛姓人家无子绝后，只剩闫姓一家人，繁衍到几十户人家。新中国成立后，和现在的太原村、阳湾村、河李村同属太原大队，改制后，同河李村属河李大队，十一届三中全会后，撤销人民公社，同河李村分开，起名闫庄村至今。

0136 木河乡下庞村

简　介：下庞村成立于1953年解放初期，坐落在庞家庄，于1990年搬迁至大庄阳至今。下庞村地处木河乡中东部，全村有9个村民小组，465户，2460人，耕地面积3200亩。2013年人均纯收入2560元。

0137 龙山镇西川村

简　介：西川村共有5个村民小组，4个自然组，229户，1023人，其中回族53户，275人，占全村人口比例的27%。全村有耕地1227亩，其中山地1132亩，川地85亩，主要经济以务农和外出打工为主。

0138 马鹿乡龙口村

简　介：龙口村位于张家川县东部，东接陕西省陇县，境内平均海拔1990米。全村有6个村民小组，317户，1428人，是一个纯汉族村。全村有耕地面积3662亩，2013年人均纯收入2680元。村民主要种植小麦、洋芋等粮食作物，以及大麻、蚕豆等经济作物。全村草山面积6000多亩，具有发展畜牧业的优越条件，现大家畜存栏2286头（匹）。

0139 大阳乡高沟村

简　介：高沟村位于张家川县东部、西部干旱山区，平均海拔1580-1880米，年均降雨量520毫米，年平均气温8℃，无霜期168天。全村共有3个村民小组，211户，1097人，耕地面积1900亩，人均1.7亩，其中粮田面积1700亩，梯田面积1500亩。全村产业结构以种植业和养殖业为主，种植业以粮食作物为主，有玉米、小麦、马铃薯；经济作物以冬油菜、胡麻为主；饲养大家畜牛354头，户均1.7头，羊560只，户均3只。2013年粮食总产量405890万公斤，人均产粮420公斤。全村年输出务工人员314人，劳务总收入125万元。2013年全村人均纯收入2700元。

0140 刘堡乡五星村

简　介：五星村以前由"苏、张、马、杨、白"五大姓组成，因此叫"五姓"村，后改为五星村。全村共有4个自然组，146户，815人，全部是回族。

0141 刘堡乡李山村

简　介：李山村因大部分是李姓，因而称为李家山。全村共有4个自然组，165户，875人。全村共有耕地面积1061亩，人均1.2亩。村民以养殖业、种植业为主。

0142 张棉乡周家村

简　介：周家村是因周氏一族长住在这里而得此名的。周家村位于张家川县北部高寒阴湿山区，平均海拔2000米，年均降雨量800毫米，年平均气温4.6℃，无霜期180天。全村共有4个村民小组，185户，917人，是纯回族居住地，耕地面积2680亩，人均2.37亩，其中粮田面积1279亩，梯田面积1401亩。全村产业结构以种植业和养殖业为主，种植业以粮食作物为主，有玉米、小麦、马铃薯；经济作物以冬油菜、胡麻、蚕豆以及天麻、党参、柴胡、半夏、黄芪等中药材为主，出产蕨菜、山货等林副产品，农闲时节，加工麦秸、柳条编织品，远销西北各地。2013年粮食总产量23.63万公斤，人均占有粮 257.68 公斤。养殖业以养牛和养羊为主，现有存栏大家 498 头，其中牛 182 头，羊 237 只，驴 79 头。全村年输出务工人员 378 人，劳务年总收入 210.91 万元。2013 年全村农民人均纯收入 2300 元。

0143 闫家乡付堡村

简　介：战乱年间农民为了躲避土匪，被迫在东山建起藏身堡子居住，又因居住村民皆为付姓，故得名付家堡子，简称付堡。付堡村位于张家川县东南部，距乡政府 7 公里。全村耕地面积 1790 亩，大棚蔬菜 6 亩，粮田面积 1700 亩，核桃面积 1358 亩。全村共有 3 个自然村，4 个村民小组，116 户，540 人。2013 年，人均纯收入 1800 元。

0144 马关乡东庄村

简　介：东庄村位于马关乡西部，和庄浪县相邻，有 3 个村民小组，196 户，1001 人。全村总耕地面积 1535 亩，其中粮田面积 1027 亩，主要产业是种植业和养殖业。

0145 木河乡上渠村

简　介：上渠村位于木河乡南部，距张家川县 10 公里，距木河乡 10 公里。该村共有 2 个自然村，5 个村民小组，276 户，1502 人，其中劳动力 767 人。全村耕地面积共 1747 亩，其中退耕还林 649.7 亩。2013 年人均纯收入 2130 元。种植业以玉米、小麦、洋芋、油菜为主，2014 年种植小麦 721 亩，玉米 658 亩，洋芋 102 亩。养殖业以牛、羊为主，村里现有养殖大户 1 户。2014 年全村牛、羊饲养量分别达到 218 头、450 只，养殖收入实现 21 万元。全村外出务工 363 人，其中赴省外务工的 360 人，劳务经济总收入 450 多万元。

0146 川王乡铁洼村

简　介：铁洼村位于川王乡东部，全村有 6 个自然组，346 户，1786 人，耕地面积 2302 亩，2012 年人均纯收入 2430 元。

0147 胡川乡夏堡村

简　介：夏堡村位于胡川乡人民政府驻地东南6公里处，北接张川镇孟寺村，南邻蒲家村，西连南梁通畅公路，东依天平二级公路，交通较便利，距县城约4公里。全村共5个村民小组，分别是一组、二组、南山组、阳弯组、梁头组。2013年底该村共有962人，属纯回民村。全村地形为梁带状，平均海拔1800米，属温带半湿润气候，其特点是雨热同季，夏润冬燥，夏短而不热，冬长而寒冷，春暖迟，秋凉早，昼夜温差大。全村耕地面积1562亩，人均1.8亩，可利用草地面积145亩，林地面积280亩。粮食作物以小麦、玉米、马铃薯为主，2013年粮食产量461.2吨，人均480公斤，其中小麦300吨，玉米61.2吨，马铃薯100吨。主要经济作物为胡麻、油菜，2013年胡麻、油菜种植面积620亩，产量230吨。畜牧以牛、羊、家禽为主，2013年牛饲养量62头，年末存栏40头；羊饲养量110只，年底存栏75只，鸡饲养量200只。2013年常年外出打工的480人，其中男280人，女200人，实现劳务经济480万元，人均1万元。

0148 张棉乡盘山村

简　介：很久以前，盘山村大部分地方都有潘姓人居住，后来这一带一直叫潘家山梁。"文革"后，潘家山梁命名为潘山生产大队，改革开放后成立乡村时叫潘山村。后有人为书写之便，将"潘"写成"盘"，从此潘山村改为盘山村。盘山村地处张棉乡东部，东与五星牧场接壤，南接刘堡乡丰营村，西与马天村相连，北与东峡村和周家村的部分地方相连，是一个纯回族聚居的村庄。全村共有245户，1140人，分为9个村民小组，18个自然村庄。村民居住比较分散，有总耕地面积3505亩，人均3.07亩。该村有得天独厚的天然牧场资源，适合发展规模畜牧养殖业，有天然林1100亩，天然草原1200亩。

0149 胡川乡王安村

简　介：王安村位于张家川县城西南11公里处，距乡政府1公里，西临庄天二级公路和后川河；年均降雨量540毫米，气温7℃左右，无霜期158天。村内草地面积较大，交通便利，气候适宜，水资源丰富，适宜发展蔬菜种植业和畜牧养殖业。此外，村内具有丰富的沙、石资源，为发展采石业创造了有利的条件。王安村属纯回族村，有4个自然村，4个村民小组，138户，684人；2014年实施易地扶贫搬迁新农村项目1处。全村耕地面积1414亩，人均2.1亩；以牛为主的大家畜饲养量达267头（匹），户均2头；劳务输出192人。2013年底人均纯收入3255元。

0150 恭门镇恭门村

简　介：恭门村位于恭门镇东，东连麻崖，西靠西关村，北接杨坡村，南邻团结村，距县城10公里，天平铁路、天宝公路穿村而过。全村下辖6个村民小组，345户，1401人。有劳动力1014人，其中外出务工398人。现有耕地1400亩，人均1.3亩。

0151 马关乡新义村

简　介：马关乡新义村位于张家川县西部干旱山区，平均海拔1849米。全村共有6个村民小组，270户，1454人，耕地面积3374亩，人均2.3亩。全村产业结构以种植业和养殖业为主，种植业以粮食作物为主，有玉米、小麦、马铃薯；经济作物以冬油菜、胡麻为主。

0152 连五乡李家村

简　介：李家村之前所属赵坡公社，全村以李姓为主，又名赵坡李家，有3个自然村分别为董家、董家后川、李家，3个村民小组，135户，695人。

0153 闫家乡大场村

简　介：大场村地处闫家乡东南部，距乡政府驻地11公里，属闫家乡最为偏远的村之一，也是革命老区。大场村现辖9个村民小组，258户，1183人，其中男591人，常年在外务工人员700多人，外出三年以上75户，

323人。全村耕地面积4971亩。

0154 马鹿乡大滩村

简　介：大滩村地处关山脚下，位于陕甘两省交界处，有茂密的森林、美丽的草原。该村距乡政府1公里，延公路东南方向，向西北方向行走1公里即是大滩村。这里有1个大草滩，据老人讲上世纪30年代就有这个大草滩，因为它地势底下，积水较多，成为牲畜吃草的地方。因此取名为大滩村，大滩村有3个自然村，4个村民小组，土地面积2825亩，其中四组有变电所1处，砖瓦厂1处。

0155 连五乡中渠村

简　介：中渠村又叫渠里王家，有赵门家和渠里王家两个自然村，赵门家以赵姓为主，渠里王家以王姓为主。全村总共7个村民小组，总人口1549人。

0156 大阳乡寨子村

简　介：寨子村位于张家川县中西部地区，距县城10公里，距乡政府25公里。属张家川县西部梁峁沟壑干旱地区，境内海拔1650-1850米，土壤主要是红粘土及黑鸡粪土、黄土类等，植被稀少，土性棉酥，结构不良，土壤干旱缺水，粮食产量低而不稳。全村共有两个村民小组，160户，849人；有村小学1所，村阵地1处；耕地面积1344亩。是一个纯回族聚居的村落。全村产业结构以种粮、养殖、劳务输出为主，种粮以小麦、玉米、马铃薯、油菜为主，养殖业以饲养牛、羊、鸡为主。群众经济收入以养殖业、饮食业、劳务输出为主。

0157 大阳乡河李村

简　介：河李村位于张家川县西部干旱山区，平均海拔1700米，年均降雨量600毫米，年平均气温7.6℃，无霜期159天。全村共有3个村民小组，253户，1169人，耕地面积1301亩，其中粮田面积820亩，梯田面积481亩。全村产业结构以种植业为主，粮食作物以玉米、小麦、马铃薯为主；经济作物以油菜、胡麻为主，2012年人均占有粮260公斤。养殖业以养牛、养猪和养羊为主，现全村存栏大家畜猪200余头，牛30余只，羊220只，个体养殖户逐步发展。全村年输出务工人员400人，劳务总收入300万元，农民人均纯收入达到2700元。

0158 连五乡四合村

简　介：四合村由中心河，石家嘴，北庄，周家4个自然村合成，故名"四合村"。全村有8个村民小组，309户，1621人。

0159 龙山镇连柯村

简　介：连柯村位于龙山镇西南方，平均海拔1643.8米，年均降雨量599.8毫米，年平均气温8.3℃。有7个村民小组，484户，2334人，全村以种养殖业和外出务工为主，耕地面积2950亩，川地490亩，山地2360亩。该村成立有合作社4个，养殖场6个。村里外出务工人员680多人，以青壮年为主，主要从事建筑业。

0160 大阳乡小杨村

简　介：小杨村是大阳乡人民政府驻地，人口稠密。全村6个村民小组，共1650人，其中汉族1300人，占全村人口的79%；回族350人，占全村人口的21%。全村有耕地面积1660亩，人均耕地面积1.01亩。

0161 马关乡小庄村

简　介：小庄村位于马关乡西北部，南接西台村，北连上河村，距离乡政府2.5公里，属半干旱浅山区。小庄村有4个村民小组，308户，1648人，全村总耕地面积2305亩，其中粮田面积1693亩。该村的主要产业是种植业和养殖业。

0162 龙山镇南梁村

简　介：南梁村位于龙山镇南面的半山腰地带，距离城区3公里。全村共有4个村民小组，201户，1030人，劳动力420人，其中，回族145户，汉族56户，属于回汉杂居村。

0163 龙山镇马黑曼村

简　介：马黑曼村位于龙山镇东部，由两个自然村组成，有3个村民小组，197户，784人。

0164 刘堡乡小湾村

简　介：小湾村因村小，又处于西梁且村庄狭长呈弯状，因此命名为小湾。小湾村地处刘堡乡西梁片区，距乡镇府7公里。全村84户，420人，由3个村民小组组成。全村耕地面积1020亩，以种小麦、玉米、油菜为主，人均纯收入1890元。

0165 马鹿乡牌楼村

简　介：牌楼村位于马鹿乡最西边，平均海拔1700米，年均降雨量800毫米。全村共有3个村民小组，131户，567人，属回汉杂居村。全村拥有耕地面积1828亩，人均3.2亩，其中粮田面积1510亩。全村产业结构以种植业和养殖业为主，种植业以洋芋、小麦、大麻为主；养殖业以牛、马、羊为主，占全村经济总收入的60%。

0166 平安乡铁古村

简　介：铁古村位于张家川县东部，距县城

11公里,耕地面积1907亩,人均占有面积4.06亩。全村共有3个村民小组,98户,470人;村民人均纯收入2035元。

0167 马关乡石川村

简　介:石川村位于马关乡中部川区,是乡政府驻地和全乡政治、经济、文化、商贸交流中心。平均海拔1580米,年平均气温为8.4℃,降水量490-585毫米,年无霜期163天左右,属温带半干旱区,气候温和,光照充足,适宜农作物、果树生长。该村辖5个村民小组,340户,1891人。村域总面积1.6平方公里,现有耕地2025亩,人均1.1亩,其中粮田面积1705亩。全村产业结构以种植业和养殖业为主,种植业以粮食作物为主,有小麦、玉米、马铃薯;经济作物以冬油菜、胡麻为主;养殖业以养牛和养鸡为主,现存栏大家畜320头,鸡3600只。全村年输出务工人员640人,劳务总收入650万元。

0168 川王乡川王村

简　介:川王村位于川王乡中东部,距乡政府1公里,有3个村民小组,228户,1098人,耕地面积1045亩。

0169 连五乡负家村

简　介:负家村由大负家、掌子和聂家湾3个自然村组成,因大负家人口较多,故以负家命名。全村有6个村民小组,344户,1912人,大多都是由陕西搬迁过来的。

0170 张家川镇西关村

简　介:西关村地处县城西郊,有4个村民小组,354户,1710人,属纯回族聚居村,总耕地面积1198亩,人均0.7亩。全村经济以畜牧养殖业、交通运输业、清真餐饮业和皮毛贩运业为主。2012年底全村农民人均纯收入3230元。

0171 刘堡乡峡里村

简　介：峡里村原名硖里村，1976年之前隶属赵湾大队，因其位于石峡且之前属赵湾大队时为硖里组，故命名为硖里村，后因村支部印章更换备案时误写为峡里村。峡里村位于刘堡乡政府北侧，距刘堡乡政府驻地刘堡村约1公里。峡里村共有2个自然村，4个村民小组。辖区内共计182户，921人，至2013年底村民人均纯收入为3580元。本村主导产业为粮食种植，村民大部分以外出务工为主，其中有十几户回族外出西安、兰州、武汉等地搞餐饮服务业。全村耕地面积1170亩，人均1.27亩。

0172 马关乡庙湾村

简　介：庙湾村位于马关乡东部，有3个自然村，6个村民小组，433户，2046人。全村总耕地面积2917亩，其中粮田面积2718亩。本村产业以种植业和养殖业为主。

0173 梁山乡唐刘村

简　介：唐刘村地处梁山乡西南部，是一个回汉杂居村。全村共有6个村民小组，286户，其中回族176户，汉族110户。共有人口1526人，劳动力有728人，其中外出劳动人员240人。全村现有耕地面积2542亩，人均1.7亩，农作物以小麦、玉米、马铃薯为主，经济作物以冬油菜、胡麻为主。全村主要经济来源是种植业和养殖业，养殖业以养牛和养羊为主，2013年底大家畜存栏563头(只)，其中牛存栏96头、羊存栏436只；特色产业主要是牛羊养殖及贩运。2013年全村人均纯收入为3200元。

0174 张棉乡上蒋村

简　介：在很久以前，上蒋村并不叫上蒋，在庙川村有一个组（现在的下蒋组）和上蒋村并称上户里和下户里，由于上蒋村姓蒋的人很多，故取"蒋"字；又为了区分庙川村的下蒋组，所以又沿用上字，就叫上蒋村。

上蒋村位于张棉乡西部，距乡政府2公里，张棉至龙山通乡公路穿村而过，是一个回汉杂居的贫困村。全村共有4个自然村庄，4个村民小组，158户，764人，其中回族354人，汉族140人。全村共有耕地面积1752亩，人均占有耕地2.32亩。村民收入主要靠农作物种植、畜牧养殖和劳务输出。

0175 胡川乡潘峪村

简　介：潘峪村位于胡川乡西南部，全村共有8个村民小组，1978人，土地面积3634亩，人均耕地1.83亩。潘峪村海拔1927米，年均降水量为582毫米。村里主要经济来源为种植、养殖和劳务输出。

0176 马鹿乡石庄科村

简　介：石庄科村位于马鹿乡西南方向，距离马鹿乡10公里。全村人口44户，224人，是一个纯汉族的村庄，有两个自然村，以畜牧养殖业和种植业为主导产业，畜牧方面以养牛、养马、养羊为主；种植业以大麻，玉米，洋芋为主。石庄科村不仅山美、水美，人更美，是一个适合人类居住的好地方。

0177 刘堡乡赵湾村

简　介：赵湾村地处刘堡乡后山片区，辖3个自然组，下辖的郑堡组，因组内有郑堡堡子而得名。全村现有168户，812人，主要产业为种植业和养殖业。2013人均纯收入3356元。

0178 胡川乡仓下村

简　介：仓下村位于张家川县县城南郊13公里处，庄天二级公路、后川河横穿全村，属于张家川县南大门。该村有4个自然村，7个村民小组，356户，1893人，属纯回民村。全村有耕地面积3281亩，大家畜存栏386头。

0179 梁山乡吕湾村

简　介：清末年间，因躲避战乱吕氏先人从山西大榆树村逃难至此，由于居住地弯曲，故而得名"吕湾村"。吕湾村位于张家川县城40公里、梁山乡以南5公里处，气候干旱少雨。全村有6个村民小组，254户，1266人；有总耕地2667亩，其中良田面积2013亩。2013年全村人均纯收入3200元。

0180 张家川镇赵川村

简　介：赵川村位于张家川镇北部，现有229户，1063人，全村现有耕地面积1344亩，产业结构以种粮、养殖、劳务输出为主，是一个以纯回族聚居的典型村。

0181 张棉乡田湾村

简　介：田湾村位于张家川县北部高寒阴湿山区，因田氏一族住在湾里而得名田家湾。田家湾平均海拔1900米，年均降雨量600毫米，年平均气温4.6℃，无霜期180天。全村共有4个村民小组，310户，1340人，耕地面积2002亩，人均2.46亩。全村产业结构以种植业和养殖业为主，种植业以粮食作物为主，有玉米、小麦、马铃薯；经济作物以冬油菜、胡麻为主，2013年粮食总产量3.8556万公斤，人均占有粮302公斤。2013年全村人均纯收入2804元。

0182 连五乡高庄村

简　介：高庄村有2个自然村，为高庄和陈家台子，4个村民小组，224户，1133人。

0183 闫家乡王坪村

简　介：王坪村位于闫家乡南部，南接付堡村，邻近清水县，由峡口、王家坪、曹家寺3个自然村组成，是一个纯汉族村。全村现有150户，739人，其中劳动力520人。全村耕地面积1690亩，人均2.3亩，主要种植小麦、玉米、马铃薯、油菜等。2012年人均纯收入2210元。

（十六）武威市凉州区

0184 永丰镇永丰村
简　介：永丰村有8个村民小组，402户，1669人，耕地面积3666亩，靠山水灌溉。农业以暖棚为主，日光温室为辅，暖棚有87座，温室有42座。永丰村以良种肉猪、肉牛、肉羊育肥为主导产业。

0185 金羊镇皇台村
简　介：皇台村地处武威市，毗连新城村、杏园村、三盘磨村、蔡家庄村，毓秀钟灵，水美，气候温和，物华天宝。

0186 发放镇安置村
简　介：因以前这里是劳改犯的安置点而得名。

0187 古城镇校尉村
简　介：古代，曾经有一支军队驻扎在此，军队统领是一位尉官，故得名校尉营，后改为校尉村。

0188 谢河镇付相庄村
简　介：付相庄村因明末清初出了名人付相业，官居道台，因而得名付相庄。

0189 永丰镇四十里村

简　介：四十里村是镇政府所在地。以距城四十华里而得名，1936年红军长征西进时，曾在此地同国民党马匪发生激战。

（十七）武威市古浪县

0190 黑松驿镇茶树台村

简　介：茶树台村有村民小组8个，271户，1291人，其中劳动力833人。全村耕地面积3356亩，粮食产量436.7吨。茶树台三面环山，古时村庄周围有三颗约5尺粗的三丫叉树，分支很多，故叫杈树台，后来人们将杈写为茶。解放前属古浪县龙山镇第九保，解放后属古浪县一区四乡，1952年属七区互敬乡，1955年撤区并乡属民和乡，1956年建兴台高级公社，1958年公社化时属团结公社兴台大队，1959年属永丰公社称沟台大队，1961年体制调整时划归萱麻河公社，仍使用原名，1964年将该队划归龙沟公社管理，1979年与称沟台大队分开，始成立茶树台村至今。

0191 民权乡红旗村

简　介：红旗村有村民小组7个，291户，1390人，其中劳动力892人；有耕地面积3828亩，粮食产量438吨。该村位于民权乡南3公里处。解放前属古浪县大靖镇六堡，解放后属古浪县四区六乡，1952年属山泉乡，1955年撤区并乡属民权乡，合作化时组建为塔儿湾、路东两个初级社，1956年合建红星高级社，1958年公社化时属红星公社的红星大队，1959公社更名为大靖，本队为民权大队，1961年体制调整时划归民权公社，命名为红旗大队。今称红旗村。

0192 新堡乡农丰村

简　介：农丰村有村民小组6个，170户，937人，其中劳动力591人；有耕地面积5340亩，粮食产量406吨。该村位于新堡乡西南2公里处，以人们的愿望"农业丰收"命名。解放前属永登县东山乡十八堡，解放后属永登县东山区农丰乡，1955年建上泉、下泉两个初级社，撤区时仍属农丰乡，1958年公社化时属东丰公社农丰大队，1959属新堡公社新堡大队，1961年体制调整后成立农丰大队，村名沿用至今。

0193 黄羊川镇张家墩村

简　介：张家墩村有村民小组8个，428户，1543人，其中劳动力1004，有耕地面积3159亩，年粮食产量574.6吨。

0194 十八里堡乡赵家庄村

简　介：赵家庄村有村民小组7个，271户，996人，其中劳动力551人，有耕地面积4616亩，年粮食产量621吨。

0195 新堡乡崖头村

简　介：崖头村有村民小组5个，68户，385人，其中劳动力370人，有耕地面积2387亩，年粮食产量182吨。该村位于新堡乡北18公里处，以境内山崖得名。该村解放前属永登县东山乡十八堡，解放后属永登县东山区蒿沟乡，1955年建崖头初级社，1955年划归古浪县撤区为永丰乡农丰高级社，1958年公社化时属东丰公社山岭大队，1959属新堡公社新堡大队，1962年该队又划归为新堡公社，"文革"中改为晨光，1975年恢复崖头大队，村名沿用至今。

0196 干城乡大鱼村

简　介：大鱼村有村民小组8个，397户，1472人，其中劳动力1246人，有耕地面积6221亩，年粮食产量253吨。该村位于干城乡东4公里处，以驻地大鱼村命名。解放前属永登县东山乡，解放后属永登县东山区大鱼乡，1955年合作化时组建为大鱼一、二两个初级社，1956年合建为大鱼高级社，同年划归古浪县，撤区并乡时归干城乡，1958年公社化时属七一公社干城大队，1959属新堡公社干城大队，1961年体制调整时划归为干城公社，成立金鱼、大鱼、鱼水3个大队，1964年合并归大鱼大队，村名沿用至今。

0197 新堡乡大板村

简　介：大板村有村民小组4个，102户，604人，其中劳动力428人；有耕地面积2906亩，年粮食产量267吨。本村位于新堡乡西南5公里处，因历史上多有树木用以群众建房制作踏板，故名踏板沟，后以近音讹传为大板沟至今。

0198 新堡乡一座磨村

简　介：一座磨村有村民小组5个，156户，885人，其中劳动力146人；有耕地面积4442亩，年粮食产量400吨。该村位于新堡乡东13公里处，因历史上曾建一座水磨而得名。

0199 横梁乡簸箕湾村

简　介：簸箕湾村有村民小组6个，175户，751人，其中劳动力423人；有耕地面积4609亩，年粮食产量550吨。该村位于横梁乡西18公里处，以自然地理形态而取名。该村解放前属古浪县大靖镇七堡，解放后属古浪县四区八乡，1952年属五区团庄乡、横梁乡所辖，1955年撤区并乡时为团庄乡、横梁乡，合作化时组建横梁初级社，1956年合建成立五爱、丰光高级社，1958年公社化时分属七一公社五爱大队和高丰公社横梁大队，1959年属新堡公社团庄大队，黄羊川大队仍为横梁大队，于1961年体制调整为横梁公社，命名为簸箕湾大队，村名沿用至今。

0200 黑松驿镇水沟村

简　介：水沟村有村民小组6个，198户，934人，其中劳动力608人；有耕地面积2693亩，粮食产量373.2吨。

0201 古丰乡湖塘洼村

简　介：湖塘洼村有村民小组7个，337户，1583人，其中劳动力725人；有耕地面积1919亩，年粮食产量516吨。该村位于乡政府西南17公里处，境内有一湖塘，故得名。该村解放前属古浪县龙山镇五堡，解放后属古浪县一区三乡，1952年属古丰乡，1955年撤区并乡时为古丰乡，合作化时组建为冰沟墩初级社，1956年合建成立民主高级社，1958年公社化时属跃进公社民主大队，1961年体制调整时划归古丰公社。

0202 横梁乡中泉村

简　介：中泉村有村民小组2个，76户，382人，其中劳动力201人；有耕地面积1812亩，年粮食产量392吨。该村位于横梁乡南4公里处，以驻地中泉子沟命名，解放前属古浪县大靖镇七堡，解放后属古浪县四区七乡，1952年属五区中泉乡，1955年撤区并乡时为团庄乡，合作化时组建为中泉、下条子沟、小山子初级社，1956年合建成立禄丰高级社，1958年公社化时划归七一公社七一大队，1961年体制调整为团庄公社中泉大队，1964年该队又划归横梁公社，村名沿用至今。

0203 横梁乡下条村

简　介：下条村有村民小组2个，65户，375人，其中劳动力148人；有耕地面积1181亩，年粮食产量534吨。该村位于横梁乡南4公里处，位于沟的下端，村里生长着茂盛的柳条，故取名下条子沟。

0204 新堡乡尖山村

简　介：尖山村有村民小组3个，126户，784人，其中劳动力516人；有耕地面积3804亩，年粮食产量482吨。该村位于新堡乡东南5公里处，因处于高而尖的山地而命名。

0205 干城乡金鱼村

简 介：金鱼村有村民小组2个，93户，480人，其中劳动力258人；有耕地面积1270亩，年粮食产量288吨。该村位于干城乡东南5公里处，传说历史上该村南小泉内有小金鱼，故名金鱼。该村解放前属永登县东山乡，解放后属永登县东山区大鱼乡，1955年合作化时组建为金鱼初级社，1956年合建为大鱼高级社，同年划归古浪县，撤区并乡时属干城乡，1958年公社化时属七一公社大鱼大队，1959属新堡公社干城大队，1964年体制调整时划归干城公社，成立金鱼大队，村名沿用至今。

0206 黄羊川镇石门山村

简 介：石门山村有村民小组9个，431户，1901人，其中劳动力1162；有耕地面积6051亩，年粮食产量460.7吨。

0207 干城乡下夹沟村

简 介：下夹沟村有村民小组2个，121户，508人，其中劳动力386人；有耕地面积1426亩，年粮食产量241吨。该村位于干城乡西4公里处，以自然形态而取名。

0208 黑松驿镇黑松驿村

简 介：黑松驿村有村民小组4个，290户，1241人，其中劳动力849人；有有耕地面积3869亩，年粮食产量629.9吨。黑松驿很早以前叫黑松，历史上此地设过驿站，故命名。该村解放前属古浪县龙山镇第八保，解放后属古浪县一区四乡，1952年属七区岔路乡，1955年撤区并乡属岔路乡，合作化时组建黑松驿初级社，1956年合建清桥高级公社，1958年公社化时属团结公社兴桥大队，1959年属永丰公社黑松驿大队，1961年体制调整时划归萱麻河公社黑松驿大队，"文化大革命"中改名兴桥大队，1971恢复原名至今。

0209 民权乡沙河沿村

简 介：沙河沿村有村民小组7个，277户，1181人，其中劳动力739人；有耕地面积

3716亩，年粮食产量499吨。该村位于民权乡南0.5公里处，地处大靖河东沿岸，故名。该村解放前属古浪县大靖镇五堡，解放后属古浪县四区五乡，1955年撤区并乡属民权乡，合作化时组建为沙河沿初级社，1956年合建五星高级社，1958年公社化时属红星公社的红星大队，1959更名为大靖公社民权大队，1961年体制调整时划归民权公社，命名为沙河沿村至今。

0210 黄羊川镇马圈滩村

简　介：马圈滩村有村民小组6个，272户，1462人，其中劳动力613人；有耕地面积3086亩，年粮食产量450.2吨。

0211 黄羊川镇尚家沟村

简　介：尚家沟村有村民小组6个，370户，1726人，其中劳动力797人；有耕地面积4722亩，年粮食产量458.9吨。

0212 横梁乡团庄村

简　介：团庄村有村民小组6个，342户，1404人，其中劳动力773人；有耕地面积6287亩，年粮食产量591吨。该村位于横梁乡西13公里处，以驻地团庄而命名。该村解放前属古浪县大靖镇七堡，解放后属古浪县五区七乡，1952年属五区团庄乡，1955年撤区并乡时为团庄乡，合作化时组建为郑家庄初级社，1956年合建成立五爱高级社，1958年公社化时为七一公社五爱大队，1959年为新堡公社团庄大队，1961年调整为团庄公社团庄大队，1964年该队归横梁公社。

0213 干城乡东大滩村

简　介：东大滩村有村民小组8个，366户，1468人，其中劳动力1040人；有耕地面积1817亩，年粮食产量874吨。该村位于干城乡西7公里处，处于毛毛山之东北脚下，地势平坦，故名东大滩。

0214 黑松驿镇称沟台村

简　介：称沟台村位于古浪县城东南15公里处，东接安远镇，南依天祝县，北依西大滩和朵什镇，西连十八里堡乡，辖区面积10平方公里；有村民小组10个，342户，人口1481人，其中劳动力865人；有耕地面积4074亩，年粮食产量722.5吨。

0215 民权乡峡口村

简　介：峡口村有村民小组76个，4366户，19654人，其中劳动力12533人。有耕地面积62920亩，年粮食产量8721吨。该村位于民权乡南3.5公里处，因位处于大靖峡口，故得名。

0216 黑松驿镇磨河湾村

简　介：河湾村有村民小组8个，281户，人口1245人，其中劳动力778人；有耕地面积3520亩，年粮食产量510.8吨。因驻地河上修建水磨较多，故名磨河湾。该村解放前属古浪县龙山镇第九保，解放后属古浪县一区四乡，1952年属民和乡，合作化时组建沙沟台、磨河湾、荒草咀三个公社，1955年撤区并乡属民和乡，1956年合建兴岭、兴民两个高级公社，1958年公社化时属团结公社兴民大队，1959年属永丰公社称沟台大队，1961年体制调整时划归萱麻河公社，1964年将该队划归龙沟公社管理，"文化大革命"中改名永红大队，1971恢复原名至今。

0217 新堡乡黄蟒塘村

简　介：黄蟒塘村有村民小组4个，82户，496人，其中劳动力336人；有耕地面积1876亩，年粮食产量122吨。

0218 横梁乡小直沟村

简 介：小直沟村有村民小组5个，229户，841人，其中劳动力654人；有耕地面积3119亩，年粮食产量544吨。该村位于横梁乡西南10公里处，以自然地理形态而取名。

0219 新堡乡台子村

简 介：台子村有村民小组3个，99户，814人，其中劳动力416人；有耕地面积2846亩，年粮食产量279吨。该村位于新堡乡驻地，原名"乱泉台子"，以境内的泉沟而命名。

0220 新堡乡蒿沟村

简 介：蒿沟村村有村民小组5个，68户，435人，其中劳动力412人；有耕地面积1964亩，年粮食产量182吨。该村位于新堡乡北18公里处，以本地有一蒿沟而得名。该村解放前属永登县东山乡十八堡，解放后属永登县东山区蒿沟乡，1955年建蒿沟林初级社，1956年划归古浪县，撤区并乡时为永丰乡蒿沟高级社，1958年公社化时属东丰公社山岭大队，1959属新堡公社山岭大队，1962年划归为永丰公社蒿沟大队，1964年又划归新堡公社，"文革"中改名为红旗大队，1975年恢复蒿沟大队，沿用至今。

0221 横梁乡酸茨沟村

简 介：酸茨沟村有村民小组2个，192户，779人，其中劳动力639人；有耕地面积3118亩，年粮食产量651吨。

0222 古丰乡柳条河村

简 介：柳条河村有村民小组7个，647户，2790人，其中劳动力1105人；有耕地面积52571亩，年粮食产量728吨。该村位于乡政府西南15公里处。因境内有一条河，两旁长满柳而命名。该村解放前属古浪县龙山镇六保，解放后属古浪县一区三乡，1952年属西山乡，1955年撤区并乡时属古丰乡，合作化时组建为柳条河初级社，1956年合建成立和平高级社，1958年公社化时属跃进公社和平大队，1959年为古浪镇公社古丰大队，1961年体制调整时划归为古丰公社，与古丰分开时成立柳条河大队，1964年该队又划归古浪公社至今。

0223 干城乡青土坡村

简　介：青土坡村有村民小组3个，102户，546人，其中劳动力296人；有耕地面积2014亩，年粮食产量763吨。

0224 民权乡金星村

简　介：金星村有村民小组9个，314户，1537人，其中劳动力1159人；有耕地面积3333亩，年粮食产量2078吨。该村位于民权乡南2公里处，1956年建高级村社时以象征命名。该村解放前属古浪县大靖镇六堡，解放后属古浪县四区六乡，1952年属永丰乡，1955年撤区并乡属民权乡，合作化时组建为青泉、路东、路西3个初级社，1956年合建金星高级社，1958年公社化时属红星公社的金星大队，1959公社更名为大靖，该队为民权大队，1961年体制调整时划归民权公社，村名延用至今。

0225 干城乡石碑湾村

简　介：石碑湾村有村民小组7个，99户，537人，其中劳动力395人；有耕地面积2854亩，年粮食产量431吨。该村位于干城乡北10公里处，以石碑湾生产大队名称命名。该村新中国成立前属永登县干城乡，新中国成立后属永登县东山区大鱼乡，1955年合作化时组建为骟马水初级社，1956年合建为骟马水高级社，同年划归古浪县，撤区并乡时归干城乡，1958年公社化时属东风公社骟马水大队，1959属新堡公社山苓大队，1961年体制调整时划归干城公社，成立石碑湾大队，村名沿用至今。

0226 黑松驿镇芦草沟村

简　介：芦草沟村有村民小组8个，324户，1443人，其中劳动力1024人，有耕地面积5326亩，年粮食产量661.6吨。很早以前，此沟以芦草茂盛而得名，新中国成立前该村属古浪县龙山镇第九保，新中国成立后属古浪县一区四乡，1952年属七区红童乡，1955年撤区并乡属岔路乡，合作化时组建芦草沟、屈家沟两个初级社，1956年合建清河高级公社，1958年公社化时属团结公社兴红大队，1959年属永丰公社黑松驿大队，1961年体制调整时划归萱麻河公社芦草沟大队，1964年将该队划归龙沟公社管理，"文化大革命"中改名东什大队，1971恢复原名至今。

0227 黑松驿镇张家河村

简　介：张家河村有村民小组6个，366户，1266人，其中劳动力858人；有耕地面积4229亩，年粮食产量365.2吨。该村以姓氏和地理实体得名。新中国成立前属古浪县龙山镇第七保，新中国成立后属古浪县一区四乡，1952年属七区文河乡，1955年撤区并乡属岔路乡，合作化时组建官庄子、寺儿湾初级社，1956年合建清岭高级公社，1958年属团结公社兴岭大队，1959年属永丰公社白塔大队，1961年体制调整时划归萱麻河公社张家河大队，1964年恢复原名至今。

0228 干城乡中河村

简　介：中河村有村民小组4个，167户，849人，其中劳动力453人；有耕地面积2590亩，年粮食产量851吨。该村位于干城乡西6公里处，处于大滩河中游，故名为中河。解放前该村属古浪县大靖镇七堡，解放后属古浪县四区七乡，1952年属五区三星乡，1955年撤区并乡时为三星乡，合作化时组建台车岭初级社，1956年合建为中河高级社，1958年公社化时属七一公社台车岭大队，1959属新堡公社干城大队，1961年体制调整时划归干城公社，始成立中河大队。村名沿用至今。

0229 黄羊川镇小南冲村

简　介：小南冲村有村民小组5个，322户，1579人，其中劳动力786；有耕地面积4360亩。年粮食产量572.8吨。

0230 横梁乡尖山村

简　介：尖山村有村民小组3个，181户，

876人，其中劳动力476人；有耕地面积4571亩。年粮食产量525吨。该村位于横梁乡西23公里处，以驻地尖山而命名。

0231 干城乡西岔村

简　介：西岔村有村民小组2个，122户，570人，其中劳动力540人；有耕地面积1959亩，年粮食产量581吨。该村位于干城乡西南5公里处，坐落于干城西部的一个沟岔里，故名西岔。

0232 黑松驿镇地湾村

简　介：地湾村有村民小组8个，292户，人口1159人，其中劳动力734人；有耕地面积3836亩，年粮食产量415.5吨。该村以地理形态而得名，解放前属古浪县龙山镇第九保，解放后属古浪县一区四乡，1952年属民和乡，合作化时组建前地湾、大岭沟两个初级社，1955年撤区并乡属民和乡，1956年合建新兴高级公社，1958年公社化时属团结公社兴新大队，1959年属永丰公社称沟台大队，1961年体制调整时划归萱麻河公社，1964年将该队划归龙沟公社管理，"文化大革命"中改名向阳大队，1971恢复原名至今。

0233 黑松驿镇庙台子村

简　介：庙台子村有民小组6个，230户，人口999人，其中劳动力743人；有耕地面积3215亩。年粮食产量439.3吨。很早以前，村内因修建有庙宇，故命名庙台子。解放前该村属古浪县龙山镇第七保，解放后属古浪县一区永安乡，1955年撤区并乡属民和乡，合作化时组建梁家庄、水沟两个初级社，1956年合建兴胜高级公社，1958年属团结公社兴胜大队，1959年属永丰公社白萱麻河大队，1961年体制调整时划归萱麻河公社兴胜大队，1964年本队又合入龙沟公社，1980年恢复为庙台子村。

0234 古丰乡王府村

简　介：王府村有村民小组12个，582户，2675人，其中劳动力975人；有耕地面积5698亩。年粮食产量571吨。该村位于乡镇府西北15公里处，以境内大冰沟而得名。解放前该村属古浪县龙山镇三、四保，解放后属双塔暖泉分管，1952年属王府乡，1955年撤区并乡时为古丰乡，合作化时组建为王府沟初级社，1956年合建成立友好高级社，1958年公社化时属跃进公社友好大队，1959年古浪镇公社古丰大队，1961年体制调整时划归为古丰公社，与古丰分开始成立王府大队，1964年该队又划归古浪公社，"文革"中改为卫东大队，1972年恢复王府大队，1980年更名为王府村至今。

0235 干城乡砚洼座村

简　介：砚洼座村有村民小组3个，44户，215人，其中劳动力152人；有耕地面积1053亩。

0236 民权乡团庄村

简　介：团庄村有村民小组8个，3261户，1485人，其中劳动力1150人；有耕地面积3546亩。年粮食产量2212吨。该村位于民权乡南3公里处，以姓氏命名，本名张新寨，别名团庄。解放前属古浪县大靖镇六堡，解放后属古浪县四区六乡，1952年属山泉乡，1955年撤区并乡属民权乡，1956年合建为五星高级社，1958年公社化时属红星公社的红星大队，1959公社更名为大靖，该队为民权大队，1961年体制调整时划归民权公社，1980年命名为张家寨（团庄村）至今。

0237 古丰乡韭菜冲村

简　介：韭菜冲村有村民小组6个，409户，1998人，其中劳动力789人；有耕地面积4172亩，年粮食产量451吨。该村位于乡镇府西15公里处，相传很早以前境内有茂盛的野韭菜，故得名。解放前属古浪县泗水乡五堡，解放后属古浪县二区五乡，1952年属王府乡，1955年撤区并乡时为古丰乡，合作化时组建为韭菜冲初级社，1956年合建成立友爱高级社，1958年公社化时属跃进公社友爱大队，1959年为古浪镇公社古丰大队，1961年体制调整时划归为古丰公社，与古丰分开始成立韭菜冲大队，1964年该队又划归古浪公社，"文革"中改为红卫大队，1973年恢复原名至今。

0238 黑松驿镇小坡村

简　介：小坡村有村民小组7个，269户，1144人，其中劳动力826人；有耕地面积4144亩。年粮食产量497.6吨。该村解放前属古浪县龙山镇第九保，解放后属古浪县一区四乡，1952年属七区互敬乡，1955年撤区并乡属民和乡，合作化时组建东山沟、大小坡两个初级社，1956年合建兴丰高级公社，1958年公社化时属团结公社兴丰大队，1959年属永丰公社称沟台大队，1961年体制调整时划归萱麻河公社兴丰大队，1965年将该队划归龙沟公社更名为小坡村至今。

0239 横梁乡上条村

简　介：上条村有村民小组5个，268户，1001人，其中劳动力623人，有耕地面积3111亩。年粮食产量560吨。该村位于横梁乡东南10公里处，在历史上境内生长着茂盛的柳条，且生长在沟的上端，故取名上条子沟。

0240 古丰乡西山堡村

简　介：西山堡村有村民小组12个，870户，3170人，其中劳动力1451人；有耕地面积7031亩，年粮食产量1691吨。该村位于乡镇府西南15公里处，解放前属古浪县龙山镇六保，解放后属古浪县一区三乡，1952年属西山乡，1955年撤区并乡时为古丰乡，合作化时组建为和平初级社，1956年合建成立和平高级社，1958年公社化时跃进公社和平大队，1959年为古浪镇公社古丰大队，1961年体制调整时划归为古丰公社，与古丰分开始成立和平大队，1964年该队又划归古浪公社被命名为西山堡大队，"文革"中改为东方红大队，1972年恢复原名至今。

0241 干城乡大旱川村

简　介：大旱川村有村民小组4个，96户，497人，其中劳动力246人；有耕地面积4655亩。该村位于干城乡北5公里处，以大小旱川两个自然村命名。解放前属永登县东山乡，解放后属永登县东山区大鱼乡，1955年合作化时组建为大鱼第二初级社，1956年合建为大鱼、下石圈高级社，同年规划古浪县，撤区并乡时属干城乡，1958年公社化时属七一公社干城大队，1959属新堡公社干城大队，1964年体制调整时划归干城公社，成立双川大队。

0242 干城乡小旱川村

简　介：小旱川村有村民小组3个，82户，397人，其中劳动力228人；有耕地面积1328亩。年粮食产量431吨。该村位于干城乡北5公里处，有大小塘湾两个，干旱缺水，名曰旱川，又在小塘湾附近，故名为小旱川村。

0243 黑松驿镇石咀儿村

简　介：石咀儿村有村民小组8个，223户，1005人，其中劳动力749人；有耕地面积2763亩。年粮食产量465.8吨。该村以自然形态而得名，解放前属古浪县龙山镇第七保，解放后属古浪县一区四乡，1952年属七区文河乡，1955年撤区并乡属岔路乡，合作化时组建火烧沟初级社，1956年合建清岭高级公社，1959年属永丰公社白塔大队，1961年体制调整时划归萱麻河公社石咀儿大队，1964年"文化大革命"中改名红星大队，1971恢复原名至今。

0244 黑松驿镇萱麻河村

简　介：萱麻河村有村民小组8个，380户，人口1707人，其中劳动力1166人；有耕地面积4198亩，年粮食产量685.5吨，该村以野生植物和地理实体而得名，解放前属古浪县龙山镇第七保，解放后属古浪县一区永安乡，1955年撤区并乡属民和乡，合作化时组建青土坡、阳山、长池沟三个初级社，1956年合建兴河高级公社，1958年属团结公社兴河大队，1959年属永丰公社白萱麻河大队，1961年体制调整时划归萱麻河公社萱麻河大队，1964年该队又合入龙沟公社，"文革"中改为长丰大队，1971年恢复萱麻河村至今。

0245 横梁乡庄浪村

简　介：庄浪村有村民小组7个，217户，940人，其中劳动力525人，有耕地面积6458亩。该村位于横梁乡东9公里处，以驻庄浪沟命名。解放前属古浪县大靖镇七堡，解放后属古浪县四区七乡，1952年属五区中河乡，1955年撤区并乡时为团庄乡，合作化时组建为庄浪初级社，1956年合建成立禄丰高级社，1958年公社化时为七一公社七一大队，1961年体制调整属团庄公社被命名庄浪大队，1964年该队划归横梁公社，1968年改为河阳大队，1972年恢复为庄浪大队，村名沿用至今。

0246 干城乡芦草水村

简　介：芦草村有村民小组5个，161户，741人，其中劳动力479人；有耕地面积3952亩。年粮食产量166吨。该村位于干城乡北10公里处，据传很早以前，沟内泉多水旺，芦草茂盛，故得名。

0247 横梁乡路家台子

简　介：路家台子村有村民小组2个，175户，848人，其中劳动力665人；有耕地面积3805亩。年粮食产量585吨。该村位于横梁乡东南15公里处，以姓氏命名。

0248 十八里堡乡东庙儿沟村

简　介：东庙儿沟村有村民小组5个，210户，949人，其中劳动力470人；有耕地面积4681亩。年粮食产量385吨。

0249 横梁乡磨石沟村

简　介：磨石沟村有村民小组4个，168户，794人，其中劳动力402人；有耕地面积3636亩。年粮食产量534吨。该村位于横梁乡南2公里处，因境内出产磨刀石而取名磨石沟。

0250 新堡乡高岭村

简　介：高岭村有村民小组3个，40户，242人，其中劳动力138人；有耕地面积1408亩，年粮食产量227吨。该村位于新堡乡东南13公里处，高岭墩是旧时的塘墩，因在此地高岭建一墩，故名高岭墩。

0251 民权乡长岭村

简　介：长岭村有村民小组8个，646户，2888人，其中劳动力1179人；有耕地面积10385亩。年粮食产量1441吨。该村位于民权乡东3公里处，以驻地的长岭山命名。解放前属古浪县大靖镇五堡，解放后属古浪县四区六乡，1952年属民权乡，1955年撤区并乡属民权乡，合作化时组建为李家台、大庄、马家楼3个初级社，1956年合建红星高级社，1958年公社化时属红星公社的金星大队，1959公社更名为大靖，该队为民权大队，1961年划归民权公社，村名沿用至今。

0252 新堡乡干沟村

简　介：干沟村有村民小组3个，53户，604人，其中劳动力146人；有耕地面积1846亩。年粮食产量213吨。该村位于新堡乡东南10公里处，因干旱、缺水被命名干沟。

0253 黑松驿镇西庙沟村

简　介：西庙沟村有村民小组9个，342户，1549人，其中劳动力1115人；有耕地面积5019亩。年粮食产量653.7吨。该村古时因修建庙宇一座而得名，解放前属古浪县龙山镇第九保，解放后属古浪县一区四乡，1952年属七区民和乡，1955年撤区并乡属民和乡，合作化时组建下庙沟、九池沟两个初级社，1956年合建兴光高级公社，1958年公社化时属团结公社兴光大队，1959年属永丰公社黑松驿大队，1961年体制调整时划归萱麻河公社庙儿沟大队，1964年将该队划归龙沟公社管理，"文化大革命"中改名新光大队，1971恢复原名至今。

0254 横梁乡朱家墩村

简 介：朱家墩村有村民小组6个，263户，1113人，其中劳动力672人，有耕地面积5965亩。年粮食产量670吨。该村以姓氏命名。

0255 民权乡山湾村

简 介：山湾村有村民小组6个，375户，1724人，其中劳动力1100人；有耕地面积5759亩。该村位于民权乡南2公里处，以自然实体命名。解放前属古浪县大靖镇五堡，解放后属古浪县四区五乡，1952年属民权乡，1955年撤区并乡属民权乡，合作化时组建为张家墩子、山湾两个初级社，1956年合建红星高级社，1958年公社化时属红星公社的红星大队，1959公社更名为大靖，该队为民权大队，1961年体制调整时命名为山湾村至今。

0256 古丰乡冰沟墩村

简 介：冰沟墩村有村民小组13个，510户，2126人，其中劳动力917人，有耕地面积4822亩。该村位于乡镇府南5公里处，以境内大冰沟而得名。解放前属古浪县龙山镇，解放后属古浪县一区三乡，1952年属古丰乡，1955年撤区并乡时为古丰乡，合作化时组建为冰沟墩初级社，1956年合建成立民主高级社，1958年公社化时属跃进公社民主大队，1959年属古浪镇公社古丰大队，1961年体制调整时划归为古丰公社，与古丰分开始成立冰沟墩大队，1964年该队又划归古浪公社，"文革"中改为向东，1973年恢复原名至今。

0257 新堡乡苟家磨村

简 介：苟家磨村有村民小组2个，32户，184人，其中劳动力149人；有耕地面积805亩。该村位于新堡乡北15公里处，据传历史上有1座水磨，故得名。解放前属永登县东山乡十八堡，解放后属永登县东山区农丰乡，1955年建一座磨初级社，1956年划归古浪县，撤区并乡时为农丰乡一座磨高级社，1958年公社化时属东丰公社新堡大队，1959属新堡公社新堡大队，1962年划归为一座磨大队，"文革"中改为东丰大队，1975年建蒿沟大队。

0258 民权乡民权村

简　介：民权村有村民小组4个，302户，1378人，其中劳动力813人；有耕地面积3999亩。解放后该村人民群众实现了自己的愿望—民主权利，取名民权。该村解放前属古浪县大靖镇，解放后属古浪县四区五乡，1952年为民权乡，1955年撤区并乡时民权、丰泉、山泉合并为民权乡，1958年与大靖合并为大靖镇；公社化时属红星公社的部分，1958年12月古浪天祝合并时属天祝，1961年体制调整时成立民权公社，同年12月古浪天祝分县时属古浪县，村名沿用至今。

0259 干城乡永丰台村

简　介：永丰台村有村民小组4个，144户，703人，其中劳动力290人；有耕地面积3530亩。该村位于干城乡东北9公里处，坐落于一个平台上，人们希望永远丰收，故名永丰台。

（十八）武威市民勤县

0260 苏武乡苏山村

简　介：苏山村因地处苏武山山麓而得名。据传苏山村是汉中郎将苏武牧羝之处，此处流传着苏武牧羊的动人传说，具有传奇和神话色彩。苏山村东临元泰村，南接三坝村，西靠蒲秧村，北邻新润村。该村地势平坦，整体地势西南高东北低，土壤沙化。共有10个村民小组，399户，1523人。有耕地面积3855亩。2013年村民人均纯收入8970元。

0261 蔡旗乡金家庄村

简　介：金家庄村据传为金日石单休屠部落后遗群聚之地，位于蔡旗乡政府东3公里处，共有4个社，192户754人，耕地面积1885亩。2013年，村民人均纯收入达到8470元，高于全县平均水平577元。

（十九）武威市天祝县

0262 东坪乡坪山村

简　介：坪山村辖黄家岭、塔布尕、小沟、坪山、邓家湾等5个村民小组，共有125户，562人，其中劳动力238人。全村总耕地面积2480亩，均为山旱地，以种植洋芋、小麦、地膜玉米为主，洋芋产业为全村农牧民增收的主导产业。2014年，全村农业生产总值达到460万元，年劳务收入达到210万元，村民人均年纯收入3200元。

0263 赛什斯镇东大寺村

简　介：东大寺村位于赛什斯镇东南部，距镇政府所在地42公里，东南靠永登县通远乡，北邻永登县民乐乡，西与永登县连城镇接壤。村内有建成于明神宗万历四十六年（1619年）的藏传佛教寺院—东大寺一处。全村现有耕地780亩，人口54户，198人。

0264 打柴沟镇上河东村

简　介：上河东村位于金强河上游，毛毛山南麓，海拔在2700米以上，总面积28.14平方公里。现有耕地2245亩，草原面积34059亩。全村辖赵家湾、吴家湾、官庄、宋家湾、刘家嘴5个村民小组，共有237户，1048人。2013年民人均纯收入达近7095元。2013年年末大小畜存栏7403头（匹、只），其中大畜396头匹，小畜7007只。

0265 华藏寺镇中庄村

简　介：中庄村地处县城以南10公里处，属典型的旱作农业村，现辖中庄、八道沟、头道沟3个村民小组，共476户，1868人（少数民族1757人），海拔高度2600米，年降雨量260毫米，总耕地面积6899亩。长期以来该村是以种植小麦、豌豆、马铃薯为主的旱作区。2013年新修梯田600亩，硬化道路2.3公里，完成250户沼气能源项目，修建防洪坝两处，种植地膜洋芋280亩，新建畜暖棚120座、养殖小区3个。

0266 西大滩乡西沟村

简　介：西沟村位于西大滩乡东南，辖6个村民小组，298户，1272人。总土地面积12.89万亩，其中各类草场5.3万亩，占总土地面积的41.1%；林地面积5.1万亩，占39.6%；耕地面积2210亩，占1.7%。现有各类大小畜存栏1880头（只），其中大畜存栏348头（匹），小畜存栏1532头（只）。有乡村卫生所1所；有农村小学1所，在校学生196人，专职教师12名。

0267 华藏寺镇栗家庄村

简　介：栗家庄村地处县城西北19公里处，辖甘沙沟、徐家庄、栗上、栗下4个村民小组，439户，1764人（少数民族142人）。该村总耕地面积5500亩，草原面积20693亩。现有大小畜存栏4878头（只）。

0268 大红沟乡东圈湾村

简　介：东圈湾村位于大红沟乡西北面。该村山大沟深，年均气温4.7摄氏度，平均降雨量200毫米左右。辖夹台、三角城、菜籽湾、东圈湾、生地、阴洼沟6个村民小组，共有在册村民356户，1273人，实际居住229户，1013人，有劳动力363人，其中少数民族169户，749人，占总人口的73%。耕地面积2258亩。2013年底人均收入达到2108元。

0269 石门镇大塘村

简　介：大塘村地处石门镇西南部，属浅山半干旱山区，是一个以土、藏、汉混居的多民族行政村。大塘村现有2个村民小组，121户，615人，其中少数民族76户，363人，占全村人口的 59%。全村耕地面积 1400 亩，现大小畜存栏 9388 头（只）。

0270 安远镇野狐湾村

简　介：野狐湾村地处雷公山脚下，占地面积为 11.3 平方公里，其中耕地面积 853 亩，草原面积为 8000 亩，森林面积为 7000 亩。该村辖上组、下组 2 个村民小组，有汉、土、蒙古、藏等居民 118 户，635 人。2013 年有大小畜 2423 头（只），村民人均纯收入 4812 元。

0271 华藏寺镇阳山村

简　介：阳山村位于县城东端 7 公里处的毛毛山脚下，平均海拔 2700 米，年降雨量为 260-340 毫米。阳山、下木井、上木井、下五疙瘩、中五疙瘩、上五疙瘩、扎毛沟 7 个村民小组分散居住在毛毛山三条沟壑内，村组之间相距 10 余公里。全村共 430 户，1784 人。耕地面积 9532 亩，全部为山旱地。

0272 朵什镇龙沟村

简　介：龙沟村位于朵什镇东南部，属大陆性高寒草原半湿润气候，平均海拔 2850 米，年降水量 414 毫米，年均气温 0.5 摄氏度，昼夜温差较大。龙沟村距县城 80 公里，距乡政府 36 公里。全村辖抓喜庆、牛圈沟、荒草台、朵尕寨、石头沟、上台、大红沟、下阴屲、八岔屲、大台、上滩上组、上滩下组、崖头等 13 个村民小组，450 户，1739 人，其中劳动力 882 人。

0273 打柴沟镇石灰沟村

简　介：石灰沟村位于打柴沟镇西南部，马牙雪山腹地，海拔在 2800 米以上，耕地面积 2139 亩，草原面积 35427 亩。全村辖石灰沟一组、石灰沟二组、上圪垯、下圪垯 4 个村民小组，共有 191 户，778 人。2013 年人均纯收入 6193 元，年末大小畜存栏 3952 头（匹、只），其中大畜 234 头匹，小畜 941 只。

0274 东大滩乡圈湾村

简　介：圈湾村位于东大滩乡西部，距乡政府约7公里，海拔在2600-3500米之间，年均气温1℃，年均降雨量150-400毫米之间，属高寒干旱山区。圈湾村辖圈湾、窑沟、大泉湾3个村民小组，共178户，683人。该村现有人口113户，476人，2013年人均纯收入3059元。

0275 哈溪镇双龙村

简　介：双龙村位于镇政府南部5公里处，海拔在2600-2800米之间，年平均气温1.6℃，是一个典型的高原干旱山区。全村辖4个村民小组，现有人口243户，1029人；总耕地面积1328亩，其中水浇地130亩，灌溉水源为东滩河。2013年底全村大畜存栏278头（匹），小畜存栏2480只。2013农牧民人均纯收入为3450元。该村主要发展人参果种植业和养殖业。

0276 秀龙乡永丰村

简　介：永丰村位于乌鞘岭南麓，马牙雪山脚下，距县城34公里，海拔在2700-3100米之间。全村辖陈家沟、下陈家沟、双岔沟3个村民小组，有农牧户319户，1283人。全村总面积130平方公里，耕地面积1521亩，其中可灌溉面积400亩，人均占有耕地1.2亩。粮食作物以青稞为主，经济作物有油菜籽、饲草料等。该村有草原面积4万亩，人均占有草场32亩，是一个以牧为主、农牧并举的牧业村。全村已形成以牧草和舍饲养殖为主，劳务输转为辅的特色产业格局，为农牧民脱贫致富奠定了基础。

0277 打柴沟镇铁腰村

简　介：铁腰村位于打柴沟镇东南部，年平均气温2.1℃，海拔在2600米以上，耕地面积2064亩。全村辖上铁腰、下铁腰、胜利上、胜利下4个村民小组，共有205户，858人。

年末大小畜存栏2433头（匹、只），其中大畜344头匹，小畜2089只。2013年人均纯收入6829元。

0278 朵什镇南冲村

简　介：南冲村位于朵什镇东北部，平均海拔2850米，年平均气温0.6℃，相对无霜期80天，无绝对无霜期，年降水量在260-300毫米之间。全村辖10个村民小组，442户，1786人，总耕地面积2794亩。现大小畜存栏2324头（只）。2013年农牧民人均纯收入2398元。

0279 哈溪镇友爱村

简　介：友爱村地处天祝县西北部的磨脐山脚下，峡门河流域，与凉州区张义镇接壤，距县城120公里，距镇政府驻地8公里。海拔2400-3500米，年平均气温1.5℃，年均降水量410毫米，年蒸发量1400毫米，属典型的干旱山区，高原冷凉气候。全村共有9个村民小组，566户，2416人，其中少数民族人口占全村总人口的58%。全村耕地面积3330亩，草原面积2万亩。2012年人均收入3242元，2013年人均纯收入4276元。

0280 大红沟乡大沟村

简　介：大沟村地处乡政府西北面，海拔2600-4100米之间。全村现辖麻莲台、下大沟、中大沟、上大沟、泉子湾、排路台、黄草岭、上岭8个村民小组，在册农户287户，1363人，实有224户，968人。其中，少数民族41户，171人。全村总耕地面积2791亩，草原面积4.2万亩，现有大畜2000头（匹），小畜存栏4400只。2013年农牧民人均纯收入1890元。

0281 东大滩乡水泉沟村

简　介：水泉沟村四面均与古浪县相接，距乡政府30公里，辖1个村民小组，11户，35人，其中长期外出户10户，32人。全村面积10平方公里，耕地面积90亩，其中水浇地27亩，山旱地63亩，人均占有耕地0.94亩，主要种植小麦、豌豆、洋芋等农作物。现有草原面积11384亩，大小畜185头（只），2013年农牧民人均纯收入为2345元。

0282 赛什斯镇克岔村

简　介：克岔村距镇政府8公里，有6个村民小组，369户，1536人，现有耕地面积4718亩，大小畜存栏5214头（只），2011年人均纯收入2653元。

0283 天堂镇本康村

简　介：本康村位于天堂镇东部，耕地面积698亩，草原面积11749亩，森林面积4185亩。辖本康口、本康沟、阳山、阴山4个村民小组，有汉、藏、土、蒙等居民166户，678人。2013年全村大畜存栏401头，小畜2527头（只），人均纯收入4708元。村里有村级卫生所1处。村委会设在本康沟社。

0284 旦马乡土塔村

简　介：土塔村位于旦马乡西南方向，距离乡政府15公里。是一个纯牧业村，辖土塔村民小组，131户，476人，村委会设在土塔河，现有村干部3名。全村有耕地面积543亩，草原面积18.8万亩。境内有藏传佛教寺院大水上寺，每当初一、初八、十五前来参拜的信教群众络绎不绝。2013年末，全村牲畜存栏22136头（只），其中大畜2229头，小畜19907只。村里有"三语"寄宿制小学1所，教职工13人，学生8人；有村级卫生所1所，医务人员1名。2013年村民人均纯收入3543元。

0285 东坪乡大麦花村

简　介：大麦花村辖阳山、阴山、上岭、下岭、尚拉、狼海湾、大滩子沟等7个村民小组，共有271户，1229人，其中劳动力730人，少数民族人口423人，占34%。

0286 打柴沟镇火石沟村

简　介：火石沟村位于打柴沟镇西南部，马牙雪山脚下，海拔在2700米以上。全村耕地面积2221亩，辖下阳山、上阳山、四分子、顶峰、大蒲沟4个村民小组，共有182户，838人。2013年人均纯收入5363元。年末大小畜存栏4403头（匹、只），其中大畜250头匹，小畜4153只。2013年，出栏牛羊1320头（只），实现产值168.6万元。2013年，共输转劳动力242人（次），实现劳务经济收入145.2万元。

0287 天堂镇麻科村

简　介：麻科村位于天堂镇东南部，耕地面积831亩，草原面积20121亩，森林面积30809亩。辖牛威、拉九、龙彩、麻科、尕龙五5个村民小组，有汉、藏、土、蒙古等居民237户，895人。2013年全村大畜存栏436头，小畜3176头（只），人均纯收入4696元。

0288 朵什镇黑沟村

简　介：黑沟村地处朵什镇东南部，海拔在2600-2700米之间。全村共有6个村民小组，现有人口311户，1246人，其中劳动力549人。全村耕地面积1414亩，人均耕地面积1.15亩。经济来源主要依靠种植业、养殖业以及外出务工，2012年村民人均纯收2392元。

0289 炭山岭镇关朵村

简　介：关朵村地处五台岭脚下，距镇政府25公里，平均海拔2900米，陡坡耕地多，干旱少雨，属浅山干旱山区。全村辖关朵社、九掌社、温家滩社、河湾社4个村民小组，村距长达6公里，现有人口193户，803人，其中少数民族95户，397人，占总人口的49%。

0290 华藏寺镇岔口驿村

简 介：岔口驿村位于庄浪河下游，金强河北岸，是古丝绸之路的驿站，著名的岔口驿马故乡，距县城7公里。辖上三里、下三里、过街、前街、东上、东下、庙上、庙下、上五、中五、下五、陈庄、石门滩、红沙湾14个村民小组，是全县人口最多的村之一，共997户，4119人。

0291 华藏寺镇野雉沟村

简 介：野雉沟村距县城12公里，属牧业村，海拔在2600-2800米之间，年降水量在350-400毫米之间。全村共有73户，283人（少数民族218人）；耕地面积415亩，草原面积6万亩。

0292 安远镇河底村

简 介：河底村位于安远镇西北，总面积8.4平方公里，其中耕地面积1173亩，草原面积4000亩，森林面积6000亩。辖峡门、河底2个村民小组，有汉族、藏族等居民121户，516人。2013年大小畜存栏1953头（只），人均纯收入4756元。村上有村校1所，村级卫生所1处。村委会设在河底组。

0293 朵什镇石沟村

简 介：石沟村位于朵什镇东部，辖6个村民小组，266户，1174人，其中劳动力543人。全村耕地面积1715亩，人均耕地面积1.5亩，经济来源主要依靠种植业、养殖业以及外出务工。2012年全村粮食总产量256吨，人均436斤。村民人均纯收1900元。

0294　哈溪镇长岭村

简　介：长岭村位于镇政府西部，距镇政府15公里。全村有藏、汉、蒙古、土族等多个民族，共有8个村民小组365户，1752人，其中少数民族517人，占总人口的29.5%。耕地面积2150亩，其中退耕还林面积为650亩。2012年大畜存栏350头（匹），小畜存栏5632只。农业生产以豆类、小麦为主。2012年，农牧民人均纯收入3050元。

0295　大红沟乡东怀村

简　介：东怀村位于大红沟乡东北部。该地山大沟深，年均气温17摄氏度，平均降雨量126毫米左右。辖东怀等5个村民小组。共有在册村民164户，704人，实际居住88户，388人，有劳动力221人，其中少数民族40户，164人，占总人口的42%。耕地面积2300亩。全村现有大小牲畜2190头（只），其中牦牛110头，黄牛30头，羊2000只，骡马51匹。2013年底人均收入3108元。

0296　天堂镇保干村

简　介：保干村位于天堂镇东北部，耕地面积739亩，草原面积17714亩，森林面积25133亩。辖格香、保干、吉仓、上台4个村民小组，有汉、藏、土、回、满等居民153户，585人。2013年全村大畜存栏412头，小畜3208头（只），人均纯收入4686元。

0297　华藏寺镇韭菜沟村

简　介：韭菜沟村位于毛毛山脚下，县城以北10公里处，海拔2300-4100米之间，年平均降水360毫米，蒸发量1050毫米，年均气温1.4摄氏度，无霜期130天，日照数19007小时，干旱、霜冻是威胁农牧业生产的主要自然灾害。全村现有54户，199人（少数民族39人）；耕地面积810亩，草原面积2万亩。2013年，村里建设养殖暖棚25亩，种植高原夏菜325亩，马铃薯110亩，饲草料748亩。村里争取妇女创业小额贷款19户，77万元。输转劳务人员50多人。

0298 打柴沟镇下十八村

简　介：下十八村位于打柴沟镇西部马牙雪山脚下，海拔2800米左右，总面积21.63平方公里，耕地面积1381亩，均系山旱地，草原面积3.2734万亩；距离小城镇8.5公里，距离G312国道6.5公里。该村辖下十八、上十八、峡门、窑沟4各村民小组，192户，838人，其中少数民族359人，占总人口的42.8%。

0299 石门镇潍茇滩村

简　介：潍茇滩村位于石门镇正西方，距离石门镇政府约10公里，是一个少数民族聚居的村庄，村内居住着藏、汉、土等多个民族，共有52户，215人，其中藏族142人，土族30人，少数民族占全村总人口的70.3%。潍茇滩村是个纯牧业村，全村现大畜存栏666头，小畜存栏5039只。

0300 西大滩乡马莲沟村

简　介：马莲沟村位于西大滩乡最东端，总面积14.9平方公里。辖5个村民小组，275户，1146人。现有耕地面积1429亩，其中80%以上的耕地属25度以上的陡坡地。播种农作物以小麦、豌豆、马铃薯为主。2013年大小畜存栏1610头只，人均纯收入为1411元。

0301 祁连乡石达坂村

简　介：石达坂村地处祁连乡西北角，距乡政府18.5公里。全村有13个村民小组，原有244户，1001人，现有89户，288人（包括长期外出务工户），总耕地面积4099亩，其中水浇地262亩。现大畜存栏134头（匹），小畜存栏872只。2013年村民人均纯收入2727元。

0302 华藏寺镇黄草川村

简　介：黄草川村地处毛毛山脚下，属半农半牧村，距县城约19公里。全村现有53户，231人（少数民族196人）；总耕地面积275亩，草原面积40000亩，现大小畜存栏4478头（只）。2013年全村种植大田蔬菜106亩，脱毒马铃薯130亩，优质牧草714亩，饲料104亩，新建舍饲暖棚50.5亩，完成绵羊改良2400只。硬化道路8.3公里的；平整村委会院子与村内巷道，推修防洪坝1.5公里；完成绿化造林13.7亩，通道绿化0.5公里。

0303 赛拉隆乡吐鲁村

简　介：吐鲁村位于赛拉隆乡西北，吐鲁沟国家级森林公园上端，距乡政府38公里。全村共辖盆子沟、上圈湾、下圈湾3个村民小组。耕地面积98亩，以种植饲草料为主。经济收入以畜牧业为主，属纯牧业村。该村山青水秀，风光秀丽，旅游资源丰富，是著名的旅游胜地。农牧民经济收入主要靠畜牧养殖业和旅游服务业。2013年末大小畜存栏3352头（只），农牧民人均纯收入达到4400元。

0304 打柴沟镇深沟村

简　介：深沟村位于打柴沟镇西北部，312国道西侧，海拔在2600米以上，是全镇最大的行政村。该村辖深沟上组、深沟下组、大路东、大路西、石一、石二、石三7个村民小组，357户，1419人。

0305 天堂镇业土村

简　介：业土村位于天堂镇西北，耕地面积1088亩，草原面积14995亩，森林面积32822亩；辖阳龙口组、铜匠沟社、铜匠口社、阿郎口社、锅贴社5个村民小组，有汉、藏、土、蒙古等居民234户，967人。2013年全村大畜存栏467头，小畜3232头（只），人均纯收入4695元。现村里有村小学1所，教职工13人，学生90人；有村级卫生所1处。

村委会设在阳龙口社。

0306 朵什镇寺掌村

简　介：寺掌村位于天祝县乌鞘岭东部，毛毛山北麓，朵什镇西北部，现有寺掌、大林棵、阳山、黄毛山、炭窑沟、石窝子6个村民小组，共有175户，805人，其中劳动力530人。全村耕地面积1690亩，人均耕地面积2.2亩，经济来源主要依靠种植业、养殖业以及外出务工。

0307 旦马乡康路村

简　介：康路村地处旦马乡西南部，辖红泉、康路、清泉水、马家槽4个村民小组，有农牧民119户，471人，现住户101户，456人。村委会设在马家槽组，现有村干部3名。全村共有耕地面积1016亩，草原面积10.2万亩。2012年末，牲畜存栏12151头（只），其中大畜226头，小畜11925只。现有村级卫生所1所，医务人员1名。2013年农民人均纯收入3243元。

0308 天堂镇天堂村

简　介：天堂村位于天堂镇政府机关所在地，耕地面积840亩，草原面积7084亩，森林面积25083亩。辖天堂社、大宗台、大宗沟3个村民小组，有汉、藏、土、回等居民234户，952人。2013年全村大畜存栏339头，小畜2837头（只），人均纯收入4711元。

0309 赛什斯镇先明峡村

简　介：先明峡村位于赛什斯镇政府西南方，耕地面积847亩。全村共有5个村民小组，有汉、藏、土等农牧户258户，1059人。2013年全村大畜存栏2592头，小畜存栏3184头（只），养殖暖棚56座，人均纯收入3984元。

0310 毛藏乡毛藏村

简　介：毛藏村是毛藏乡政府所在地，是一个藏民族聚居的纯牧业村，下辖大毛藏、小毛藏、响水、寺坡子4个村民小组，有牧民95户，339人。2013年底全乡大小畜存栏8196头（只），出栏3655头（只），农牧民人均纯收入4823元。

0311 大红沟乡西顶村

简　介：西顶村地处大红沟乡政府西北面，海拔在2800-3600米之间。辖歪沟、井子沟、马房沟、大洼、严家台、天池、野菜湾7个村民小组，在册266户，1072人，实际在户137户，532人。该村总耕地面积2202亩，草原面积2.2万亩，现有大畜1200头（匹），小畜存栏5100只。2013年农牧民人均纯收入2350元。

0312 大红沟乡红沟寺村

简　介：红沟寺村地处大红沟乡东段，海拔在2500-3800米之间，总耕地面积2995亩，其中水浇地125亩。全村有常福、红沟、阳洼、小马莲沟、大麻莲沟、旧寺湾、大南泥沟，小南泥沟8个村民小组，在册人口446户，1960人，实有人口313户，1247人。全村现大畜存栏696头（匹），小畜2395只，农牧民人均纯收入2446元。

0313 西大滩乡白土台村

简　介：白土台村位于西大滩乡北部，总面积36平方公里；辖6个村民小组，355户，1527人。现有耕地面积2817亩，其中50%以上的耕地属25度以上的陡坡地。播种农作物以小麦、豌豆为主，现大小畜存栏5000头只。2013年人均纯收入为2240元。

0314 大红沟乡灰条沟村

简　介：灰条沟村位于大红沟乡西北面。该地山大沟深，年均气温4.7摄氏度，平均降雨量200毫米左右。该村辖格陶湾、大泉、上格岔沟、下格岔沟、上灰条沟、下灰条沟

6个村民小组，共有在册村民363户，1367人，实际居住232户，1104人，其中少数民族158户，723人，占总人口的73%。村里现有劳动力371人，耕地面积2302亩。全村共有大小牲畜4500头（只），其中牦牛110头，黄牛130头，羊4140只，骡马120匹。2013年底村民人均纯收入2108元。

0315 东大滩乡酸茨沟村

简　介：酸茨沟村地处东大滩乡最西端，平均海拔为2600米，距东大滩乡政府13.6公里，西邻西大滩乡马连沟村，北邻古浪县横梁乡酸茨沟村。该村有村民小组1个，62户，263人，实有44户，193人，其中少数民族142人，汉族121人，男133人，女130人。该村有耕地面积626亩，农作物播种面积626亩，其中水浇地230亩，草地面积2万亩，林地面积78592.5亩。

0316 炭山岭镇菜籽湾村

简　介：菜籽湾村地处炭赛公路、干天公路沿线，距镇政府7公里，面积为42.1平方公里，共有4个村民小组，266户，822人，常年务农人口363人。全村承包土地面积1499.96亩，退耕还林面积526.7亩，草原面积1.3万亩，森林面积3.5万亩。现大畜存栏330头，小畜存栏1500只，自来水入户率达75%。

0317 朵什镇茶树沟村

简　介：茶树沟村地处朵什镇北部，共有6个村民小组，279户，1100人，其中劳动力538人；有耕地面积1859亩，人均1.6亩，其中退耕还林还草1306亩。经济来源主要依靠种植业、养殖业以及外出务工。村里现有养畜暖棚208座，小区5个。村民年人均纯收入2930元。

0318 松山镇阿岗湾村

简　介：阿岗湾村地处松山镇西部松山滩草原边缘地带，属浅山干旱半干旱山区，是一个半农半牧村。全村辖7个村民小组，共有人口545户，2098人。全村耕地面积4920亩，人均2.27亩，草原面积3万亩。

0319 打柴沟镇庙儿沟村

简　介：庙儿沟村地处打柴沟镇东部金强河中游，距小城镇3公里，距国道2公里。总耕地面积1883亩，草原面积11423亩。辖下庙儿沟、上庙儿沟、孖娃寺3个村民小组，188户，802人。2013年人均纯收入6927元。

0320 天堂镇那威村

简　介：那威村位于天堂镇南部，耕地面积314亩，草原面积6200亩，森林面积3640亩。辖那威下社和那威上社2个村民小组，有汉、藏、土等居民102户，426人。

0321 赛什斯镇大滩村

简　介：大滩村辖8个村民小组，412户，1732人，其中劳动力1084人。该村海拔在2520-3400米之间，年均气温1.5℃，年均降水量410毫米，无霜期120天。有耕地面积3476亩，草原面积2.7万亩，属高寒二阴山区半农半牧村。2013年，全村大小畜存栏7109头（匹、只），人均纯收入3290元。

0322 松山镇滩口村

简　介：滩口村地处松山镇东南部，位于松山草原边缘地带，辖滩口、马圈、河排水3个村民小组。年降水量在260-300毫米之间，平均气温1.3℃，年蒸发量1703毫米，属浅山干旱半干旱山区。全村共有228户，909人；共有耕地2140亩，草原54872亩。

0323 松山镇卧龙沟村

简　介：卧龙沟村为纯牧业村，现有人口54户，147人，耕地面积2000亩，草原面积40256亩。

0324 华藏寺镇红大村

简　介：红大村距县城5公里，是一个农牧业结合村，海拔2460米，全村有187户，794人（少数民族107人）。现有耕地1938亩，草原面积7000亩。现大畜存栏500头，小畜3000头，是华藏寺镇易地扶贫搬迁暨新农村建设示范村建设项目涉及村。2013年，红大村完成大田无公害蔬菜种植200亩，新建成养殖小区6座（建设中2座），植树2050棵。

0325 东坪乡先锋村

简　介：先锋村位于东坪乡西北面，东靠大麦花村，南连坪山村，西北接乐都县芦花乡，距乡政府驻地3公里，是一个典型的雨养农业村。该村耕地面积2750亩，土地以粟钙土为主，海拔在2400-2800米之间，年均气温4℃，年降水量400毫米，相对无霜期140天。全村有疙瘩、阳洼、上沟、下沟4个村民小组，153户，658人，其中劳动力404人。少数民族人口占总人口的12%。

0326 马乡细水村

简　介：细水村地处旦马乡东南部，辖土门、细水、大岭3个村民小组，有农牧民108户，452人。村委会设在土门组，现有村干部3名。全村共有耕地面积5895亩，草原面积6.3万亩。2013年末，牲畜存栏8024头（只），其中大畜220头，小畜7804只。村里有完全小学1所，教职工16人，学生41人；村级卫生所2所，医务人员2名。2013年村民人均纯收入3218元。

0327 天堂镇雪龙村

简　介：雪龙村位于天堂镇西北部，耕地面积1300亩，草原面积14368亩，森林面积6158亩；辖藏干社、卡吉社、雪龙社3个村民小组，有汉、藏、土、回、蒙古等居民211户，814人。2013年全村大畜存栏714头，小畜3964头（只），人均纯收入4688元。村里有村级卫生所1处。村委会设在藏干社。

0328 哈溪镇东滩村

简　介：东滩村位于镇政府驻地东南部3公里处，海拔在2200-2700米之间，是典型的高寒边远山区。该村辖上滩、下滩、东滩、谈家台、麻莲沟、上掌、下掌7个村民小组，居住着藏、汉、土、蒙古、布依5个民族，现有人口448户，2013人，其中劳动力980人。全村耕地面积2862亩，有大畜183头，小畜957头。该村主要产业是人参果，红提葡萄。2013年，全村人均纯收入3150元。

0329 华藏寺镇红明村

简　介：红明村距县城14公里，属农牧业村。全村现有162户，623人（少数民族213人）。全村总耕地面积1490亩，其中水浇地845亩，草原面积0.9万亩。现大小畜存栏1906头（只）。

0330 东大滩乡上圈湾村

简　介：上圈湾村地处天祝县境内毛毛山脚下，属石羊河流域一级支流庄浪源源头，海拔在2600-3500米之间。境内气候复杂，属寒冷高原性气候，年均气温-0.5℃，干旱少雨，年均降水量400毫米。该村辖上圈湾、直沟、旧寺沟3个村民小组。在册人口154户，517人，实有户数64户，245人，其中劳动力355人。2013年人均纯收入3596元。

0331 祁连乡天山村

简　介：天山村地处祁连乡东端，距乡政府17.8公里，距南营15.5公里，属浅山干旱山区。全村有8个村民小组，151户，694人，现住户81户，358人。全村耕地面积5140亩，其中水浇地116亩；现大畜存栏222头（匹），小畜存栏8631只。2013年人均纯收入2955元。

0332 打柴沟镇下河东村

简　介：下河东村位于金强河畔以东，距离镇政府2公里。海拔2600米，年均气温2.1℃。全村耕地面积3242亩，草原面积8489亩。G30国道和兰新铁路穿境而过，交通便利。该村辖磨河湾、下河东、上台子、下台子、山湾5个村民小组，272户，1238人。2013年人均纯收入7072元。

0333 华藏寺镇南山村

简　介：南山村位于县城郊区，属浅山半干旱山区，交通通讯便利，辖达家窑、边墙沟、半截沟、马圈湾台、何家台5个村民小组。

0334 松山镇塔墩子村

简　介：塔墩子村为纯牧业村，现有人口46户，127人。全村耕地面积3850亩，草原面积42978亩。

0335 东大滩乡边坡沟村

简　介：边坡沟村辖2个村民小组，总耕地面积659亩，林地面积0.3万亩，草原面积0.8万亩。全村农作物主要有小麦、豌豆、马铃薯和优质牧草，居住着藏、汉、土等民族88户，313人，其中少数民族130人，占总人口的41.5%。2013年，农牧民人均纯收入2640元。

0336 抓喜秀龙乡炭窑沟村

简　介：炭窑沟村属半农半牧业村，辖岔西滩、尕阳台、炭窑沟3个村民小组，305户，1443人。全村耕地面积2217亩，其中可灌溉面积1177亩，人均占有耕地1.5亩，草原5.5万亩。

0337 赛什斯镇野狐川村

简　介：野狐川村是全镇农业人口最多的村，有8个村民小组，535户，2215人（少数民族364人），其中劳动力1251人。现有耕地5577亩，人均2.5亩，大小畜年末存栏3044头（只）。

0338 松山镇黑马圈河村

简　介：黑马圈河村地处松山镇北部，毛毛山脚下，海拔2600米，年均气温1.3℃，年均降水量330毫米，属典型的高原冷凉气候。全村共79户，282人，其中藏族占总人口的99%；草原面积13万亩，其中围栏草场6.4万亩，优质牧草种植基地2000亩，以饲养天祝白牦牛为主，是一个典型的牧业村。全村共有人口79户，283人。

0339 安远镇乌鞘岭村

简　介：乌鞘岭村位于安远镇东南部，总面积40平方公里，耕地面积1764亩，草原面积2.1万亩，林地面积2.5万亩。辖青河、三沟台2个村民小组，有汉、藏、蒙等居民254户，1032人。2013年大小畜存栏11909头（只），人均纯收入5011元。

0340 抓喜秀龙乡代乾村

简　介：代乾村地处抓喜秀龙乡最西端，金强河源头，西南与青海门源县接壤，西北与哈溪镇相邻。海拔在3000米至5000米之间，年平均气温 −2℃，年降水量在265−630毫米之间，无霜期72天。有草原面积16.22万亩，围栏面积13.22万亩，饲草地2181亩。全村辖代乾一组、二组、三组3个村民小组，有藏、汉、蒙、土、满等5个少数民族，其中藏族人口占74%。有农牧户117户，总人口538人。2013年底，大小畜存栏12305头（只），大小畜出栏3728头（只）。

0341 打柴沟镇石板沟村

简　介：石板沟村位于打柴沟镇北部，毛毛山南麓，总面积 26243 亩，其中耕地面积 924 亩，草原面积 22119 亩。全村辖上庄、下庄、阳山 3 个村民小组，共有 153 户，681 人。2013 年人均纯收入 5481 元。

0342 松山镇达隆村

简　介：达隆村坐落于松山草原腹地，总面积 10028 亩，辖达隆、果曲、水沟、松山城 4 个村民小组，共有人口 161 户，755 人。该村是一个藏、汉、回、蒙等多民族聚居的纯牧业村。

0343 华藏寺镇柏林村

简　介：柏林村地处毛毛山脚下，位于县城东北部，属祁连山自然保护区缓冲区的纯牧业村。2004 年行政区划调整由原柏林乡合并到华藏寺镇。全村共有 37 户，144 人（少数民族 139 人）；有耕地 180 亩，草原 4.5 万亩，现大小畜存栏 2824 头（只）。2013 年种植大田蔬菜 135 亩，马铃薯 45 亩，优质牧草 820 亩；新建舍饲暖棚 17 座。向内蒙古、新疆、西藏等地有组织输转剩余劳动力 40 余人次。

0344 哈溪镇西滩村

简　介：西滩村地处祁连山腹地，距哈溪镇西南 3.5 公里。该村地势西南高、东北低，属于典型的二阴山区，平均海拔 2700 米，每年降雨量 560 毫米，平均气温 2℃，秋、冬、春季多雨雪，夏季干旱，秋雨比较集中。生产以农为主兼牧，年人均纯收入 1392 元。

0345 炭山岭镇阿沿沟村

简　介：阿沿沟村辖 2 个村民小组，共有农牧民 138 户，515 人，耕地面积 480 亩，草原面积 22.5 万亩，现大小畜存栏 18300 头（匹、只）。

0346 石门镇宽沟村

简　介：宽沟村地处祁连山腹地，位于 312 国道西侧，石门镇西北方，距县城华藏寺 13 公里，距 312 国道 4 公里，距石门镇政府 3 公里。全村有 3 个村民小组 234 户，702 人。

0347 东大滩乡东大滩村

简　介：东大滩村地处东大滩乡东北部，与古浪县干城乡接壤，海拔在 2600-2700 米之间，是典型的干旱山区。东大滩村下设 3 个村民小组，161 户，676 人，其中少数民族 331 人。实有户数 84 户，358 人，其中少数民族 198 人。该村总耕地面积 1587 亩，现大小畜存栏 1398 头（只），其中，小畜 1270 只，大畜 128 头。2013 年人均纯收入为 3162 元。

0348 炭山岭镇四台沟村

简　介：四台沟村地处炭石公路沿线，距镇政府 8 公里，海拔均在 2900 米。全村共辖 2 个村民小组 86 户，358 人。该村有退牧还草面积 122423 亩，其中禁牧 59077 亩，休牧 63346 亩；现有大畜存栏 1965 头（只），小畜存栏 8508 头（只）。养畜暖棚 9989 平方米。有养羊专业户 4 户，中型运输车 5 辆，小轿车 42 辆。2013 年全村人均纯收入 4500 元。

0349 打柴沟镇安家河村

简　介：安家河村辖上安家河、中安家河、下安家河 3 个村民小组，共 193 户，774 人。该村耕地面积 3360 亩。

0350 赛什斯镇下古城村

简　介：下古城村海拔在2450-2780米之间，有6个村民小组，354户，1277人，其中少数民族81人，占总人口的6.3%；耕地面积3809亩；牲畜存栏1150头（只）。2013年人均纯收入2861元。

0351 安远镇大泉头村

简　介：大泉头村位于安远镇北部，离镇政府2.5公里，总面积14.5平方公里，其中耕地面积1254亩。辖油坊台、大泉头2个村民小组，有汉族、回族、藏族、土族等居民165户，760人。2013年全村大小畜存栏1097头（只），人均纯收入4875元。

0352 石门镇石板湾村

简　介：石板湾村位于石门镇西北部，距镇政府所在地5公里，南与本镇宽沟村接壤，北与本镇火烧城村接界。海拔在2613-2730米之间，地势陡峭，水源较少，干燥少雨，年平均气温1.5℃左右，年平均降雨量400毫米以下，属典型的高原冷凉气候，相对无霜期115天。该村辖两个村民小组，178户，761人。全村耕地总面积1400亩，其中水浇地296亩；草原面积1529公顷。2013年底大小畜存栏5388头（只）。

0353 安远镇柳树沟村

简　介：柳树沟村位于安远镇东南面，占地面积20.6平方公里，其中耕地面积1312亩、草原面积8000亩、森林面积1万亩；辖直沟、长岭、泉阴山3个村民小组。全村有汉、藏等居民152户，755人。2013年大小畜1785头（只），人均纯收入5098元。

0354 打柴沟镇打柴沟村

简　介：打柴沟村位于打柴沟镇周边，海拔2602米，耕地面积3500亩，草原面积3198平方米；共辖东上、东下、西上、西下4个村民小组，248户，967人。该村2013年年末大小畜存栏708头（匹、只），其中大畜145头匹，小畜563只，人均纯收入7164元。

0355 旦马乡大水村

简　介：大水村地处旦马乡东西部，辖横沟、截山、大水滩、楼窝铺、下寺顶5个村民小组，有农牧民115户，468人。村委会设在截山组，现有村干部3名。全村共有耕地面积5029亩，草原面积5.1万亩。2011年末，全村牲畜存栏8812头（只），其中大畜345头，小畜8467只。该村有村级卫生所1所，医务人员1名。2013年全村人均纯收入3285元。

0356 石门镇岔岔辿村

简　介：岔岔辿村位于石门镇东北方，距离石门镇政府约1.8公里，交通便利。本村共有4个村民小组，224户，1001人。

0357 天堂镇查干村

简　介：查干村位于天堂镇北部，拥有耕地面积1344亩，草原面积9117亩，森林面积15854亩；辖东台社、查干台、查干沟、哈湾社4个村民小组。全村有汉、藏、土、蒙等居民152户，596人。2013年全村大畜存栏450头，小畜2465头（只），人均纯收入4688元。村委会设在查干台社。

0358 抓喜秀龙乡南泥沟村

简　介：南泥沟村位于乌鞘岭南麓，距县城38公里，海拔在2700-3100米之间，年均气温-1.2℃，年降水量265-630毫米之间，无霜期80天，属二阴山区。全村辖3个村民小组，有牧业户148户，541人，居住着藏、汉、土、蒙4个民族。该村有耕地面积568亩，草原面积20万亩，是一个以牧为主的牧业村。该村大小畜存栏12300头（只），大小畜出栏5316头（只）。

0359 朵什镇直岔村

简　介：直岔村位于朵什镇东南部，属大陆性高寒草原半湿润气候，平均海拔2850米，年降水量414毫米，年均气温0.5摄氏度，昼夜温差较大。直岔村距县城85公里，距乡政府8公里。全村辖东岔、黄草滩、直岔、西滩、牛圈湾等5个村民小组，现有428户，1666人，其中劳动力882人。

0360 毛藏乡华山村

简　介：华山村东临毛藏村，西北方向与青海省门源县相连接，南接双龙沟。全村辖华山、车轮、牛头、红沟4个村民小组，共有111户，445人，2013年底全村大小畜存在栏10191头（只），出栏4696头（只），农牧民人均纯收入4576元。

0361 毛藏乡大小台村

简　介：大小台村下辖大台子、小台子、藏民沟3个村民小组，共75户，265人，2013年底全村大小畜存在栏6032头（只），出栏2995头（只），农牧民人均纯收入4589元。

0362 西大滩乡东泉村

简　介：东泉村位于西大滩乡东北部，总面积21平方公里，辖9个村民小组，334户，1370人。该村现有耕地面积2345亩，其中73%以上的耕地属40度以上的陡坡地，播种农作物以小麦、豌豆、地膜洋芋为主。该村现有大畜存栏343头只，小畜存栏5400头只。2013年村民人均纯收入为1160元。

0363 天堂镇菊花村

简　介：菊花村位于天堂镇西北部，有耕地面积578亩，草原面积17413亩，森林面积35358亩；辖阿古滩、菊花社、华龙口3个村民小组。全村有汉、藏、土、回、蒙古、朝鲜、东乡、苗、土家等居民219户，840人。2013年全村大畜存栏939头，小畜5407头（只），人均纯收入4695元。村委会设在菊花社。

0364 炭山岭镇金沙村

简　介：金沙村地处炭赛公路沿线，距镇政府9公里，属浅山干旱地区。全村辖4个村民小组（元号、金沙、车路沟、贡玛沟）。

0365 西大滩乡马场村

简　介：马场村位于西大滩乡东北部，总面积13.64平方公里，辖7个村民小组，546户，2183人。该村现有耕地面积3912亩，其中50%以上的耕地属40度以上的陡坡地，播种农作物以小麦、豌豆、地膜洋芋为主。村里现有大小畜存栏1016头只。2013年人均纯收入为1411元。

0366 松山镇中大沟村

简　介：中大沟村地处松山盆地边缘地区，年降水量260-300毫米，平均气温1.3℃，年蒸发量1703毫米，属浅山干旱半干旱山区。全村共有8个村民小组，584户，2178人。该村有耕地面积5200亩，人均占有耕地2.3亩，草原面积6612亩，是一个藏、汉、土、回、蒙等多民族聚居的村落。

0367 大红沟乡马路村

简　介：马路村位于乡政府西面，辖上道阳、下道阳、麻莲沟、上马路、下马路5个村民小组，在册212户，777人，现住105户，495人，其中，少数民族27户，122人。全村现有耕地面积2575亩，草原面积2.2万亩；有大小畜存栏3138头（只），其中大畜339头（匹）、小畜2799只（山羊832只、绵羊1967只）。2013年村民人均纯收入1984元。

0368 炭山岭镇塔窝村

简　介：塔窝村位于县境西部的莫科山区，地处炭山岭矿区之内。该地山大沟深，属寒冷半干旱气候类型，年均气温3℃，平均降雨量350毫米左右。该村经济以煤炭生产和农业生产为主。全村共有4个村民小组，在册村民183户，729人，实际居住179户，724人，有劳动力358人，其中少数民族6户，24人，占总人口的3.1%。该村有耕地面积1158亩，其中退耕还林还草472.95亩，人均0.87亩；有大小牲畜1110头（匹、只）。2013年村民人均纯收入3978元。

0369 哈溪镇茶岗村

简　介：茶岗村地处哈溪镇东南部，距哈溪镇政府13公里，与武威市古浪县古丰乡和凉州区张义镇相连，海拔在2600-2800米之间。全村共有6个村民小组，现有人口424户，1886人。村里现有大畜存栏780头（匹），小畜存栏1620只。2013年，村农牧民人均纯收入3120元。

0370 西大滩乡土星村

简　介：土星村位于西大滩乡西北部，辖4个村民小组181户，854人。该村现有耕地面积1010亩，其中70%以上的耕地属25度以上的陡坡地，播种农作物以小麦、豌豆、洋芋、优质牧草为主。村里大小畜存栏3648头只。2013年村民人均纯收入为1411元。

0371 天堂镇大湾村

简　介：大湾村位于天堂镇东北部，有耕地面积873亩、草原面积13795亩、森林面积16320亩；辖拉卡、西山、东庄、西沟、大湾5个村民小组。全村有汉、藏、土等居民191户，735人。2013年全村有大畜存栏584头，小畜3686头（只）；人均纯收入4699元。村委会设在西山社。

0372 哈溪镇河沿村

简　介：河沿村距县城120公里，海拔2000-2800米，年均气温0℃，年均降水量

416毫米，属典型的高原冷凉气候。该村共有6个村民小组，402户，1741人，其中少数民族人口占全村总人口的52%。全村有耕地面积2028亩，草原面积2万亩；现有大小畜2348头（只）。

0373 打柴沟镇大庄村

简　介：大庄村位于打柴沟镇西南2公里处，距312国道1公里，年平均气温2.1℃，海拔2600米。该村有耕地面积2664亩，草原面积6578亩，辖大庄、四道沟、小蒲沟、加强4个村民小组，共有216户，921人。2013年年末该村有大小畜存栏3952头（匹、只），其中大畜234头匹，小畜941只，人均纯收入7155元。村里有村校1所，在校学生11名，教职工4名，教学班2个。2013年大庄村新建畜棚25座55.07亩；养殖小区1处11.73亩；新建新型活动性日光温室16座；大田蔬菜种植面积达3992亩，亩均收入4800元；修建四道沟村级道路2.5公里。

0374 旦马乡细水河村

简　介：细水河村地处旦马乡西南部，辖马莲台、细水河、阳洼、大顶、吴家场5个村民小组，有农牧民154户，591人。村委会设在吴家场组，现有村干部3名。全村共有耕地面积1236亩，草原面积10.7万亩。2013年末，村里牲畜存栏10581头（只），其中大畜810头，小畜9771只。2013年村民人均纯收入3342元。

0375 松山镇芨芨滩村

简　介：芨芨滩村坐落于松山草原腹地，总面积116389亩，共有人口107户，423人。芨芨滩村是一个藏、汉、回、蒙古等多民族聚居的纯牧业村。

0376 炭山岭镇上岗岭村

简　介：上岗岭村地处炭赛两镇接壤处，距镇政府12公里，平均海拔2800米，年均气温3.5℃，降雨量480毫米，是典型的半干旱山区。全村辖上岗岭社、韭口社、泉湾社、马场湾社、韭沟社、曹家湾社等6个村民小组，179 户，707 人，其中男 359 人，女 348 人。现有劳动力 224 人，其中常年外出务工人员 62 人。村里有小学校一所，在校学生 87 人。2013 年村民人均纯收入 2756 元。

0377 西大滩乡上泉村

简　介：上泉村位于西大滩乡东部，总面积 18.04 平方公里，辖 7 个村民小组，共 322 户，1273 人。该村现有耕地面积 2063 亩，其中 70% 以上的耕地属 25 度以上的陡坡地，播种农作物以小麦、豌豆、优质牧草为主。村里有大小畜存栏 5141 头（只）。2013 年村民人均纯收入为 1065 元。

0378 祁连乡马场滩村

简　介：马场滩村地处祁连乡中部，距乡政府 8 公里，平均海拔 2200 米左右。全村有 10 个村民小组，在册 252 户，1077 人，现住 140 户，629 人。该村总耕地面积 5226 亩，其中水浇地 515 亩。村里有大畜存栏 258 头（匹），小畜存栏 7481 只。全村年人均纯收入 3063 元。2013 年全村建成养畜暖棚 35 座 75.48 亩、养殖小区 4 个 74.92 亩；拥有虫草鸡养殖量达 2 万只；种植马铃薯面积达 600 亩；育苗 70 亩；种植牧草达 4000 多亩。

0379 天堂镇小科什旦村

简　介：小科什旦村位于天堂镇东部，耕地面积 510 亩、草原面积 39608 亩、森林面积 43142 亩，辖河西、河东、三岔、药水、沙掌 5 个村民小组，有汉、藏、土、回等居民 162 户，627 人。2013 年全村大畜存栏 1088 头，小畜 5915 头（只），人均纯收入 4700 元。

0380 石门镇石门村

简　介：石门村位于镇政府 3 公里处，有 4 个村民小组，216 户，881 人。村里住着藏、汉、土等多个民族，其中少数民族 699 人，占全村总人口的 79.3%。石门村大部分地处石门河二阴山地，拥有耕地面积 1600 亩，其中水浇地 310 亩。全村大畜存栏 1383 头，小畜存栏 7529 只，主要农作物有小麦、青稞、油菜、脱毒马铃薯等。

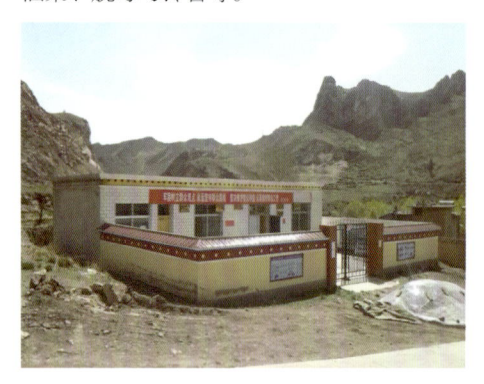

0381 松山镇满洲营村

简　介：满洲营村为纯牧业村。全村以舍饲养殖、散养、畜种改良为主，通过采取典型示范、信息引导、政策扶持等一系列措施，不断加大生态畜牧业推进力度。该村现有人口96户，238人，有耕地面积3300亩，草原面积62108亩。

0382 炭山岭镇炭山岭村

简　介：炭山岭村地处炭赛公路沿线，镇政府驻地，属寒冷半干旱气候类型，平均海拔2300米，年均气温2.8℃，年降水量在300-400毫米之间，多集中在秋季。炭山岭村现有人口273户，1172人；有耕地面积1717亩，其中退耕还林806亩。辖区内设有机关、学校、医院、邮政、金融等服务单位和派出机构26个。

0383 哈溪镇前进村

简　介：前进村距镇政府8公里，海拔2350米，年均气温1℃，年均降水量416毫米，属典型的高原冷凉气候，无霜期118天。该村有6个村民小组，313户，1463人，其中少数民族人口占全村总人口的73%。全村有耕地面积2010亩，草原面积2万亩。2011年底全村有大畜存栏640头（匹），小畜存栏1682只，农牧民人均纯收入为3141元。

0384 安远镇南泥湾村

简　介：南泥湾村位于安远镇南面，占地面积为17.06平方公里，其中耕地面积1445亩，草原面积1万亩，森林面积1.2万亩。该村辖南泥湾、下南泥湾、天河湾、大柳树沟4个村民小组。全村有汉族、回族、蒙古族，共158户，724人。2013年该村有大小畜5014头（只），人均纯收入5075元。村里有村级卫生所1处。

0385 西大滩乡西大滩村

简　介：西大滩村位于西大滩乡东南部，总面积 23 平方公里，共 123 户，544 人。该村现有耕地面积 1039 亩，其中 50% 以上的耕地属 25 度以上的陡坡地，播种农作物以小麦、豌豆、优质牧草为主。村里有大小畜存栏 7927 头只。2013 年村民人均纯收入为 2003 元。

0386 西大滩乡坝堵村

简　介：坝堵村位于西大滩乡西北部，海拔 2600 米 -3200 米，辖 4 个村民小组，182 户，691 人。村里有小学 1 所。

0387 打柴沟镇友谊村

简　介：友谊村位于打柴沟镇西南部，马牙雪山脚下，海拔在 2780 米以上，距离小城镇 8 公里，距离国道 8 公里。拥有耕地面积 1800 亩，草原面积 26677 亩。全村辖长山湾、上泉、后圈湾、水槽沟 4 个村民小组，共有 215 户，920 人，其中少数民族 514 人。

0388 打柴沟镇石灰沟村

简　介：石灰沟村位于打柴沟镇西南部，马牙雪山腹地，海拔在 2800 米以上，耕地面积 2139 亩，草原面积 35427 亩。全村辖石灰沟一组、石灰沟二组、上圪垯、下圪垯 4 个村民小组，共有 191 户，778 人。2013 年村民人均纯收入 6193 元，年末大小畜存栏 3952 头（匹、只），其中大畜 234 头匹，小畜 941 只。

0389 安远镇黑河滩村

简　介：黑河滩村位于安远镇西北，总面积 30.71 平方公里，其中耕地面积 1368 亩，草原面积10567亩，森林面积1.2万亩。该村辖上滩、撒坡沟、黑土台、黑河滩4个村民小组，有汉族、藏族、土族等居民129户，644人。2013年大小畜2201头（只），人均纯收入4837元。村上有完全制小学—白塔小学一所，村级卫生所1处。村委会设在上滩组。

0390 松山镇石塘村

简　介：石塘村地处松山草原南部，距镇政府9公里，东南与永登县接壤，总面积38349亩。全村辖4个村民小组，共300户，1047人，实际居住户数146户，645人。全村耕地面积3440亩，人均3.28亩，草原面积3.5万亩；2012年农作物播种总面积达3094亩，其中粮食作物播种总面积2602亩，总产量436740公斤。

0391 赛什斯镇阳凹村

简　介：阳凹村距离镇政府所在地12公里，东与克岔村相连，北靠三宝山，西邻上古城村，有6个村民小组，375户，1435人，耕地面积4565亩。该村有养畜暖棚97座，日光温室37座。年人均纯收入2633元。

0392 赛什斯镇土城村

简　介：土城村位于石天公路29公里处，海拔2500米，年均气温1℃，年均降水量500毫米，属典型的高原冷凉气候，相对无霜期115天，草原面积3.9万多亩，属牧业村。该村居住着藏、汉、土等民族，共79户，336人。村里已建成养殖暖棚72座，年人均纯收入3400元。该村现有大小畜存栏6200头（只）。

0393 安远镇白塔村

简　介：白塔村位于安远镇西北，总面积12.6平方公里，其中耕地面积869亩、草原面积1000亩、森林面积3000亩。该村有白塔、阳洼、青苔3个村民小组，有汉、藏、蒙等居民105户，470人。2013年全村有大小畜1180头（只），人均纯收入4658元。村里有村级卫生所1处。

0394 朵什镇旱泉沟村

简　介：旱泉沟村共有5个村民小组，316户，1293人，少数民族占全村人口总数32%。全村共有劳动力827人，总土地面积4.91万亩，其中各类草场1.9万亩，草原承包到户面积6608亩，退耕还林、还草面积3754亩，现实有耕地面积2700亩，均为旱地。该村有各类大小畜存栏2753头（只），其中大畜存栏593头（匹），小畜存栏2160只。2013年村农牧民人均纯收入1940元。

0395 朵什镇窑洞湾村

简　介：窑洞湾村共有3个村民小组，289户，1293人，少数民族占全村人口总数32%。全村共有劳动力627人，总土地面积4.91万亩，其中各类草场1.9万亩，草原承包到户面积6608亩，退耕还林、还草面积3754亩，现有耕地面积2700亩，均为旱地。该村有各类大小畜存栏2560头（只），其中大畜存栏559头（匹），小畜存栏2001只。2012年村农牧民人均纯收入1940元。

0396 毛藏乡泉台村

简　介：泉台村东靠大红沟乡，西靠祁连乡，南接毛藏村，北接大小台村。全村辖泉台、岔儿沟2个村民小组，共有54户，195人。2013年农牧民人均纯收入达4722元。

0397 安远镇直沟村

简　介：直沟村位于安远镇东南面，占地面积20.6平方公里，其中耕地面积1312亩，草原面积8000亩，森林面积1万亩。该村辖直沟、长岭、泉阴凸3个村民小组，有汉、藏等居民152户，755人。2013年村里有大小畜1785头（只），人均纯收入5098元。

0398 石门镇火烧城村

简　介：火烧城村位于石门镇最西边8公里处，属浅山半干旱山区，是一个半农半牧村。全村辖3个村民小组，共有291户，922人。全村有耕地面积800亩，退耕还林面积1827亩，大小畜存栏6513多头（只）。

0399 东坪乡扎帐村

简　介：扎帐村位于东坪乡东北部，东邻永登县河桥镇牛站村，南接坪山村，西连大麦花村，北靠永登县连城镇杨家湾村。全村辖小麦花、省家湾、马巷、扎帐、台子、罗家湾、农人湾、冯家湾8个社，共337户，1476人，其中少数民族466人。该村现有大小畜存栏1927头（只）。全村耕地面积4645亩，均为山旱地，以种植洋芋、小麦、油籽为主。洋芋产业为全村农牧民增收的主导产业。

0400 打柴沟镇金强驿村

简　介：金强驿村位于打柴沟镇西北部，群众依312国道两侧和金强河岸而居，交通、通讯十分便利。全村辖金强驿上组、金强驿中组、金强驿一组、金强驿二组、金强驿三组5个村民小组，共有219户，992人，其中回族142人，藏族121人。该村有耕地面积2830亩，草原面积6919亩。2013年村民人均纯收入6525元。

0401 东大滩乡下四村

简　介：下四村四面均与古浪县相接，距乡政府45公里，有总户数49户，112人，实有户数为8户，27人，面积11平方公里，耕地面积180亩，草原面积24200亩，辖1个村民小组，有大小畜存栏260头（只）。2013年该村农牧民人均纯收入为2342元。

0402 祁连乡祁连村

简　介：祁连村地处祁连乡南岔河沿岸，平均海拔2400米，年均气温2℃，年均降水量220-440毫米，属典型的高原冷凉气候。全村有9个村民小组，347户，1571人。该村总耕地面积4521亩，其中水浇地1111亩。村里有大畜存栏2009头（匹），小畜存栏8550只。2013年，全村人均纯收入3548元。

0403 旦马乡横路村

简　介：横路村是乡政府驻地，海拔在2400-2600米之间，辖横沟顶、土圈、横路、平台、直沟、大沟槽6个村民小组，现有人口133户，402人，总耕地面积3028亩，草原面积9.9万亩。该村现有大小畜存栏15651头（只），其中大畜存栏213头（匹），小畜存栏15438只。2013年，村农牧民人均纯收入3248元。

0404 石门镇马营坡村

简　介：马营坡村地处天祝县西北部，距华藏寺11公里，距312国道4公里，省道Z42线穿境而过，交通条件十分便利。该村海拔2450米，年均气温1.5℃，相对无霜期130天左右，年日照时数2400小时以上，平均降雨量450毫米，年蒸发量1200毫米，属典型的干旱地区。全村辖3个村民小组，现有农牧业人口201户，868人。

0405 安远镇兰泉村

简　介：兰泉村位于安远盆地西南部，占地面积6.5平方公里，其中耕地面积1097亩，草原面积1.8万亩，森林面积2.1万亩。该村辖兰泉、东沟2个村民小组，有汉、藏、哈萨、蒙等居民162户，635人。2013年村里有大小畜3000头（只），人均纯收入4773元。村里有村级卫生所2处。

0406 松山镇红石村

简　介：红石村地处松山镇东南部，位于松山草原边缘地带，与石塘、滩口村为邻，海拔2600米，年均气温1.3℃，年降水量260-300毫米，年蒸发量1703毫米，属浅山干旱半干旱山区。全村辖红石、一眼井、崖头井、洪涝池4个组，共283户，1036人，其中藏族占总人口的75%。

0407 天堂乡大湾村

简　介：大湾村位于马牙雪山脚下，海拔2736-3002米，拥有耕地面积3528亩。全村辖大湾、后夹槽、建设上、建设下4个村民小组，共有189户，861人。2013年村民人均纯收入5481元，同年末有大小畜存栏3952头（匹、只），其中大畜234头匹，小畜941只。村里有村卫生室1所。

0408 松山镇藏民村

简　介：藏民村坐落于松山草原腹地，总面积10028亩，辖藏民、囊索2个村民小组，共191户，799人，其中少数民族人口681人，占总人口的89%。该村是一个藏、汉民族聚居的纯牧业村。

0409 哈溪镇团结村

简　介：团结村位于镇政府西部，距镇政府4公里。全村共有4个村民小组，现有人口346户，1375人，其中四组（新路组）54户，217人已整组移民搬迁至黄羊河农场。全村共有耕地面积1977亩，其中退耕还林面积540亩；有大畜存栏325头（匹），小畜存栏6854（头）只。2013年，全村累积建成养殖暖棚24座，养殖小区3座。2013年村农牧民人均纯收入4416元。

0410 天堂镇科拉村

简　介：科拉村位于天堂镇东南方，有耕地面积2800亩、草原面积9279亩、森林面积1647亩，辖查干口、加龙口、上加龙、下加龙、下河滩、铁匠湾、华龙社7个村民小组，有汉、藏、土、回等居民342户，1242人。2013年全村大畜存栏517头，小畜2442头（只），人均纯收入4697元。

0411 安远镇极乐村

简　介：极乐村地处安远盆地北部，总面积为13.7平方公里，其中耕地面积1232亩、草原面积1.3万亩、森林面积1.4万亩，辖李庄、极乐2个村民小组，有汉、回、藏、土等各族居民153户，685人。2013年全村有大小畜3523头（只），人均纯收入5005元。村里有村级卫生所1所，有藏传佛教寺院极乐寺一处。

0412 安远镇马家台村

简　介：马家台村位于安远镇西北，总面积4.2平方公里，其中耕地面积518亩、草原面积6000亩、森林面积8504亩，辖马家台一个村民小组，有汉族、藏族等居民58户，315人。2013年村里有大小畜1828头（只），人均纯收入4211元。村里有小学校1所，村级卫生所1处。

0413 炭山岭镇拉卜子村

简　介：拉卜子村地处炭赛公路沿线，距镇政府5公里，是一个以农业为主、农牧并举的自然村。全村辖5个村民小组，共227户，1067人，其中劳动力531人。2011年村民人均纯收入2700元。村里现有耕地面积1158亩，退耕还林地2049.6亩；有大畜存栏1494，小畜存栏5450头（匹、只）；有日光温室面积9.6亩，养畜暖棚面积达123亩。

0414 赛什斯镇拉干村

简 介：拉干村位于赛什斯北部，现有9个村民小组402户，1595人（少数民族469人），其中劳动力964人。该村有耕地3161亩，大小畜存栏8080头（只）。

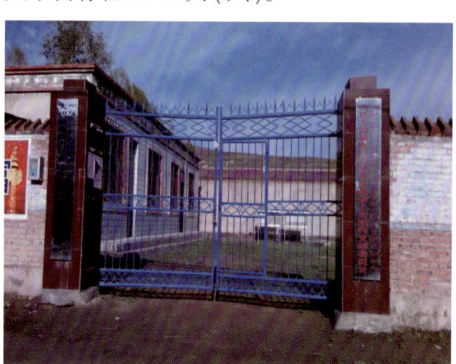

（二十）张掖市甘州区

0415　新墩镇西关村

简　介：西关村有 9 个合作社，686 户，2586 人，耕地面积 1690 亩，属纯井水灌溉区。2013 年全村经济总收入达千万元，人均纯收入 8108 元。

0416　小满镇古浪村

简　介：古浪村位于小龙公路 1.8 公里处，共有 11 个合作社，608 户，2283 人，耕地 44206 亩。

0417　碱滩镇杨家庄村

简　介：杨家庄村位于甘州区城东 12 公里，在碱滩镇北 4 公里处，兰新铁路 312 国道横穿全村，交通条件十分便利。该村总人口 1077 人，334 户，有耕地面积 4300 亩，全部是水田；有林木 260 亩。该村下辖 6 个村民小组，外出务工经商 285 人，人均年收入 26000 元；农业以种植玉米制种、甜菜、蕃茄、小麦、洋葱瓜菜为主；养殖业有一定规模；产品加工和手工业、交通运输业发展讯速。

0418　长安乡前进村

简　介：前进村地处张掖市甘州区城郊，现有 7 个合作社，385 户，1485 人，耕地面积 1864 亩，人均耕地 1.25 亩。2011 年全村经济总收入 8186 万元，村民人均纯收入 10380 元。

0419 甘浚镇东寺村

简　介：甘浚镇东寺村地处祁连山脚下，东靠黑河西岸，全村现有5个村民小组，216户，805人，其中劳动力495人。全村现有可耕地1840亩，人均不足2.3亩。

0420 龙渠乡木笼坝村

简　介：木笼坝村西靠黑河，南邻祁连山，张莺公路横穿全村。全村有6个合作社，292户，1041人，耕地面积2780亩。

0421 明永乡沿河村

简　介：明永乡沿河村位于黑河西岸、张肃公路以北，辖9个村民小组，377户，1514人，其中劳动力980人；有耕地面积8224亩，人均5.4亩。2014年村民人均纯收入6980元。经过十多年发展，逐步形成了精品制种、现代设施农业和标准化养殖为主的经济格局。

0422 小满镇河南闸村

简　介：河南闸村位于甘州城区西南14公里处，共有6个合作社，286户，906人，耕地面积1920亩。

0423 小满镇满家庙村

简　介: 满家庙村位于张大公路10公里处，共有6个合作社，354户，1135人，耕地面积2862亩。

0424 乌江镇东湖村

简　介: 东湖村位于乌江镇政府西北4公里处，南北长5公里，东西宽2公里，呈狭长地带，兰新铁路、乌平公路和黑河支流马胡子河、柳河、麽河穿境而过；辖7个合作社，1367人，耕地2400亩。东湖村因境内水域较多似湖，在与平原村同属一个辖区时因位于平原村之东部而得名。民国二十三年至解放前，东湖属7保。解放初期，沿用民国旧制，改乡为区。1950-1952年，东湖村属张掖县八区八乡。1953年东湖村一、二、三、七社和平原村属平原乡，四、五、六社属崖子乡。1954年，东湖村成立了三个初级合作社。1956年，撤区并乡后，一、二、三、七社属安镇乡管辖，四、五、六社属乌江乡管辖，同年，成立高级农业生产合作社。1958年公社化后，东湖村四、五、六社与上敬依、下敬依分开，属乌江公社平原大队。1961年，东湖从安镇公社平原大队分出，成立东湖大队，1964年，东湖大队属乌江公社。"文革"期间，东湖大队改名为洪제大队，1970年复名东湖大队。1983年，社改乡时改称乌江乡东湖村委会至今。东湖村种植农作物以小麦、玉米、水稻为主，经济作物和附作物有谷子、甜菜、穈子、葵花、胡麻等，是乌江镇水稻主产村。

0425 小满镇金城村

简　介: 金城村位于小龙公路4公里处，辖6个社，345户，1298人，耕地面积2639亩。

0426 东街街道长沙门社区

简　介: 长沙门社区地处城区东南角，东接金安苑社区，西连甘泉社区，北邻交通巷社区，南与梁家墩镇梁家墩村相毗邻。该区辖区面积1.5平方公里，有居民住宅楼115栋，平房院落140个，常住居民4000户，8200人。该区下设东沙湾、吉庆、丽都、南苑、兰林5个网格，有信息员15名；辖区内有企事业单位3个，驻张单位1个，个体私营门店500多个，3个社区卫生服务站。

0427　上秦镇金家湾村

简　介：金家湾村地处于上秦镇政府以东2公里，312国道以北，西临王家墩村，南靠312国道，北接兰新铁路，东与哈寨子村接洽。村域地势平坦，交通便利，辖区内土壤肥沃，土层深厚，四季分明，干旱少雨雪，日温差大，属于祁连山干旱半干旱气候。全村有6个合作社，310户，1250人，耕地面积2048亩，人均占有耕地1.64亩。2013年全村人均纯收入达到7039元。

0428　大满镇汤家什村

简　介：汤家什村，上溯汉末即有人迹活动，兴于明清，盛于现代，山西洪桐府移民从高台罗城等地顺着黑河而来。"文革"中称卫东大队，后因傍张大公路的汤家车马店而扬名，村名于上世纪七十年代始称汤家什，上世纪九十年代合乡并镇后隶属大满镇至今。汤家什村位于甘州区城南18公里处，共有15个合作社，1868人，村域4平方公里，现有耕地251公顷，境内交通便利，甘民、和龙公路贯穿全境。

0429　乌江镇安镇村

简　介：安镇村位于乌江镇政府西北10公里处，东与平原村七社接壤，南至平原堡设计院，西靠平原堡水文队和天乐村一社，北邻永丰渠，辖14个合作社，704户，2740人，耕地面积7300亩。安镇村因"安贞古堡"而得名，后改称为"安镇"。民国二十三年（1934年），安镇属张掖县新丰乡塔儿上村（塔儿渠系平原、安镇为塔尔上村，大湾、小湾为塔尔下村）。民国三十一年（1942年），设置乡公所，乌江属永丰乡公所，安镇归永丰乡公所管辖。民国三十四年（1945年）至1949年解放，安镇属永丰乡平原保张家闸甲。1950年，张掖县辖11个区，区下辖乡，安镇属第八区第七乡（辖现安镇、平原村，不包括安镇7社，7社属6乡地域）。1953年张掖县区划调整后，安镇属第九区安镇乡，另有一名叫黑水乡。1956年1月，分设乌江乡、安镇乡，安镇村（于家桥）为安镇乡政府驻地，属安镇乡。1957年成立高级合作社。1958年，实现人民公社化后，安镇属乌江公社（全县划分为乌江等6个大公社、下辖27个大队时期），改称于家桥大队。1961年12月，乌江域内分设乌江公社、安镇公社，安镇属安镇公社，为公社驻地。1963年安镇分为于家桥大队（现1-6社）、安镇大队（7-14社），同属安镇公社。1964年，乌江公社、安镇公社合并后，属乌江公社。1966年，于家桥大队和安镇大队合并为安镇大队。"文革"期间，安镇大队改名为"红岩大队"，1970年，又复名为安镇大队。1983年11月，改公社为乡、大队为村委会、生产队为合作社，安镇大队更名为安镇村委会至今。

0430 党寨镇党寨村

简　介：党寨村地处党寨镇东南5公里处，共8个生产合作社，348户，1288人，耕地3117亩。

0431 党寨镇沿沟村

简　介：沿沟村位于甘州区党寨镇集镇中心区东11公里处，辖8个合作社，490户，1630人。全村共有耕地面积2130亩，以大田玉米、畜牧养殖、高原夏菜种植和劳务输出为主导产业，2012年经济总收入5300万元。

0432 甘浚镇祁连村

简　介：祁连村位于甘浚镇正西5公里处，东面与小泉村相邻，南面紧靠祁连山，西面与国家级丹霞地质公园相连，北面与临泽县倪家营乡高庄村相接壤，交通十分便利，省道213线途经本村，是游览国家级丹霞地质公园的必经之地。全村共有合作社9个，农户435户，1660人，耕地4335亩。

0433 梁家墩镇迎恩村

简　介：迎恩村地处甘州区城南郊城乡结合部，交通便利，区位优势明显。全村辖7个社，580户，1917人，有劳动力1106人，耕地面积1214.48亩。2013年全村经济总收入8201.3万元，村民人均纯收入为9822元。

0434 新墩镇花儿村

简　介：花儿村位于城郊以西，紧靠兰新二线及客运南站。全村现有8个村民小组，507户，1582人，其中劳动力883人。

0435 明永乡沤波村

简　介：沤波村地处明永乡南边，位于明永乡西南角，距乡政府5公里，村境南隔原西干渠（上河坝）与甘浚镇光明村隔河相望，西与沙井镇上游村五社、五个墩村一社为邻，北毗中南村，东靠孙家闸村。全村辖11个村民小组，422户，1526人，其中劳动力1020人，耕地面积6484亩，人均4.2亩，2014年村民人均纯收入6908元。

0436 沙井镇先锋村

简　介：先锋村地处沙井镇北端，现有439户，人口1440人，耕地7000余亩。

0437 沙井镇小河村

简　介：小河村地处甘州区沙井镇的西面，总面积12平方公里，距镇中心6.5公里，312国道线临村而过，交通便利。全村共有14个社，597户，2197人。该村拥有耕地面积7200亩，机井25眼，现注册养殖专业合作社1个，种植专业合作社8个。2013年村经济总收入5274万元，村民人均纯收入9694元。目前村民的主要收入来源是种植、养殖、劳务输出，种植业以制种玉米、制种蔬菜、红枣为主，其中制种玉米亩产1800斤左右；养殖业以牛、羊为主，其中肉牛1800头，肉羊4650只。

0438 大满镇紫家寨村

简　介：紫家寨村位于甘州区城南17公里

处，全村13个社，434户，1634人，村劳动力资源1046人，其中男劳动力503人；耕地面积4200亩，人均耕地2.57亩。全村2013年经济纯收入总额2869万元，人均纯收入9465元；2014年增长13%（增长1235.78元），经济纯收入总额3242万元，人均纯收入达到10695元。该村种植业以玉米制种为主，其中玉米制种3560亩。村里大牲畜合计数目1045头，其中牛962头，驴71匹，骡14匹；2014年末猪、羊、鸡存栏量分别为751口、1723只和22万只。

0439 乌江镇平原村

简　　介：平原村位于乌江镇政府西北6.5公里处，地势为南北狭长，西高东低，东与东湖村接壤，南连西大湖，西北与安镇村、平原堡社区相邻，黑河及支流麽河依村流过，盛产虹鳟鱼。该村辖11个生产合作社，725户，2709人，有耕地面积4237亩。平原村因始建于隋朝大业年间的平原古堡而得名。民国二十三年至解放前，平原地域先后属新丰乡（区）、永丰乡（区公所）下辖的保、甲，平原村为7保，解放初沿用民国旧制，改乡为区，平原、安镇为1个乡属张掖县八区7乡，是区公署驻地。1953年土改后，为平原乡，辖现平原村和东湖村一、二、三、七社。1954年，成立初级农业生产合作社。1956年10月，成立高级农业生产合作社，农村撤区并乡后，平原村属分设乌江乡、安镇乡。1958年人民公社化后，为乌江公社平原大队，1961年，乌江公社分为乌江公社和安镇公社，平原村隶属安镇公社管辖。1964年，乌江、安镇公社合并为乌江公社，平原大队属乌江公社管辖。"文革"期间，平原大队改名为"胜利大队"，1970年，复名平原大队。1983年，公社改乡，大队改平原村委会，沿用至今，1987年村委会搬迁至现址。该村种植农作物以小麦、玉米为主，畜牧养殖以牛、猪、羊、鸡、鱼为主，养殖业在农户散养的基础上逐步向规模化养殖发展。

0440 花寨乡花寨村

简　　介：花寨村现有20个村民小组，789户，2985人，耕地6920亩，其中水浇地4778亩。2011年度全村经济总收入2498.9万元。

0441 安阳乡帖家城村

简　　介：帖家城村地处甘州区南端36公里，距乡政府3公里，属沿山冷凉罐区，全年降水稀少，仅180毫米左右，海拔2000米。全村现有人口1354人，345户，3个自然村，劳动力896人，耕地4304亩。该村以酥油口水库为水源。全村以粮食作物种植为主要产业，近年来引进蔬菜制种，小杂粮种植也成为农业增收的主渠道。

0442 张掖工业园区东泉村

简　介：东泉村位于张火公路1公里道路两旁，共有5个合作社，耕地765亩，人口1200余人。

0443 沙井镇九闸村

简　介：九闸村位于沙井镇南端8公里处，东接上游四社，西接水磨湾村，北靠寺儿沟村。全村共有7个合作社，225户，865口人，耕地4200亩。九闸村属温带大陆性气候，农业灌溉用水主要靠黑河水。近年来村上积极争取上级资金，为一、二、四社打机井4眼，解决了耕地灌水紧张的问题。该村现在以玉米制种为主，还有部分蔬菜制种。九闸村原名叫下寨子，1960年叫张掖县沙井人民公社下寨大队，"文革"期间更名为红星大队，1983年5月，经县政府批准正式更名为张掖县沙井乡九闸沟行政村。

0444 沙井镇上游村

简　介：上游村位于沙井镇东北端10公里处，辖7个生产合作社，242户，986人，其中劳动力596人。2013年全村经济总收入860余万元，人均纯收入4500元。

0445 长安乡庄墩村

简　介：庄墩村位于张鹰公路东侧，东邻万家墩村，南与小满镇康宁村相邻，西邻小满镇石桥村，北邻新墩柏闸村。该村有4个合作社，234户，耕地面积1499亩，人口835人。

0446 党寨镇汪家堡村

简　　介：汪家堡村地处离张党公路8公里的党寨镇集镇中心，辖7个生产合作社，376户，1475人，耕地面积4800亩。2013年全村经济总收入达到2171.2万元，村民人均纯收入达到9200元。

0447 新墩镇城儿闸村

简　　介：城儿闸村位于张掖市甘州区西北郊，东临新墩镇南闸村，西接隋家寺村，南靠花儿村，北离张肃公路1公里。全村辖7个合作社，365户，1289人，村民以汉族为主。

0448 明永乡永济村

简　　介：永济村位于甘州区城西20公里、张明公路5公里处。全村有8个村民小组，360户，1350人，耕地面积5300亩。2014年全村人均纯收入达到6890元。全村基础设施相对齐全，教育卫生等公共服务机构和设施齐全。

0449 沙井镇下利沟村

简　　介：下利沟村坐落在甘州区沙井镇南部7公里处，西南与临泽县倪家营乡隔滩相望，东南与水磨湾村五、四社和寺儿沟村五社接壤，西北与柳树寨村五、六社相连，东北与东四号村九社相邻，东南与南湾村一社接壤，村内交通状况较好，每社都通柏油马路。该村辖7个生产合作社，265户，1060人。

0450 甘浚镇三关村

简　　介：三关村位于甘浚镇正东方向2公里处、张肃公路S213线32-33公里段，S213

东西穿村而过。该村下辖合作社 10 个，512 户，1565 人。村里有耕地面积 3077 亩，2013 年人均纯收入 8020 元。

0451 安阳乡郎家城村

简　介：郎家城村位于甘州区最南端，紧靠祁连山，距甘州区 42 公里。全村辖 4 个生产合作社，214 户，864 人，其中劳动力 417 人；有耕地面积 5180 亩，其中水浇地 1838 亩，旱地 3342 亩。全村经济发展以农业为主，畜牧业和劳务输出为辅。农业主要种植小麦、洋芋、胡麻、大麦、豆类等农作物。

0452 碱滩镇二坝村

简　介：二坝村位于国道 312 线正东，甘州区碱滩镇人民政府正西方向，交通便利，处于二坝湖水库旅游风景区，景色怡人。全村共有 2231 余人，597 余户，耕地总面积 7300 亩，辖 13 个村民小组。2013 年村民人均纯收入 8268 元。

0453 乌江镇天乐村

简　介：天乐村地处乌江镇最西端，东与安镇村十四社和永丰村五社相连，南邻平原堡省地矿局农场和张掖市玉米原种场（原五七干校），西靠沙井镇古城村，北依大湾村十二社和小湾村一社。该村辖 13 个合作社，625 户，2542 人，耕地 5000 亩。天乐村因修建新添一座落水闸而得名"添落"，后演译为"天乐"，民国二十三年属张掖县新丰乡塔尔下村，解放前，属永丰乡（区公所）下辖的保、甲。解放初，沿用民国旧制，改乡为区，1952 年时称大湾乡。1956 年 1 月，农村撤区并乡，天乐、大湾地域为安镇乡（分设乌江乡、安镇乡）下辖大湾村。1958 年天乐属乌江公社下辖的 1 个大队。1960 年春，划归专区实验站管辖，天乐被编为一个生产队进行大田生产，1961 年秋被划归安镇公社，称为大湾大队。1962 年，天乐从大湾大队分出，成立天乐大队，有 6 个生产队。1965 年，天乐大队属乌江公社。1975 年，天乐大队分为 13 个生产队。"文革"期间，天乐改名为"燎原大队"，1970 年，恢复天乐大队名称，1972 年在现村委会对面小康住宅综合楼处修建了队部。1983 年社改乡时更名为天乐村委会至今。

0454 龙渠乡高庙村

简　介：高庙村辖7个合作社，278户，1025口人，耕地面积3000亩。

0455 大满镇兰家寨村

简　介：兰家寨村地处大满镇和平集镇，境内张大公路、和龙公路相互贯通，交通便利。全村9个社，335户，共1428人，耕地面积1928亩，人均耕地1.35亩。全村以种植、养殖、劳务输出为主要经济来源。境内分布有兰家寨小学、和平卫生院、和平畜牧站、农合行和平支行、四通脱水厂等机关、企业，是大满教育、文化、集货流通中心之一。

0456 甘浚镇星光村

简　介：星光村地处甘浚镇东南2.5公里处，交通便利，经济发达，资源丰富，光照充足。全村辖15个合作社，621户，2251人，现有耕地10000亩左右（包括林草地），制种面积6000亩以上，年人均纯收入6386元。

0457 沙井镇西二村

简　介：西二村位于甘州区沙井镇向西7公里处，与临泽县工业开发区相毗邻，312国道线与兰新铁路穿村而过，交通便利。全村共有7个生产合作社，322户，1198人。该村面积5763.82亩，耕地面积3070亩，园地293.54亩，林地195.95亩，有机井10眼。村里现注册养殖专业合作社1个、种植专业合作社5个。2013年全村经济总收入2925万元，人均纯收入9694元。目前村民的主要收入来源于种植、养殖、劳务输出，种植业以制种玉米、蔬菜为主（在水浇地种植），亩产1800斤左右；养殖业以养牛、羊为主。

0458 北环路社区

简　介：北环路社区位于城区西北角城乡结合部，东起张靖公路，西至五里墩收割机厂，南临国道312线，北与新墩镇接壤，总面积约6.68平方公里。辖区总人口15576人，其中常住人口2485户，6545人。辖区内有各类行政企事业单位10个。社区居委会下设五里墩、河西学院、花园、搬迁、利民、杨柳青6个网格，有工作人员32人，治安联防队员11人，环卫清洁队伍24人。

0459 党寨镇上寨村

简　介：上寨村地处甘州区南端，距市区中心11公里。全村辖16个合作社，864户，3014人；有耕地18000亩，人均耕地面积6亩。2012年农民人均纯收入达8470元。境内交通便利，通信网络齐全。全村以种植、养殖业为主，俗有西瓜之乡的美称。

0460 龙渠乡新胜村

简　介：新胜村辖6个村民小组，280户，893人，耕地面积3500亩。境内有龙渠乡爱国主义教育基地—西路红军墓一处。

0461 碱滩镇碱滩村

简　介：碱滩村位于碱滩镇经济文化中心，地理位置得天独厚，交通十分便利。全村共有12个生产合作社，634户，2398人。全村共有耕地面积7800多亩。

0462 东街街道甘泉社区

简　介：甘泉社区位于甘州区东南城乡结合处，地理位置狭长，北起甘州市场南门，南至南二环路张掖市国税局，西邻南大街二门诊十字至水泥厂路，东靠新建街至饮马桥路，总面积0.92平方公里。社区居民2278户，4686人，其中少数民族124户，425人，占辖区总人口的9%。

0463 长安乡头号村

简 介：头号村地处张大公路五公里处。全村有6个村民小组，384户，1350人，其中劳动力824人。全村耕地面积2141亩。

0464 甘浚镇速展村

简 介：速展村现有11个村民小组，502户，1625人，劳动力1098人，其中大中型库区移民群众62户，158人，分别占全村总户数和总人口的21%和22.3%，是全镇范围内库区移民群众聚居区之一。全村现有耕地3346.67亩，人均不足2亩。2013年度村民人均纯收入达到9421元。种植业、畜牧业已成为全村经济发展和群众增收的支柱产业。

0465 党寨镇小寨村

简 介：小寨村位于甘州区227线7公里处，距党寨镇集镇中心区东5公里，辖7个生产合作社，302户，1005人。全村共有耕地1770亩，2012年人均纯收入6500元。

0466 上秦镇哈寨子村

简 介：哈寨子村位于上秦镇以东1.5公里处，沿国道312线分布，区位优势及资源优势明显。哈寨子村现有6个合作社，378户，1419人，耕地面积2290亩，人均占有耕地1.4亩，有劳动力1180人，其中长期外出务工劳动力510人。该村以景观苗木种植、土地流转、劳务输出为主要经济收入来源。2013年该村经济总收入3780万元，人均纯收入达到9581元。

0467 明永乡燎烟村

简　介：燎烟村位于甘州区城西312国道532处以南，有5个村民小组，182户，6001人，耕地面积3700亩。2014年村民人均纯收入达到6883元。种植养殖是村民增收致富的主要渠道。

0468 新墩镇白塔村

简　介：白塔村位于甘州区城西北郊3公里处，312国道线贯穿其中，北临滨河新区暨张掖国家湿地公园，北三环道路从白塔穿过。交通便利，地理位置优越，发展机遇多。全村现有8个村民小组，共808户，2518人，其中劳动力1259人。

0469 明永乡夹河村

简　介：夹河村位于甘州区城西12公里处，312国道沿线。全村有5个村民小组，280户，980人，耕地面积3300亩。2014年村民人均纯收入达到8900元。全村基础设施相对齐全，2013年建成村委会会议室，文化卫生等公共服务机构和设施齐全。

0470 乌江镇永丰村

简　介：永丰村位于乌江镇西北17公里处，地势南高北低，黑河由东折北绕村流过，东、北两面与靖安乡新沟村、临泽县板桥镇隔河相望，南与安镇村七社相连，西邻小湾村一社和天乐村四社，总面积约4.4平方公里。全村辖6个合作社，人口395户，1411人，耕地面积3360亩。永丰村因"永丰渠"而得名。永丰村农作物种植以小麦、玉米、水稻为主，经济作物有谷子、糜谷、葵花、胡麻、甜菜等作物。上世纪90年代以来，永丰村开始发展制种玉米、制种蔬菜产业，2012年，全村农作物种植面积3360亩。该村基础设施健全，是全镇第一个小康住宅示范点。

0471 梁家墩镇五号村

简　介：五号村位于甘州区城南郊5公里处，距国道227线1.2公里。全村有5个村民小组，5个农民专业合作社，有农户265户，总人口945人，耕地面积1302亩，其中日光温室1003.7亩。2013年底村民人均纯收入达9700余元。

0472 安阳乡贺家城村

简　介：贺家城村位于安阳乡东部。全村有专业合作社6个，208户，850人，其中劳动力543人；有耕地面积2096亩，未利用面积3亩，有效灌溉面积2096亩。经济发展以农业为主，畜牧业和二、三产业为辅。

0473 南街街道南关社区

简　介：南关社区，占地面积2平方公里，居民2582户，6143人。社区现有工作人员16名，辖区共有行政企事业单位14个。

0474 大满镇西闸村

简　介：西闸村地处张大公路16公里处，面积约2.75平方公里。全村共有8个合作社，340户，1304人，其中劳动力821人；有耕地面积2223亩。因城西闸村位于全镇西侧，大满干渠为了灌溉在周边所开的一个闸，自然形成了城西闸地名。解放前城西闸村名称为大由乡1保，解放后政府根据大满干渠灌溉，把灌溉城西闸村和新新村的3个闸（城西闸、朱家闸、秦洞闸）灌溉范围建制为秦洞六乡。1952年国家根据农民自愿、互利的原则，成立了初级农业生产合作社，秦洞六乡改为新新初级农业生产合作社。1956年在初级农业生产合作社的基础上，改为新新高级农业生产合作社，1958年高级农业生产合作社发展为农村人民公社，新新高级农业生产合作社发展为新新大队。1968年国家体制改革下放向阳公社改建为大满公社城西闸大队。1985年公社改制为乡，建立大满乡城西闸村。1999年大满乡和平乡合并成大满镇，城西闸村改建为大满镇城西闸村。

0475　上秦镇王家墩村

简　　介：王家墩村设有9个社，612户，2337人；有劳动力1340人，其中长期外出务工劳动力562人。有耕地面积3227亩，人均占有耕地1.38亩。全村主导产业以种植业和养殖业为主，劳务输出为辅，依托本村地理优势和产业特色，大力发展高原夏菜和订单农业。

0476　上秦镇徐赵寨村

简　　介：徐赵寨村毗邻国道312线，交通便利，地理位置优越；辖9个合作社，498户，总人口1804人，耕地面积3070亩。全村已形成畜禽养殖、蔬菜种植、劳务输出等支柱产业。

0477　上秦镇付家寨村

简　　介：付家寨村位于城区312国道线以北，秦康西路3公里处，交通便利，地理位置优越。全村辖10个合作社，560户，2160人，有耕地面积3112亩。主导产业以种植业和养殖业为主，劳务输出为辅。

0478　大满镇李家墩村

简　　介：李家墩村地处祁连山北坡浅山区，距市区20公里，海拔1650米。全村共有5个合作社，210户，752人。全村共占有耕地面积2100亩，近年来以制种玉米为支撑本村经济的主导产业。2013年人均纯收入为2700元。

0479 沙井镇柳树寨村

简　介：柳树寨村建于1953年，地处沙井镇西南边陲，也是甘州区和临泽县相邻地带。南面靠临泽县沙河镇新民村和马军滩，东靠沙井镇下利沟村，北靠沙井镇东四号村，西靠沙井镇西六村。全村共有6个生产合作社，238户，888人。全村共有耕地3540亩，主要经济作物以玉米制种和蔬菜制种为主。2013年经济总收入1200多万元，人均纯收入9000多元。

0480 上秦镇安里闸村

简　介：安里闸村地处城区东郊，共有13个合作社，862户，2825人，耕地面积1270亩，人均耕地不足0.5亩。

0481 明永乡下崖村

简　介：下崖村距甘州区城西15公里，位于312国道沿线；有4个村民小组，185户，715人，耕地面积2800亩。2014年全村农民人均纯收入达到8600元。全村基础设施相对齐全，辖区内厂矿企业、农场较多。全村以种植和养殖为主，特色养殖虹鳟鱼。

0482 大满镇什信村

简　介：什信村地处大满镇张大公路东北3公里处，北接党寨镇雷寨村，西与石子坝村相邻，东面比邻平顺村，南面与紫家寨村接近。什信村下辖9个合作社，297户，1075人，其中男性540人，劳动力688人。该村耕地面积2882亩，粮食直补面积2676亩，灌水面积4268亩。2013年村民人均纯收入9361元。

0483 花寨乡柏杨树村

简　介：柏杨树村位于乡政府2.5公里处，有5个生产小组，270户，960人，其中劳动力529人，村干部4人。全村有耕地面积3400亩，年播种面积2500亩，其中水浇面积1764亩，主要种植的农作物有中药材、小麦、洋芋、谷子、玉米等。

0484 火车站街道张火路社区

简　介：张火路社区位于甘州区东北郊张火公路沿线，区域面积7平方公里，辖区内有企(事)业单位31家，各类餐饮、服务、商业网点410个。辖区共有15个居民小区，3086户，8616人，其中流动人口157人。

0485 新墩镇北关村

简　介：北关村位于北环路以北，东邻张掖市体育中心，西邻河西学院，南接欧式街北口，北靠张掖国家湿地公园。全村辖7个合作社，546户，1840人，其中劳动力1190人。有土地总面积961余亩。2014年村民人均纯收入9610元。

0486 党寨镇马站村

简　介：马站村位于党寨镇东5公里处，距张民公路（227线）7公里。全村辖13个生产合作社，534户，1913人，耕地3174.56亩。

0487 明永乡明永村

简　介：明永村位于明永乡中心，是明永乡集镇和乡政府所在地，下速公路穿境而过。全村辖7个村民小组，246户，986人，其中劳动力618人；拥有耕地面积3851亩，人均4.1亩。2014年村民人均纯收入6984元。全村基础设施相对齐全。

0488 大满镇东闸村

简　介：东闸村位于大满镇集镇以东 8 公里处，与马均村、西闸村、平顺村相邻，海拔 1550 米，境内城东公路、张党公路相互贯通，交通便利。该村东邻张掖国家沙漠体育公园（神沙窝）。全村有 10 个合作社，430 户，1645 人。

0489 梁家墩镇四闸村

简　介：四闸村地处张党公路 1.5 公里处，现有 9 个社，486 户，1860 人，耕地面积 1327 亩。2013 年，全村经济总收入达 7830 万元，村民人均纯收入 9536 元。

0490 安阳乡金王庄村

简　介：金王庄村位于安阳乡西部，有专业合作社 10 个，345 户，1354 人，其中劳动力 1040 人，耕地面积 7304 亩，未利用面积 1290 亩，有效灌溉面积 3090 亩。该村经济发展以农业为主。

0491 东北郊新区下安村

简　介：下安村地处甘州区城区东北郊，是东北郊新区城郊的"东大门"。全村有 6 个社，239 户，1100 多人。

0492 甘浚镇高家庄村

简　介：高家庄村现有 8 个村民小组，322 户，1160 人，其中劳动力 826 人。全村现有可耕地 2461 亩，人均耕地面积 2.12 亩。

0493 碱滩镇普家庄村

简　介：普家庄村位于碱滩镇东南部，东至石岗墩滩，西至党寨镇陈寨村，南至党寨镇上寨村，北至永星村，距镇政府8公里，距市区10公里。全村辖6个合作社，323户，1254人，耕地面积7800亩，人均耕地6亩。主要经济作物为玉米以及各类夏菜；畜牧业发展迅速，以肉羊、肉牛为主。2013年，全村共种植制种玉米6000亩，占总耕地面积的76.9%。随着产业结构的调整，母牛养殖成为了本村养殖业的一大亮点。

0494 甘浚镇工联村

简　介：工联村现有10个村民小组，545户，1669人，其中劳动力1098人，大中型库区移民群众20户，88人，是全镇范围内库区移民群众聚居区之一。全村现有耕地3346.67亩，人均不足2亩。

0495 上秦镇安家庄村

简　介：安家庄村地处张掖市上秦镇东北郊，东至缪家堡，西至三闸镇付家堡村，南至东王堡村，北至三闸镇草原村。全村有5个村小组，总人口818人。村民收入主要靠种植业、养殖业。农业生产是安家庄村经济发展的亮点。

0496 党寨镇陈家墩村

简　介：陈家墩村位于甘州区党寨镇集中区南3公里处，全村辖9个合作社，404户，1537人。耕地面积4973亩，以制种玉米、畜牧养殖、蔬菜种植和劳务输出为主导产业。

0497 乌江镇管寨村

简　介：管寨村位于乌江镇政府以北1公里处，黑河从东北半环绕而过，西与东湖村以马胡子河为界，南与乌江村毗邻，兰新铁路穿境而过。辖13个合作社，人口704户，2335人，总面积12平方公里，耕地7500亩。管寨村以管姓人多而得名。民国二十三年（1934年）至解放前，管寨地域先后属新丰乡（区）、永丰乡（区公所）下辖的保、甲。解放初期，沿用民国旧制，改乡为区，管寨属张掖县八区八乡。土改后，管寨为张掖县九区十乡之一的管寨乡。1956年，农村撤区并乡后，管寨为分设乌江乡、安镇乡的乌江乡管寨村，并成立管寨农业高级合作社。1958年公社化后，为乌江公社管寨大队。1961年，管寨大队分为管寨、张寨、茨滩3个大队，同属分设乌江公社、安镇公社时的乌江公社。张寨大队由现一至四社组成，管寨大队由现五至九社组成，茨滩大队由十现至十三社组成。1965年，管寨大队、张寨大队、茨滩大队复并为管寨大队，辖13个生产队，属乌江公社、安镇公社合并后的乌江公社。1983年，公社改乡、大队改村委会，改称乌江乡管寨村委会至今。管寨村种植农作物以小麦、玉米、水稻为主。经济作物有谷子、甜菜、糜子、葵花、胡麻等。

0498 新墩镇柏闸村

简　介：新墩镇柏闸村位于张肃公路以南4.5公里处，张鹰公路以北。全村辖10个合作社，480户，1710人；拥有耕地总面积3212亩，经济收入以种植韭菜、洋芋、反季节精细蔬菜及劳务输出四大产业为主。现有劳动力1200人。

0499 大满镇马均村

简　介：马均村地处大满镇集镇以东8公里处，东与党寨镇相邻，境内城东公路、张党公路相互贯通，交通便利。全村有14个社，530户，共2052人，上报耕地面积3409亩，灌水面积3400亩，人均耕地1.66亩，灌溉以河灌为主（大满干渠）。村内建有高标准小康住宅小区1座，共9栋，入住农户272户。全村经济以种植、养殖、劳务输出、第三产业（个体经营）为主。2013年村民人均纯收入9398元，2014年增长13%（增长1221.7元），达到10619.7元。种植业以玉米制种为主。

0500 小满镇店子闸村

简　介：小满镇店子闸村位于甘民公路9公里处。全村辖8个社，324户，1298人，耕地面积3167亩。

0501 沙井镇东五村

简　介：东五村位于沙井镇西北角10公里处，辖19个生产合作社，1个林场，602户，2200人，其中劳动力1430人。拥有耕地面积12000多亩。2013年全村经济总收入3400余万元，村级集体经济收入达30万元，人均纯收入8350元。

0502 安阳乡苗家堡村

简　介：苗家堡村位于安阳乡南部，有专业合作社17个，户数714户，人口2982人，其中劳动力1981人；有耕地面积7720亩，利用面积5000亩，有效灌溉面积5963亩。该村经济发展以农业为主。

0503 明永乡武家闸村

简　介：武家闸村位于甘州区城西北20公里、张肃公路以北3公里处，村委会办公地距明永乡政府6公里。全村现有8个村民小组，376户，1460人。全村耕地面积7200亩。2013年村民人均纯收入达10320元。

0504 沙井镇南沟村

简　介：南沟村辖5个合作社，233户，786人。全村现有耕地5450亩，其中2013年制种玉米4190亩，制种年收入1100万元，人均收入1.1万元以上，制种收入占人均收入的99%。

0505 乌江镇谢家湾村

简　介：谢家湾村位于甘州城区西北郊4公里处，东临张掖国家湿地公园，南靠滨河新区，西依黑河东岸，北与元丰村一社相连，国道312线贯穿而过。全村辖7个合作社，560户，1759人，总面积3.06平方公里，耕地4401亩。谢家湾村因"谢"姓大户和所处黑河湾而得名。1949年之前，谢家湾村叫"六闸"，1949年至1951年，称为元丰乡。1955年属乌江堡区。1956年谢家湾属乌江乡所辖村。1958年人民公社化后，谢家湾村称谢家湾大队，辖6个生产队。"文革"期间，谢家湾大队改名为"红旗大队"，1970年恢复原名"谢家湾大队"。1983年，公社改乡、大队改村委会，谢家湾大队改为谢家湾村委会，7个生产队改称合作社至今。谢家湾村种植农作物以小麦、玉米、水稻为主，经济作物有谷子、甜菜、糜子、葵花、胡麻等。

0506 小满镇黎明村

简　介：黎明村地处小龙公路15公里处，共有9个合作社，328户，1206人；拥有耕地面积3597亩。

0507 沙井镇坝庙村

简　介：坝庙村位于沙井镇西北3公里，海拔高度在1410–1700米之间，属于干旱型气候，地理位置优越，地貌形态为冲击细土平原，土地肥沃，光照充足，冬寒夏暖，四季分明，气候宜人，资源丰富，植被覆盖率达98%以上。全村现有11个村民小组，511户，1960人，其中劳动力1065人。全村现有可耕地6042亩，实际播种面积6042亩，人均3.08亩。2013年度全村经济总收入2300万元，种植业、劳务输出、畜牧业已成为全村经济发展和群众增收的支柱产业。

0508 党寨镇十号村

简 介：十号村地处甘州区东南，距市区中心 10 公里。全村辖 6 个合作社，251 户，968 人；有耕地 1237 亩，人均耕地面积 1.27 亩。2012 年人均纯收入达 8270 元。该村以生猪育肥闻名甘州。由于十号村人均耕地少，早在上世纪八十年代，就开始了陆地蔬菜的种植；上世纪九十年代开始养殖，以养猪为主，发展到现在有 60% 的农户在搞养殖业。

0509 梁家墩镇刘家沟村

简 介：刘家沟村地处甘州区城南 3 公里，国道 227 线 G45 高速公路纵横穿越，金张掖大道由此而入，地理位置十分优越。全村辖 13 个合作社，689 户，2610 人；有耕地 1867.3 亩。建筑建材、商贸流通、畜禽养殖、劳务输出是该村的支柱产业。2013 年全村经济总值 9306 万元，村民人均纯收入 9811 元。

0510 沙井镇五个墩村

简 介：五个墩村地处沙井镇向东 10 公里处，与甘州区明永乡接壤。五个墩这个地名，据说因清朝和民国时期村内有五座高大的屯庄而得名，当时人们把屯庄的角楼叫做墩，正好有五个角楼，人们便把这里叫做五个墩。全村辖 13 个社，共有 470 户，1700 人；共有耕地面积 9000 亩，人均耕地 5.3 亩。

0511 大满镇大沟村

简 介：大沟村位于张大公路 5 公里处，大满集镇南侧。全村下辖 8 个农业合作社，262 户，1114 人。全村耕地面积 2310 亩，村民收入来源以种植制种玉米、养殖、外出务工为主。村里有养殖大户 10 户，养羊 2500 只，养猪 3000 头。农村小康建设步伐正在紧张有序进行。

0512 党寨镇中卫村

简 介：中卫村地处党寨镇集镇中心区西端 4.5 公里处，距张大公路 1.5 公里，东临田家闸村，南接雷寨村，西靠小满镇王其闸村，北联长安头号村。全村辖7个合作社，418户，1441人；有耕地总面积3910亩，人均耕地2.71亩。该村地势南高北低，盈科干渠穿境而过，属井河混灌区。全村现有劳动力893人，主导产业单一，以种植业为主，劳务输出、草畜、运输等产业规模较小。

0513 沙井镇古城村

简　介：古城村位于沙井镇镇区以北沙鸭公路7公里处，辖13个生产合作社，现有农户562户，2186人，其中劳动力1233人。全村现有耕地7800亩，实际播种面积7600亩。古城村滩大地广，土壤肥沃，农业灌溉属纯井灌，气候四季分明，日照时间长，发展农业有着得天独厚的条件。该村以种植业、林果业和畜牧业为支柱。2011年，村民人均纯收入6862元。

0514 大满镇朝元村

简　介：朝元村位于神沙窝西侧以西1.5公里处，共有250户，1020人，耕地面积3500亩，均由河水灌溉。全村以发展制种和养殖业为主，2013年全村经济总收入705万元，人均纯收入7071元。2014年朝元村西片土地整理1500亩，由于刚整理的土地不够肥沃，其中流转了500亩，剩余1000亩土地有农户自己安排种植。东片未整理的土地1900亩，由本村的两个专业合作社牵头，其中种植600亩制种葵花、250亩香菜，其余750亩全部种植制种玉米。

0515 梁家墩镇六闸村

简　介：六闸村位于梁家墩镇南端，辖9个社，390户，1396人，其中劳动力806人；拥有耕地总面积1486亩。境内粮食作物以玉米、小麦为主，2013年全村粮食产量1200吨，人均占有粮食850公斤；经济作物以蔬菜为主，全村蔬菜种植面积700亩，年产各类蔬菜2800吨；养殖业以生猪为主，生猪存栏2483头，出栏5000头，羊存栏1542头。2013年畜牧业产值近300万元。该村由于挂靠城郊，地理位置相对优越，农产品种植、畜禽养殖占有一定优势。该村离城区较近，村民外出务工条件便利，进城打工可以做到朝出晚归，可以农忙时务农，农闲时外出打工，从而拓展了增收渠道。

0516 沙井镇沙井村

简　介：沙井村地处沙井镇中心地带，国道312线贯穿全村，地理位置优越。全村辖12个社，共有454户，1520人；拥有耕地面积6900亩，人均耕地4亩。2013年全村经济总收入达2281万元，人均纯收入达7339元。2014年全村种植订单大田玉米5000亩，落实制种蔬菜340亩，其他经济作物1560亩；养牛1220头，10头以上养殖大户8户；养羊4400只，30只以上养羊大户40户，其中100只以上养羊重点户3户。基本实现了制种兴村、畜牧强村、劳务富村的目标。该村有效利用周边农林场优势，逐步加大劳务输出，就地转移输出劳动力2万多人次，经济收入达250多万元。

0517 新墩镇双塔村

简　介：双塔村位于张掖城西5公里处，是由双塔村一社地界内的原两座清代的古塔而得名，张肃公路贯穿全村。全村共有8个合作社，1476人，土地面积2258亩。村经济以种植高原夏菜、高效时令精细蔬菜及粮食作物为主，兼营第二、三产业，打工为辅。2013年人均纯收入达到8646元。全村85%的居民已住上了宽敞明亮、干净舒适、交通便利、环境优美的新型农村住宅小区。蔬菜产业是双塔村的特色支柱产业。

0518 明永乡中南村

简　介：中南村位于明永乡政府南1公里。全村有4个村民小组，172户，716人，耕地面积3000亩。2014年全村人均纯收入达到9600元。全村基础设施相对齐全，文化卫生等公共服务机构和设施齐全。该村区位条件优越，基础条件相对较好，产业发展势头良好，群众致富门路较宽。

0519 西街街道新乐社区

简　介：新乐社区位于甘州区西郊城乡结合部，面积48.24公顷。现有住宅楼123栋，常住居民3145户，8450人。辖区单位6个，商业门店354个，工作人员38人。

0520 石子坝村

简　介：石子坝村位于甘州区城南16公里处，东与什信村相连，西与城西闸（以张大公路为界）相接，南与紫家寨以大满干渠为界，北与党寨镇雷寨为邻。境内城东公路、村级公路相互贯通，交通便利。全村10个社，315户，1186人，其中劳动力763人。全村耕地面积2897亩，灌水面积2897亩，人均耕地2.44亩，灌溉以河灌为主（大满干渠）。

0521 党寨镇廿里堡村

简　介：廿里堡村地处党寨镇集镇中心东南8公里处，辖12个合作社，512户，2018人；区域面积698.2万平方米，耕地面积5600亩。

0522 长安乡洪信村

简　介：洪信村位于长安乡东南边，距城区4.5公里，东临梁家墩镇清凉寺村，南临头号村，西临下二闸村，北临河满村，共有10个合作社，594户，2213人。全村耕地面积2556.34亩，蔬菜面积2126.75，其中日光温室1263.4亩，塑料拱棚631.7亩，高原夏菜蔬菜231.65亩。

0523 沙井镇西六村

简　介：西六村隶属甘州区沙井镇管辖，位于河西走廊中部，黑河流域西南面，距甘州区西南33公里处，西面紧接临泽县工业开发区和沙河乡新民村；南依高速公路及铁路客运高速复线；北连312国道和兰新铁路，交通十分便利。该村总面积5870亩，其中耕地面积3640亩；辖13个合作社组，451户，1925人，其中劳动力1296人。

0524 甘浚镇巴吉村

简　介：巴吉村现有7个村民小组，274户，936人，劳动力598人，其中库区移民群众

20户，80人，分别占全村总户数和总人口的12%和13.3%，是全镇内库区移民群众聚居区之一。全村现有可耕地2605亩，人均耕地面积2.6亩。

0525 西街街道小寺庙社区

简　介：小寺庙社区位于甘州区西北角，区域面积1.54平方公里，现有住宅小区13个，各类学校3所，企、事业单位16个，商业门点521个，常住居民2786户，6440人。社区有正式干部5人，工作人员41人。社区自2001年5月成立以来，得到了区委、区政府和街道党工委、办事处的大力支持，各项工作均正常运行。

0526 花寨乡滚家庄村

简　介：滚家庄村共有2个村民小组，86户，357人，其中常住户56户，250多人。该村有耕地面积950亩，其中水浇地530亩，人均耕地1.5亩，主要种植大麦、小麦、胡麻、谷子等农作物。养殖业以养羊为主，全村羊存栏量达2400只，户均40只，年收入70-80万元。全村固定劳务输出60多人，每年劳务输转120人次，年创收300多万元。2013年全村经济总收入532.4万元，人均纯收入6303元，较上年增长1086元。

0527 花寨乡滚家城村

简　介：滚家城村位于甘州区城南38公里处，现有5个生产合作社，土地面积3824亩，实际配水面积2022亩。全村共有235户，871人。村民主要耕种农作物为小麦、大麦、洋芋、中药材、豆类、油料等，该村以农业为主导产业，无经营性集体财产，农民经济收入以外出务工和种植为主。全村固定劳务输出100多人，每年劳务输转220人次，年创收500多万元。2013年全村经济总收入640.4万元，人均纯收入7303元，较上年增长1286元。

0528 安阳乡王阜庄村

简　介：王阜庄村位于安阳乡东北部，东靠民乐县南古镇，北临甘州区南部神沙窝公滩。全村有8个生产合作社，330户，1470

人，其中劳动力957人；有耕地面积7260亩，其中未利用耕地2915亩，有效灌溉面积4501亩，人均水地3亩。

0529 沙井镇瞭马墩村

简　介：瞭马墩村属1990、1991年响应国家"三西"和省"两西"建设移民工程迁居至此而设立的独立行政村，据当地老人讲以前在此地瞭望，可以看管东、西、北三面环形低洼草滩的牧马而得名。该村位于甘州区沙井镇东北10公里处，东邻张掖市玉米原种厂，南接沙井镇古城村，西连沙井镇东五村，北连临泽县鸭暖乡箭台村。全村558人，6个村民小组，132户，现有劳动力300人左右，区域面积1952亩，现实有耕地1600多亩。

0530 党寨镇田家闸村

简　介：田家闸村地处张掖市甘州区城南10公里处，辖4个生产合作社，220户，806人，土地总面积2685亩，耕地2142亩。玉米制种、红提葡萄是该村的主导产业。2011年，全村经济总收入达2600万元，人均纯收入达6350元。

0531 甘浚镇西洞村

简　介：西洞村位于甘浚镇东南方向15公里处，现有8个村民小组，343户，1322人，其中劳动力826人。全村现有可耕地3410亩，人均耕地面积2.58亩。

0532 上秦镇八里堡村

简　介：八里堡村位于上秦镇西南，西至张掖市迎宾大道2公里，北至312国道2.1公里，面积2660平方米。全村6个合作社，415户，1504人，耕地1504亩。村经济来源以蔬菜种植、畜牧养殖、劳务输出为主。

0533 上秦镇李家湾村

简　介：李家湾村地处城郊，毗邻金张掖大道，312国道横穿全境。全村现有6个合作社，常住人口312户，1225人。全村耕地面积1666亩。境内有规模以上企业6家，以汽车零售及维修、金属固件加工、仓储物流等产业为主。2014年该村进行了产业结构调整，以种植大田玉米为主，种植玉米1058亩，种植小麦500亩，流转土地108亩（种植青贮玉米）。

0534 梁家墩镇六号村

简　介：六号村位于梁家墩镇政府以南6公里处，全村有6个社，361户，1227人，其中劳动力724人。该村耕地面积1723亩，人均耕地1.4亩；硬化道路2.9公里，渠系配套4.5公里。2012年全村经济总收入4897.7万元，人均纯收入8047元。传统农业、现代设施农业、劳务输出是全村经济发展和群众增收的支柱产业。

0535 东街街道金安苑社区

简　介：金安苑社区位于甘州区城区东南角，占地面积60公顷。该村有居民住宅楼118幢，3990户，8339人；有企事业单位7家，医院、超市个体商业门点等199家。

0536 安阳乡五一村

简　介：五一村位于安阳乡周边，有专业合作社15个，567户，2570人，其中劳动力1200人；有耕地面积4720亩，未利用面积5200亩，有效灌溉面积4720亩，荒地18000亩。

0537 碱滩镇古城村

简　介：古城村地处甘州区城东20公里处，临国道312线高速，兰新铁路穿境而过，南临张掖飞机场和省道227线，地理位置得天独厚，交通十分便利。古城村辖8个生产合作社，489户，1786人；有耕地11000亩，私营企业3家，学校1所。目前已形成以玉米制种产业为主导，肉牛育肥产业为辅助，民营企业为带动，劳务输转为补充，文化旅游为亮点的产业发展格局。

0538 甘浚镇晨光村

简　介：晨光村位于甘浚镇东南方向8公里处。全村共有10个合作社，其中移民社1个。全村拥有427户农户，1676人，其中劳动力896个；有耕地6600亩，林地220亩。种植业以玉米、小麦、马铃薯和经济作物为主。2013年种植制种玉米6000亩。

0539 平山湖蒙古族乡红泉村

简　介：红泉村，位于平山湖蒙古族乡政府西侧，距乡政府3公里，占地面积760平方米，建筑面积0.7亩。全村为蒙古族牧民聚居地，共80户，216人，设一个社。红泉村村级道路以放牧为主，畅通无阻。

0540 小满镇康宁村

简　介：康宁村辖9个合作社，540户，2012人；有耕地面积4565亩，纯河水灌溉。

0541 长安乡八一村

简　介：八一村位于甘州区西南部，东临张大公路，西至新墩镇城儿闸村，南至长安乡万家墩村，北靠主城区二环路，离乡政府约1公里，连霍高速公路、兰新高铁客运双线横贯东西，交通发达，民风淳朴。全村共有10个村民小组，672户，2777人，总耕地面积2727亩，以蔬菜大棚种植业为主导产业。

0542 东街街道交通巷社区

简　介：交通巷社区地处张掖市城区鼓楼东南处，辖区面积0.64平方公里。辖区内有行政事业单位13个，经营场所3212处；有居民3835户，7934人；有劳动能力的3614人，企业退休人员1200人；有从业人员3335人，失业人员279人；移交到街道的企业退休人员809人，办理医疗保险人员5000人；现有管控人员58人，刑释解教人员5人；社区矫正人员6人。社区下设步行街、文庙、甘州市场、颐苑、明源、兴鼎六个网格，流入人口688人。

0543 大满镇黑城村

简　介：黑城村有13个社，480户，1825人，其中劳动力1171人；有耕地面积3613亩，灌水面积5328亩，人均耕地2亩，灌溉以河灌为主（马子干渠）。村里建住宅小区8栋住宅楼，入住农户180户。全村经济发展主要依靠玉米制种、草畜、劳务三大产业，占全村经济总收入的95%以上。2013年村民人均纯收入9346元，2014年预计增长13%，达到10561元。

0544 北街街道王母宫社区

简　介：王母宫社区地处甘州城区东北角，东临盛和名园，西至张靖公路，南以北环路为界，北靠新墩镇流泉村二社，辖区面积1.5平方公里。社区现有居民楼院14个，搬迁区2个，常住人口1199户，2787人，流动人口160人。辖区单位5个，其中机关单位4个，学校1个，非公有制经济组织1个，个体商业门店132个。

0545 甘浚镇谈家洼村

简　介：谈家洼村位于镇政府东北方向7公里处。村民主要是从永靖县东乡搬迁过来的。该村耕地面积970亩，拥有3个合作社，87户，351人，其中劳动力189人。村民在迁来此地之初，张掖市农委起名为致富村，后因为甘州区地图上没有致富村地名，只有谈家洼（谈家洼是头号村三社以前的洼地，因其三社谈姓较多，故名谈家洼）。1993年，张掖军分区为其改名为谈家洼村。

0546 大满镇平顺村

简　介：平顺村历史久远，原名叫四十里店，曾经是一处交通要塞，村内有保存完好的一处古建筑"五圣宫"。全村20个社，685户，2456人，耕地面积3729亩，灌水面积6434亩，灌溉以河灌为主，目前全村有机井8眼。全村经济发展产业主要有制种玉米、大蒜种植、高原夏菜、草畜、劳务输出，占全村经济总收入的97%以上。2013年村民人均纯收入9346元，2014年预计达到10561元。种植业以制种玉米、大蒜和高原夏菜为主。

0547 新墩镇青松村

简　介：青松村位于西二环路以西，兰新二线以东，辖8个合作社，525户，1945人，其中劳动力1323人。该村地理位置优越，城郊优势明显。为积极配合滨河新区建设，全村80%的土地先后被政府储备、征用。

0548 沙井镇梁家堡村

简　介：梁家堡村地处甘州区沙井镇的西面，总面积6.2平方公里，距镇中心5公里，312国道线临村而过，交通便利。全村共有9个社，375户，1438人。全村有耕地面积4300亩，机井14眼；现注册养殖专业合作社2个，种植专业合作社10个。2013年经济总收入1300万元，人均纯收入6520元。

0549 大满镇柏家沟村

简　介：柏家沟村位于甘州区城南16公里处，距大满镇政府5公里，南邻大满镇黑诚村，西靠龙渠乡白城村，北依小满镇大柏村，东距大满镇新新村、新华村。全村辖12个行政合作社，1407人，380户。村实有耕地面积5200亩（行政面积3146.5亩），平均海拔1549.6米，年平均气温6.7℃，全年无霜期144天，年平均降水量145.9毫米。全村产业结构及经济收入主要依靠种植制种玉米、养殖业、劳务输出三大产业为增收渠道。2014年全村落实玉米制种面积4893亩，总产值达1174万元；畜牧养殖业收入达808万元，劳动力外出收入达309万元。全村经济总收入达2352万元，人均纯收入达7891元。

0550 党寨镇三十里店村

简　介：三十里店村地处集镇西南3公里处，地势平坦、光照充足，是生产玉米种子的理想地带。全村辖4个合作社，292户，1029人；有耕地面积2433亩，制种玉米2300亩。2012年全村经济总收入2047万元，人均纯收入7950元。

0551 大满镇朱家庄村

简　介：朱家庄村处于张大公路22公里处，有10个合作社，387户，1453人，上报耕地面积1986亩，灌水面积3186亩，粮食直补面积2033亩。2013年的村民人均纯收入9371元。

0552 安阳乡毛家寺村

简　介：毛家寺村位于安阳乡西南部，有专业合作社6个，293户，1150人，其中劳动力768人；有耕地面积3818亩，未利用面积2800亩，有效灌溉面积2462亩。该村经济发展以农业为主。

0553 三闸镇三闸村

简　介：三闸村1985年建村，因全村的取水口在阿薛渠的第三个闸口而得名三闸。三闸村地处张掖市甘州区城北7公里处。全村共有农户625户，2337人，下设12个合作社，耕地面积3211亩，荒地3300多亩。2011年村民人均收入6205.8元，农村经济总收入1504.9万元。全村基础设施相对齐全。

0554 沙井镇双墩子村

简　介：沙井镇双墩子村位于沙井镇西北角，南与东五、兴隆相邻，北与临泽县鸭暖乡张湾村相邻，西与五泉林场相邻，东与临泽县小鸭村相邻，距离沙井镇18公里。双墩子村在上级党委和政府的正确领导下，发展迅速，农民生活水平不断提升。全村现有耕地面积1800多亩，辖5个社、3个专业合作社，143户，662人。双墩子村有古墓群1处，为甘肃省级文物保护单位。该村曾出土有金钱树残件、铜车马饰残件等文物。此墓群，其时代从西汉延续至魏晋，对研究古代张掖政治、经济、文化等历史具有较高的价值。双墩子村地名因墓区内两个最大的封土堆而得名。

0555 党寨镇花家洼村

简　介：花家洼村位于甘州区城南7公里处，辖8个合作社，365户，1209人；有耕地面积2031亩。2012年农民人均纯收入约6731元。

0556 长安乡河满村

简　介：河满村位于长安乡东北郊，距城区2.5公里，东临梁家墩镇四闸村、三墩村，南临洪信村，西临南关村、前进村和二闸村，北临南关村蔬菜批发市场，南北长4.5公里，东西1.5公里。有村民小组11个，706户，2436人。

0557 沙井镇水磨湾村

简　介：水磨湾村坐落在甘州区沙井镇南部7公里处，西南与临泽县倪家营乡隔滩相望，东南与寺儿沟村一社、二社、三社、九闸村三社接壤，西北与下利沟村相连；村子东南宽1.3公里，南北长2.42公里，占地面积3.14平方公里。该村实有耕地2756亩，人均耕地3亩；辖6个生产合作社，252户，906人。水磨湾村原指水磨湾村五社地域。水磨湾村地理位置优越，地貌形态为冲击细土平原，土地肥沃，光照充足，冬寒夏暖，四季分明，气候宜人，资源丰富，植被覆盖率高达98%以上。村内绿树成荫，沟渠纵横，条田成方，各类农作物生长旺盛，自然生态良好，是沙井地区优越的农业耕作区。

0558 大满镇新新村

简　介：新新村位于张大公路12.5公里处，有耕地4500多亩，辖9个社，346户，1296人。全村种植以制种玉米和大蒜为主，养殖业以养羊、羊牛为主。2013年，全村人均纯收入达 9500 多元。

0559 乌江镇元丰村

简　介：元丰村位于乌江镇西北郊 7 公里处，东与三闸镇三闸村相连，西靠黑河，南与谢家湾村接壤，北与三闸镇庚名村相邻，兰新铁路穿境而过。全村辖 6 个合作社，人口 387 户，1408 人；有耕地面积 2570 亩。解放前，元丰村叫七闸，依据水系得名。解放初期，沿用民国旧制，改乡为区。1949 年解放后至 1951 年称为元丰乡。1953 年又称为九区元丰乡。1955 年属乌江堡区。1958 年实行人民公社化，元丰划为 2 个大队，1965 年，姚寨大队与元丰大队又合并为"元丰大队"。"文革"期间，元丰大队更名为"长征大队"，1970 年恢复为"元丰大队"。1983 年 11 月，公社改乡、大队改村委会，生产队改合作社，元丰大队更名为元丰村委会至今。元丰村农业以种植小麦、玉米、高粱、水稻等粮食作物为主。

0560 沙井镇南湾村

简　介：南湾村位于甘州区沙井镇以南 2 公里处，南依寺儿沟村、下利沟村，北毗沙井村，东临沙上公路，西接东四号村。沙下公路纵贯全境。该村东西宽 1.6 公里，南北长 3 公里，总土地面积 6704 亩，其中耕地面积 4865 亩；辖 7 个村民小组，共有 259 户，948 人。

0561 新墩镇园艺村

简　介：园艺村位于张肃公路以南 7 里处。全村辖 9 个合作社，541 户，2183 人，耕地总面积 3082 亩。经济收入来源于种植韭菜、洋芋、反季节精细蔬菜及劳务输出四大产业。2013 年合作医疗参合率、养老保险参保率均达到百分百。

0562 新墩镇隋家寺村

简　介：隋家寺村坐落在新墩镇的西南部，紧挨滨河新区，距老城区约 5 公里，张鹰公路、山临高速公路从中贯穿而过。全村共有 7 个合作社，215 户，824 人；共有耕地 1582 亩。

村民主要经济收入依靠农业和外出务工获得。2013年村民人均纯收入9523元。

0563 沙井镇寺儿沟村

简 介：寺儿沟村位于甘州区沙井镇南片居中处，南依九闸沟村，北毗南湾村，东临五个墩村，西接水磨湾和下利沟村。X222公路纵贯村境，兰新铁路第二双线横穿村中。该村土地肥沃，林茂粮丰，条田成方，渠路纵横。气候宜人，环境优美。村里现有10个社，6000亩土地。"寺儿沟"是个老地名，因灌水沟渠有一古寺而得名，自从有了上泗波渠，就有了一条寺儿沟，从这条沟里引水灌溉的地域被称作寺儿沟。

0564 沙井镇东四村

简 介：甘州区沙井镇东四村位于国道312线2670公里处，距镇政府所在地3公里，交通方便。该村东邻南湾村，南邻柳树寨村，西邻小河村，北靠312国道，下设9个生产合作社（村民小组），共有475户，1652人，耕地6400亩。农业生产以畜牧养殖、林果业、制种为主，主导产业为玉米制种。2013年村民人均纯收入9516元。

0565 碱滩镇幸福村

简 介：幸福村位于碱滩镇1.5公里处，东靠老寺庙砖厂，西至杨庄村一社及二坝水库，南至刘家庄碱滩村，北靠草湖村，东西长度约5公里，南北长约2公里。全村约9.6平方公里。全村共有6个合作社，385户，1221人，耕地面积3354亩，主要种植番茄、拱棚西瓜、韭菜大棚、植种玉米、甜菜、啤酒大麦、菜苔等经济作物。

0566 火车站街道康乐社区

简 介：康乐社区位于张掖火车站所在地，辖区总面积约8.14平方公里，现有居民2127户，4865人，有企事业单位45个，个体门店186家。

0567 小满镇大柏村

简　介：大柏村地处小龙公路6公里，小满镇政府南小杨公路3公里处。全村辖8个社，342户，1097人，2581亩耕地。

0568 大满镇新庙村

简　介：新庙村地处张大公路22公里处西侧，辖8个合作社，304户，1225人，其中劳动力720人；有耕地计税面积1818亩，属上三灌区灌水面积4403亩。2013年全村经济总收入2672万元，村民人均纯收入9330元。

0569 长安乡上四闸村

简　介：上四闸村位于长安乡西南边，距城区7公里，东临五座桥村，南临小满镇古浪、康宁村，西临庄墩村，北临万家墩村。全村耕地面积2133亩，有村民小组6个，358户，1350人，其中劳动力824人。本村主要经济来源于种植业及劳务输转。全村种植蔬菜420亩；种植小麦600亩，玉米1113亩。全村劳务收入约600万元左右，劳务收入占全村经济总收入的40%左右。2013年村民人均纯收入8200元左右。

0570 梁家墩镇清凉寺村

简　介：清凉寺村地处张党公路45公里处，是张掖国家绿洲现代农业试验示范核心区涉及的11个村之一。全村辖11个社，706户，2247人，耕地面积2889.35亩，人均占有耕地1.29亩。2013年，村民人均收入达到8900元，其中68%来自蔬菜种植产业。

0571 梁家墩镇双堡村

简　介：双堡村位于张肃公路8公里处，共辖9个合作社，374户，1343人，耕地面积2850亩，人均耕地2亩，耕地主要依靠盈科一分干渠灌溉，水资源十分紧张，生态环境脆弱、自然灾害频繁。2013年全村经济总收入4021万元，人均纯收入达9582元。

0572 小满镇杨家闸村

简　介：杨家闸村有6个社，262户，785人；有耕地面积2932亩。

0573 沙井镇东三村

简　介：东三村位于沙井镇以西3公里处，占地面积约1.8平方公里。全村现有耕地3200亩，人口890人，有5个合作社。2013年全村经济总收入1250万元，人均纯收入9000元。全村以玉米制种为主导产业，第二、三产业发展迅速，经济收入占总收入30%左右。

0574 明永乡上崖村

简　介：明永乡上崖村位于甘州区城西18公里，张明公路3公里处。全村有8个村民小组，348户，1131人，耕地面积5158亩。2014年村民人均纯收入达到6892元，高于甘州区平均水平。

0575 党寨镇烟墩村

简　介：烟墩村位于党寨镇政府西1公里处，辖4个合作社，213户，678人，其中劳动力410人；有耕地面积1780亩，人均占有耕地面积2.8亩。2011年全村人均纯收入5964元。

0576 南街街道佛城社区

简　介：佛城社区位于张掖市中心繁华地段，东起南大街，西至县府街，南临南城巷，北靠西大街，占地面积0.46平方公里。辖区内有市、区级行政企事业单位11个，学校1所，旅游景点1处（大佛寺），商业网点436个，居民住宅楼57幢，平房院落4处，共有居民1889户，4318人。

0577 乌江镇大湾村

简　介：大湾村地处乌江镇西北15公里处，东与小湾村八社相连，西靠张掖市玉米原种场，南与天乐村接壤，北与临泽县板桥镇隔河相望，总面积3平方公里，耕地面积5000亩。该村辖12个合作社，人口495户，2039人。大湾村因黑河流经此地折身大转弯而得名。民国二十三年（1934年），大湾属张掖县新丰乡塔尔下村。解放初，沿用民国旧制，改乡为区。1952年11月，为第九区大湾乡。1956年1月，为安镇乡下辖大湾村。1958年实现人民公社化后，大湾属乌江公社下辖的1个大队。1962年，大湾大队辖8个生产队。"文革"期间，大湾大队改名为星火大队，1970年，恢复大湾大队名称。1981年，大湾大队调整划分为12个生产队。1983年11月，公社改乡、大队改村委会，生产队改合作社，大湾大队更名为大湾村委会至今。大湾村农作物种植以小麦、玉米、水稻为主，经济作物有谷子、糜谷、葵花、胡麻、甜菜等。

0578 碱滩镇永定村

简　介：永定村地处张掖市甘州区碱滩镇最东端，距市区30公里，距镇政府15公里，兰新铁路、国道312线、省道227线穿境而过，交通比较便利。该村东与张掖市山丹园艺场相连，南靠航空86037部队飞机场，北紧靠张掖农场、国道312线、国家重点工程建设西气东输管道、西油东输管道、国家高速35线及北滩大草原。全村2013年比上年增加收入200多万元，年人均纯收入2800多元。

0579 明永乡永和村

简　介：永和村位于乡政府东边，黑河西岸；距甘州区城西20公里，张明公路5公里，乡政府2公里。全村有6个村民小组，235户，830人，耕地面积4600亩。2014年村民人均纯收入达到6887元。

0580 花寨乡余家城村

简 介：余家城村地处甘州区城南34公里处，东靠安阳乡，西连肃南裕固族自治县，南接祁连山脚下，北靠大满镇。该村现有4个生产合作社，土地总面积4.2万亩，其中耕地面积2785亩，人均耕地面积3.4亩；平均海拔高度在2140.5米，属祁连山干旱地区。余家城村现有252户，810人。

0581 大满镇四号村

简 介：四号村由原五闸村和四号村合并而成，辖12个社，455户，1754人，上报耕地面积4130亩，实有面积3842亩，人均耕地2.35亩。灌溉以河灌为主（马子干渠）。全村经济以种植、养殖、劳务输出为主。2013年村民人均纯收入9384元，2014年增长13%（增长1219元），达到10603元。种植业以玉米制种为主，2014年玉米制种3800亩，种植大蒜60亩。全村牛饲养量2600头。

0582 花寨乡新城村

简 介：新城村位于花寨乡西南2公里处，有5个村民小组，182户，731人，其中村干部4人，劳动力人数382人。有耕地面积1981亩，主要耕种农作物为小麦、大麦、洋芋、中药材、豆类、油料等。该村以农业为主导产业，无经营性集体财产，农民经济收入以外出务工和种植为主。

0583 平山湖乡紫泥泉村

简 介：紫泥泉村位于平山湖蒙古族乡的东部，距乡政府所在地5公里。该村现有村干部5名，有农户105户，共253人；现有耕地面积446亩。2013年村民人均纯收入2200元，其中畜牧养殖业收入2000元。

0584 甘浚镇甘浚村

简 介：甘浚村位于甘州区西南部，镇政府所在地，距县城25公里，平均海拔1436米。解放初期地名为甘浚堡，"文革"时期分为两个大队，即甘浚大队、迎丰大队，"文革"结束后又合二为一，即甘浚大队，后更名为甘浚村。全村共12个合作社，624户，1977人，耕地4199.7亩，人均占有耕地2.13亩。近年来全村经济收入以制种玉米、肉牛（羊）繁育、劳务输出、商业物流为主。2013村民人均纯收入达8092元。

0585 花寨乡西阳村

简 介：西阳村地处张掖市甘州区南部，距花寨乡政府6公里，距张掖市甘州区42公里。西阳村属省级贫困村。全村现有人口1416人，6个生产合作社，耕地面积2733亩，劳动力863人。

0586 上秦镇上秦村

简 介：上秦村有11个社，637户，2408人，耕地面积2992亩，人均占有耕地1.2亩。该村以设施农业、规模养殖业、劳务输出为主要经济收入来源。2014年种植带田作物400亩，大田玉米1500亩，蔬菜面积1000亩，其中种植日光温室蔬菜240亩，小拱棚蔬菜310亩，高原夏菜500亩。全村有规模养殖户30户，包括养鸡户6户，养牛户16户，养猪户8户；有劳动力1614人，其中长期外出务工人员528人。2013年该村经济总收入5225万元，人均纯收入达到9684元。

0587 党寨镇下寨村

简 介：下寨村地处甘州区城东南10公里处，属甘州区国家现代农业示范区的核心区域，国道227线穿境而过，区位优势显著。全村辖12个生产合作社，625户，2192人，耕地面积8766亩。2012年，全村经济总收入达7970万元，农民人均纯收入达到8171元。

0588 靖安乡新沟村

简 介：新沟村位于靖安乡政府所在地，有10个合作社，467户，1775人。全村共有耕地3030.5亩，人均占有耕地1.6亩。2013年人均纯收入达 8930 元。

0589 长安乡上头闸村

简　　介：上头闸村位于张莺公路 8 公里处，有 361 户，1191 人，耕地面积 3033 亩，辖管 6 个合作社。

0590 梁家墩镇三工村

简　　介：三工村位于甘州区张党公路 3 公里处，张党公路贯穿全境，西临长安乡，南靠梁家墩镇清凉寺村，北接四闸村，东与刘家沟村接壤。全村共有 14 个合作社，756 户，2556 人，耕地面积 2447.64 亩。2013 年村民人均纯收入达到 8322 元。

0591 明永乡孙家闸村

简　　介：孙家闸村位于甘州区城西 25 公里、张明公路 11 公里处，距离明永乡政府 4 公里；有 7 个村民小组，310 户，1100 人，耕地面积 5300 亩。2014 年村民人均纯收入达到 6895 元。

0592 龙渠乡什八名村

简　　介：什八名村辖 8 个合作社，330 户，1121 人，耕地面积 2161.3 亩。

0593 甘里堡乡宋王寨村

简　　介：宋王寨村地处集镇中心东南 8 公里处，辖 12 个合作社，523 户，2028 人，区域面积 4300 万平方米，耕地面积 3770 亩。产业发展以蔬菜种植、脱毒洋芋、劳务输出、畜牧养殖为主。2011 年全村经济总收入达 6974.54 万元，人均纯收入达到 6778 元。

0594 龙渠乡头闸村

简　介：头闸村辖3个合作社，222户，777人，耕地面积1526.60亩。

0595 新墩镇南闸村

简　介：南闸村位于张肃公路沿线，西二环以西，现有9个合作社，368户，1438人，土地面积2040亩。

0596 碱滩镇野水地村

简　介：野水地村地处甘州区城东14公里处，东靠张掖老寺庙农场，南靠国道312线，西靠上秦苗家堡，北靠东大山，因很久以前洪水肆虐而得名。此地交通便利，地域辽阔，经济发展后劲十足，前景巨大。该村辖9个合作社，304户，1235口人，耕地面积6407亩，主要种植制种玉米、小麦、西瓜、葵花等作物，系井河混灌区，河水主要是从大满灌溉区最下游老寺庙支渠输水；全村有机井24眼，基本保证了耕地面积灌水需求。该村有大型农村专业合作社2家，小型农村专业合作社6家，学校1所。

0597 上秦镇庙儿闸村

简　介：庙儿闸村地处上秦镇政府南端，南接党寨镇沿沟村，北连八里堡村，东邻上秦村。全村辖5个社，293户，1210人，其中劳动力738人；有耕地面积1197亩。该村种植大田玉米860亩，蔬菜210亩，小麦110亩；畜禽养殖总量达15000头只。劳务输出是村里经济收入的主要来源，劳务输出收入达260万元。

0598 碱滩镇草湖村

简　介：草湖村位于碱滩镇 2 公里处，312 国道、兰新铁路穿境而过，东靠张掖老寺庙农场，西邻杨家庄村，北至野水地村南靠幸福村，交通十分便利。该村东西长度约 5.8 公里，南北长约 1.4 公里，面积约 8.2 平方公里。全村共有 7 个合作社，458 户，1614 人，耕地面积 4200 亩，主要种植番茄、拱棚西瓜、菜芯、植种玉米。

0599 碱滩镇老仁坝村

简　介：老仁坝村位于 312 线国道 2712 公里向北 2 公里处，东靠本镇野水地村，西靠本镇三坝村，北靠上秦镇缪家堡村一社。全村有 5 个村民合作社，172 户，647 人。全村耕地面积 6820 亩，粮食生产以玉米、小麦、大麦、甜菜、葵花、蕃茄、西瓜等疏菜制种为主。2013 年人均纯收入 4700 元。

0600 沙井镇兴隆村

简　介：兴隆村地处甘州区西北 40 公里、312 国道线以北沿小双公路 5 公里处，位于西浚干渠二支段最下游，毗邻临泽县。全村辖 8 个合作社，615 户，2168 口人，耕地面积 7860 亩。2014 年全村经济总收入 2100 万元，人均纯收入 8648 元。

0601 靖安乡靖安村

简　介：靖安村位于靖安乡政府正北 1 公里处，辖 13 个合作社，516 户；有劳动力 1226 人。全村有耕地面积 4986 亩，耕地主要依靠黑河水灌溉。

0602 小满镇五星村

简　介：五星村地处甘州区城西南 12 公里处，辖 6 个社，265 户，1074 人，耕地面积 2821 亩。是一个环境优美、特色鲜明、设施配套的新型村庄。

0603 小满镇小满村

简　介：小满村位于镇政府西北角，南依小龙公路，背靠盈科干渠，辖12个社，474户，1660人，有耕地面积5400亩。

0604 党寨镇杨家墩村

简　介：杨家墩村地处张党公路6公里处，辖9个合作社，531户，1966人，区域面积232.5万平方米，耕地面积3486亩。该村产业发展以制种玉米、畜牧养殖、服务加工、运销为主。2012年全村经济总收入达2200万元，人均纯收入达到8100元。2012年村里已建成小康住宅楼3栋90户，现已全部入住。目前村里通讯覆盖率达到100%，有线电视入户率达到98%。

0605 党寨镇七号村

简　介：七号村位于国道227线城南5公里处，交通便利，基础设施完善，属城郊乡村。全村现有耕地1514亩，人均耕地1.2亩；有农户352户，1252人，下辖7个村民小组。

0606 碱滩镇三坝村

简　介：三坝村位于甘州区城东10公里处，西靠上秦镇，南靠九龙江林场，东靠二坝村，北靠山丹河，距离碱滩镇政府驻地4.5公里，地理位置得天独厚，交通十分便利。全村共有9个生产合作社，407户，1509人。共有耕地面积3660多亩。

0607 碱滩镇太平村

简　介：太平村距碱滩镇政府5公里，距甘州区城区12公里，国道312线穿村而过，是交通便利的优势村。该村东接野水地村，西临三坝村，南靠杨庄村，北靠老仁坝村，辖8个合作社，275户，987人，有耕地4440亩。因该村日照强，地理位置优势，形成以玉米制种为主导产业，以洋葱、甜菜、蕃茄为特色的农业经济结构模式。

0608 乌江镇乌江村

简　介：乌江村地处黑河西岸，是镇政府及镇属单位驻地，也是乌江镇的政治、经济、文化中心。该村东以黑河西岸为界，南与贾寨村四社和敬依村一、五社毗邻，西与东湖村四、五社隔河相接，北与管寨村相连。黑河支流柳河、马胡子河穿境而过；辖9个合作社，450户，1650人；有耕地面积3339亩。2013年被列为张掖市"四化"建设示范村。乌江村因建于明代的"乌江堡"而得名。1950年为第八区乌江乡。1958年，乌江村属乌江公社乌江大队。"文革"期间，乌江大队改名为卫东大队，1970年，又复名为乌江大队。1979年，乌江大队有8个生产队，后从第6生产队，分设第9生产队。1983年11月，改公社为乡，大队为村委会，生产队为合作社，乌江大队更名为乌江村委会至今。

乌江村种植粮食作物以小麦、玉米、水稻、谷子、糜谷等为主，经济作物有葵花、胡麻、甜菜等，肥料以农家肥为主。

0609 沙井镇东沟村

简　介：东沟村属沙井镇独立行政村，位于甘州区沙井镇西北3公里处，东邻沙井村七、八社，南接沙井镇东三村，西靠沙井镇坝庙村、兴隆村，北连东五村林场。东五村七、八社。全村7个村民小组，425户，1556人。其中劳动力950人；区域面积7950亩，现有耕地7420多亩。

0610 小满镇中华村

简　介：中华村位于甘州区张鹰公路12公里处，辖10个合作社，450户，1655人，耕地面积7000亩。

0611 新墩镇南华村

简　介：南华村位于甘州区新墩镇政府北 2 公里处，东与青松村相连，西靠 G30，辖 11 个合作社，668 户，2468 人，耕地面积 4790 亩。该村地理位置优越，城郊优势明显，现规划建设的张掖滨河新区在该村境内。

0612 梁家墩镇梁家墩村

简　介：梁家墩村位于张掖市甘州区城南郊，国道 227 线穿村而过，交通便利。该村隶属梁家墩镇人民政府。全村有 8 个村民小组，876 户，2853 人。该村有耕地面积 1081 余亩，民营企业 13 家，个体工商户 91 家。2013 年村民人均纯收入达到 8430 元，全村经济总收入 8001.6 万元，村集体经济收入 15 万元。

0613 西街街道西站社区

简　介：西站社区成立于 2001 年 6 月，位于城区西北角，辖区面积 2 平方公里，现有常住人口 4068 户，8222 人，驻辖区企事业单位 10 个。社区工作人员 42 人。

0614 长安乡下二闸村

简　介：下二闸村位于甘州区城南沿张大公路 4 公里处，现有 10 个村民小组，485 户，1768 人。全村耕地面积 2835 亩，以种植蔬菜为主。

0615 沙井镇小闸村

简　介：小闸村地处沙井镇政府东北 5 公里处，辖 11 个合作社，387 户，1426 人，耕地面积 7500 多亩。

（二十一）张掖市山丹县

0616 霍城镇沙沟村

简　介：沙沟村位于镇政府以北2公里处，紧靠清霍路，交通便利，辖9个村民小组，366户，1546人。该村耕地面积5200亩，2013年村民人均纯收入6782元。

0617 陈户镇寺沟村

简　介：寺沟村位于陈户镇政府南5公里处，现有8个社，365户，1520人，耕地1542亩。2013年全村人均纯收入6820元。

0618 位奇镇孙家营村

简　介：孙家营村位于位奇镇东南方向，距集镇4公里；辖4个社，201户，总人口735人，共有劳动力499人，其中女劳动力246人；耕地面积8700亩，人均耕地11.8亩。农业以种植小麦、啤酒大麦、豆类等农作物为主。

0619 位奇镇二十里堡村

简　介：二十里堡村地处位奇镇东北16公里处。全村5个社，331户，1367人，全村耕地面积12000亩，天然草场资源4.2万亩，适宜发展草畜产业，2011年村民人均纯收入达到7011元。

0620 霍城镇下西山村

简　介：下西山村位于山丹县城西南45公里处，距霍城镇5公里，辖7个村民小组，283户，1110人，其中从业人员617人。该村耕地面积7900亩，2013年村民人均纯收入8108元。下西山村位于祁连山北麓，海拔高度在2000-2600米之间，属于干旱型气候，区内光照充足，全年日照时数为2670小时，极端最高气温33.8℃，极端最低气温-32.4℃，年均温差66.2℃，年平均气温5.4℃，平均无霜期133天，年降水量为198毫米，年蒸发量2246毫米，冻土层厚度3525px，太阳辐射量为143.76千卡/平方厘米，为太阳辐射的高值区。

0621 位奇镇永兴村

简　介：永兴村距县城13公里，交通便利，区位优势明显。该村有6个社，330户，1263人。全村共有耕地面积9000亩，机井12眼，人均占有耕地4.5亩，属井河混灌区。村域内有永兴面粉厂、东旭面粉厂、润牧饲草公司等三家私营企业。

0622 东乐镇大寨村

简　介：大寨村地处东乐城东北，东连小寨村，西接城西村，西南隔山丹河与城东村相望，北靠312国道。大寨村与小寨村皆为清光绪年间所建，两村寨相比大寨规模大于小寨，故名大寨村。大寨村下辖大寨、窦家庄、东姜家庄3个自然村，4个村民小组，220户，845人。全村有耕地面积2780亩。种植业以种植小麦为主，注重发展自然、油葵、玉米制种、甘草等特色种植，2013年特色种植面积达350亩。此外，还在小麦收割后复种饲草600亩。

0623 老军乡孙庄村

简　介：孙庄村地处大黄山北麓，位于老军乡政府西南7公里处，辖6个村民小组，

2030 户，807 人，其中从业人员 511 人，有耕地面积 7230 亩，粮食面积 4070 亩，产量 1494 吨；油料面积 350，产量 74 吨。2013 年农民人均纯收入 6194 元。

0624 东乐镇西屯村

简　介：西屯村地处全乡最西端，有 12 个社，569 户，2349 人，有耕地 8600 亩，以种植、养殖、劳务为主要支柱产业，2013 年村民人均纯收入达到 8347 元。

0625 陈户镇张庄村

简　介：张庄村现有 9 个村民小组，397 户，1597 人，劳动力 843 人。全村现有可耕地 8635 亩，实际播种面积 5124 亩，人均 3.2 亩。人均纯收入达到 5825 元。

0626 大马营镇夹河村

简　介：夹河村位于焉支山西麓，辖 7 个村民小组，464 户，1424 人，其中从业人员 794 人；有耕地面积 7118 亩，其中粮食面积 5060 亩，产量 2245 吨；油料面积 1830，产量 366 吨。2013 年村民人均纯收入 7070 元。种植业、劳务输出、畜牧业已成为全村经济发展和群众增收的支柱产业。

0627 陈户镇周坑村

简　介：周坑村地处陈户镇政府东南面 6 公里处，共有 5 个社，现有人口 1691 人，378 户，其中搬迁户 60 户，劳动力 758 人，输出转移劳动力 487 人。2013 年村民人均纯收入 6745 元。全村共有耕地 5000 亩，配水面积 2020 亩，今年流转土地 3000 亩，以种植和养殖为主导产业。

0628 位奇镇十里堡村

简　介：十里堡村位于山丹县城东郊 5 公里处，化新公路穿境而过，交通、通讯较为便利。全村有 5 个社，365 户，1495 人，其中女性 790 人，劳动力 921 人；有可耕地面积 8500 亩，人均占有耕地 5.7 亩；有机井 18 眼，属井河混灌区。

0629 霍城镇上西山村

简　介：上西山村位于霍城镇政府西北 4 公里处，共辖 4 个村民小组，268 户，1060 人，其中从业人员 590 人；有耕地面积 4500 亩，其中粮食面积 3300 亩，产量 1369 吨；油料面积 1900，产量 401 吨。2013 年村民人均纯收入 7249 元。

0630 东乐镇静安村

简　介：静安村位于乡境最东端。东与清泉镇祁店村接壤，西与大桥村相连，北至 312 国道，南以山丹河为界与十里堡村隔河相望。村子始建于明弘治年间，村名出自《大学》之"定而后能静，静而后能安"之"静安"二字。静安村现辖静安铺、尚家庄、贾家庄、李家庄 4 个自然村，8 个村民小组，耕地面积 6800 亩，保灌面积 1850 亩，人口 574 户，2113 人。

0631 老军乡潘庄村

简　介：潘庄村位于乡政府东南 9 公里处，辖 7 个村民小组，424 户，1923 人，其中从业人员 922 人；有耕地面积 9475 亩，其中粮食面积 5080 亩，产量 1784 吨；油料面积 720，产量 151 吨。2013 年村民人均纯收入 5839 元。

0632 霍城镇东关村

简　介：东关村位于镇政府以东1公里处，辖8个村民小组，567户，2130人，其中从业人员1180人。该村有耕地面积9700亩，粮食面积5500亩，产量2456吨；油料面积4600，产量705吨。2013年村民人均纯收入7935元。劳务输出占全村人口数的45%左右，外出村民主要在外地从事建筑施工行业。

0633 清泉镇前窑社区

简　介：前窑社区位于县城西南郊，占地面积2.8平方公里，是原山丹煤矿、山丹电厂等国有破产企业的驻地，基础条件相对较差，社情民意比较复杂。社区共有4个居民小组，753户，1836人。

0634 大马营镇新泉村

简　介：新泉村位于焉支山脚下，平均海拔高度在2400米之间，属于干旱型气候，区内光照充足，辖6个村民小组，430户，1360人，其中从业人员773人。该村有耕地面积5829亩，其中粮食面积4790亩，产量2061吨；油料面积920亩，产量184吨。2013年村民人均纯收入7320元。

0635 清泉镇北街社区

简　介：北街社区地处县城北部，占地2.2平方公里，共有6个居民小组，2321户，7150人。辖区内有驻区单位37个，学校2所，住宅楼院45个，安全文明小区1个，文体活动中心2处，广场3个，商业门点185个。社区先后被省、市、县授予"省级文明居委会""市级文明示范社区""市级优秀基层党组织"等荣誉称号。

0636 大马营镇新墩村

简 介：新墩村地处祁连山北麓，东依焉支山，与大马营镇磨湾村接壤，海拔高度在2220-2820米之间，辖4个村民小组，331户，995人，其中从业人员556人。该村有耕地面积5423亩，其中粮食面积4460亩，产量1873吨；油料面积960亩，产量192吨。2013年村民人均纯收入7251元。

0637 霍城镇新庄村

简 介：新庄村位于山丹县霍城镇、清霍路沿线，距离县城40公里，地理位置优越，交通十分便捷。该村共辖6个村民小组，249户，1082人，其中从业人员602人。该村有耕地面积4700亩，其中粮食面积4000亩，产量1844吨；油料面积1800，产量385吨。2013年村民人均纯收入7334元。

0638 霍城镇下河西村

简 介：下河西村位于霍城镇西南，距离镇政府驻地2.5公里，辖5个村民小组，239户，1045人，其中从业人员581人。该村耕地面积5000亩，其中粮食面积3230亩，产量1409吨；油料面积900，产量241吨。2013年村民人均纯收入6760元。

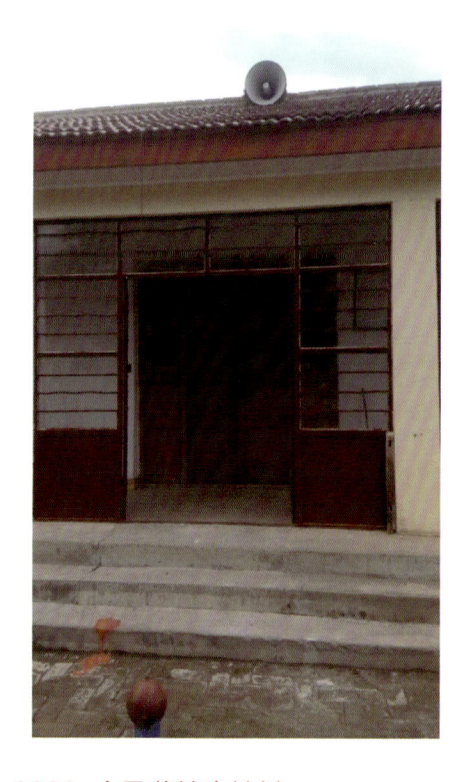

0639 大马营镇窑坡村

简 介：窑坡村地处焉支山脚下，距离乡政

府所在地 5.7 公里，属山丹县三类地区。全村共有 5 个社，339 户，1428 人，耕地面积 7613 亩，均属山滩旱地。村民绕焉支山居住，农作物以种植小麦、油菜、豌豆旱作物为主。

0640 大马营镇山湾村

简　介：山湾村属大马营镇贫困村之一，位于大马营镇西北部，距县城 35 公里。山湾村共辖 4 个村民小组，178 户，605 人，其中从业人员 336 人。该村耕地面积 2167 亩，其中粮食面积 1560 亩，产量 599 吨；油料面积 500 亩，产量 100 吨。2013 年村民人均纯收入 6809 元。

0641 清泉镇长城社区

简　介：长城社区地处县城东大门城郊结合部，东起焦化厂，西至山丹培黎学校，南临 312 国道，北至高速公路，辖区占地面积约 4.4 平方公里，下设 6 个居民小组，有居民 2116 户，6625 人。

0642 霍城镇杜庄村

简　介：杜庄村位于山丹县霍城镇集镇南 2 公里处，地处山区，属高寒半湿润地区。杜庄村共辖 6 个村民小组，284 户，973 人。该村耕地面积 4900 亩，其中粮食面积 3250 亩。2013 年村民人均纯收入 6758 元。种植业、劳务输出、畜牧业已成为全村经济发展和群众增收的支柱产业。

0643 老军乡丰城村

简　介：丰城村距县城东 38 公里，是乡政府所在地，共有 2 个社，83 户，357 人。全村共有耕地面积 1500 亩，播种面积 1000 亩，人均 3 亩，其中保灌面积 340 亩。村民的收入主要来源于农业、畜牧业、劳务输出和各项惠农政策。

0644　位奇镇芦堡村

简　介：芦堡村辖7个村民小组，450户，1794人，其中从业人员1071人。该村有耕地面积6581亩，其中粮食面积2449亩，产量1325吨。2013年村民人均纯收入11952元。近年来，村里着力打造实力芦堡、活力芦堡、富裕芦堡、靓丽芦堡、幸福芦堡"五型"芦堡，以实现生活社区化、生产专业化、环境田园化、企业现代化的新农村格局。

0645　老军乡焦湾村

简　介：焦湾村位于老军乡政府南8公里处，有5个社，246户，1044人，其中适龄劳动力497人；拥有耕地面积4240亩，常年耕种面积1530亩，人均1.46亩。村民的经济收入主要靠常规农业种植、畜牧业和劳务输出。

0646　老军乡郭泉村

简　介：郭泉村地处大黄山北麓，距老军乡政府15公里，辖1个村民小组，58户，278人，其中从业人员114人。该村拥有耕地面积4235亩，其中粮食面积1035亩，产量485吨；油料面积160，产量34吨。2013年村民人均纯收入6087元。村民收入主要来源于农业、劳务输出和各项惠农政策。

0647　大马营镇中河村

简　介：中河村位于山丹县城南焉支山脚下，辖区面积2.8平方公里，辖8个村民小组，330户，982人，其中从业人员542人。该村拥有耕地面积5653亩，其中粮食面积4930亩，产量2094吨；油料面积700亩，产量140吨。2013年村民人均纯收入6425元。种植业、劳务输出、畜牧业已成为全村经济发展和群众增收的支柱产业。

0648 老军乡羊虎沟村

简　介：羊虎沟村位于老军乡政府东南部，共有2个社，59户，281人。全村农民年人均纯收入5524元。

0649 清泉镇县府街社区

简　介：县府街社区位于县城中心地带，总面积2.6平方公里，有5个居民小组，1240户，3850人；有住宅楼80栋，平房区6处；辖区内有驻区单位68家，个体商业门点340个。

0650 清泉镇文化街社区

简　介：文化街社区有4个居民小组，886户，2656人，辖区内有驻区单位18个。

0651 霍城镇西关村

简　介：西关村位于山丹县城南43公里处，是霍城镇政府驻地，毗连双湖、王庄、周庄、东关等村，商贸流通活跃，地理位置独特，是霍城镇的交通、经济、商贸中心。西关村共辖9个村民小组，574户，2432人，其中从业人员1347人，该村拥有耕地面积6000亩，其中粮食面积3750亩，产量1846吨；油料面积3000，产量4765吨。2013年村民人均纯收入8146元。

0652 霍城镇上河西村

简　介：上河西村位于山丹县霍城镇以南，距镇政府所在地约6公里。全村有131户，590人，其中男性330人，女性260人，共有男女劳动力312人，均为汉族。全村共有耕地面积3397亩，其中水田1011亩，旱地面积2386亩。

0653 李桥乡巴寨村

简　介：巴寨村共辖5个村民小组，223户，862人，其中从业人员429人；拥有耕地面积3032亩，其中粮食面积3032亩，产量1238吨。2013年村民人均纯收入7842元。

0654 霍城镇双湖村

简　介：双湖村共辖9个村民小组，320户，1286人，其中乡村从业人员714人。该村拥有耕地面积4900亩，其中粮食面积4500亩，产量2094吨；油料面积2100，产量438吨。2013年农民人均纯收入5826元。

0655 大马营镇上河村

简　介：上河村位于焉支山北麓，海拔高度在2000-2200米之间，属于干旱型气候，区内光照充足。上河村共辖4个村民小组，173户，510人，其中乡村从业人员275人。该村拥有耕地面积2938亩，其中粮食面积2340亩，产量958吨；拥有油料面积570亩，产量114吨。2013年村民人均纯收入6483元。种植业、劳务输出、畜牧业已成为全村经济发展和群众增收的支柱产业。

0656 清泉镇南湖村

简　介：南湖村地处县城南郊，属典型的城郊村，交通便利，区位优势明显。全村现有6个村民小组，873户，3876人，其中劳动力1921人；有耕地4102亩。

0657 陈户镇西门村

简　介：西门村现有 11 个社，540 户，2068 人，其中劳动力 1064 人；拥有可耕地 5350 亩，有效灌溉面积 3920 亩；拥有机井 11 眼，人均耕地面积 1.9 亩。2013 年人均纯收入 8244 元。种植业和养殖业为本村的主导产业。为优化产业结构，拓宽群众增收渠道，村里已完成流转土地 4562 亩。村民主要种植食葵、玉米、孜然、黄芪等经济作物，并形成经济作物连片种植示范区。村里还改建 9 座温室大棚种植暖棚蔬菜，收益良好。目前，该村已建成养殖场 3 处共养羊 15000 余只，肉牛 100 余头。

0658 霍城镇泉头村

简　介：泉头村西临民乐县，东接军马三场，距霍城集镇 8 公里，永民公路横穿全村。泉头村有两个村民小组，215 户，782 人，其中劳动力 469 人。全村有耕地 3954 亩，其中水浇地 2872 亩，滩旱地 1082 亩，退耕还林地 1400.9 亩。

0659 位奇镇候山村

简　介：候山村位于位奇镇西南，距交通主干线山马公路 5 公里，距镇政府所在地 10 公里，东经通村道路与位奇镇朱湾村相连，四面环山。全村经济发展依靠传统农业、畜牧业和劳务产业。全村现有 5 个社，238 户，901 人。该村现有耕地面积 4000 亩，实种面积 3600 亩，人均耕地面积 4.5 亩。2011 年全村人均纯收入 5396 元。

0660 位奇镇暖泉村

简　介：位奇镇暖泉村位于山丹县位奇镇以南 5 公里处，山马公路穿境而过，交通、通讯较为便利。该村现有 6 个社，260 户，1074 人，有可耕地面积 10000 亩，人均占有耕地 9.3 亩，有机井 7 眼，属井河混灌区。

0661　李桥乡高庙村

简　介：高庙村现有10个村民小组，465户，1710人，其中劳动力964人。全村现有可耕地3998亩，全部为水浇地，人均2.42亩。

0662　位奇镇柳荫村

简　介：柳荫村位于山马路沿线，位于镇西北4公里处，交通、通讯较为便利。全村现有5个社，244户，876人，其中劳动力590人；有可耕地面积4300亩，人均占有耕地4.9亩；有机井5眼，属井河混灌区。2011年村民人均纯收入5241元。

0663　清泉镇祁店村

简　介：祁店村位于山丹县城西郊，国道312线、连霍高速公路、兰新铁路穿村而过，交通便捷，物流发达，区位优势十分明显。全村现有4个社，432户，2328人。有井灌耕地1896亩，人均1.3亩。2011年，全村经济总收入达1620万元，村民人均纯收入达到7320元。

0664　老军乡老军村

简　介：老军村地处大黄山北麓，距老军乡政府7公里。海拔在2200米左右，年内降水量187毫米，日照时数2420小时，无霜期106天，属温带干旱性气候。老军村共辖4个村民小组，200户，784人，其中乡村从业人员478人。全村有耕地面积6420亩，其中粮食面积4180亩，产量1551吨；油料面积190，产量39吨。2013年村民人均纯收入6091元。

0665 东乐镇大桥村

简　介：大桥村东接静安村，西连小寨村，南以山丹河为界与十里堡村隔河相望，北连混养牧场。村堡始建于明弘治年间，昔时，山丹河水量充沛，但南北交通阻隔，为方便出行，村民在河床上架木质浮桥一座，每遇洪水冲毁桥面，再架之，人与洪水反复较量，大桥村（曾用名二十里铺）因此而得名。大桥村现辖大桥寨、西王家庄子、郭家庄、大墩庙、邱家庄5个自然村，有6个村民小组，耕地面积3800亩，人口296户，1290人。

0666 位奇镇位奇村

简　介：位奇村距县城17公里，全村共辖8个村民小组，483户，1676人，总耕地面积6280亩，人均4.3亩，上年人均纯收入5877元。该村产业以大麦、小麦种植、畜禽养殖和劳务输出为主。全村养羊百只以上46户，饮用安全饮用水农户483户，通村公路5.28公里，土路2公里。

0667 清泉镇北滩村

简　介：北滩村地处县城以东，312国道横穿而过，地理位置优越，交通便利。该村共有10个社，733户，3452人，耕地5680亩。

0668 东乐镇小寨村

简　介：小寨村共有7个村民小组，271户，1089人，其中劳动力680人。劳务输出是全村经济发展和群众增收的支柱产业。该村现有耕地3100亩，实际耕种1020亩，主要种植大麦、小麦、孜然、玉米、油葵等作物。全村养殖业发展较快，目前，100只羊以上的养殖户21户，10口猪以上的养殖户6户，羊、猪饲养量分别达到2600只、400头。

0669 李桥乡东沟村

简　介：东沟村现有7个村民小组，246户，834人，其中劳动力606人。该村地处山区，全村现有水浇地1977亩，人均占有2.4亩，其它全部为山旱地。

0670 清泉镇西街村

简 介：西街村地处城郊，属典型的城中村。交通便利，土壤肥沃，全村共有12个社，857户，3260人，现有耕地面积3359亩。

0671 李桥乡上寨村

简 介：李桥乡上寨村现有14个村民小组，475户，1796人，其中劳动力820人。全村现有可耕地10750亩。通过几年的努力，该村在新农村建设、扶贫开发等项目建设方面取得了阶段性成果，全村经济得到了较快发展，种植业、劳务输出、畜牧业已成为全村经济发展和群众增收的支柱产业。

0672 位奇镇朱湾村

简 介：朱湾村位于山马路沿线，地处城郊，交通便利，信息发达。该村有5个社，203户，720人。该村耕地面积3140亩，人均耕地面积4.5亩。

0673 东乐镇城西村

简 介：城西村占居东乐城西半壁，故取名城西村。该村东连城东村，西接西屯村，南越前山头，过东乐南滩与民乐县六坝镇接壤，北临兰新铁路和312国道，东六公路纵贯南北，交通便利。该村辖东乐城西街和西姜家庄、林场、张家庄、新地5个自然村，共有8个村民小组，396户，1403人；有耕地面积5180亩，其中保灌面积4180亩。城西村民间文化艺术遗存丰厚，传承历史久远。其民间社火组织"龙土会"渊源可上溯至清道光年间。表演的社火种类有舞龙、舞狮、太平车、铁芯子、旱船、高跷、竹马子、风火车等。其中，所舞青黄二龙以形体大，技艺精湛，套路多，变化丰富，形象生动著称；"太平车"则以舞蹈音乐表现形式独特取胜，曾多次参加省、地（市）演出比赛并获奖，还被中央和甘肃省电视台录制成专题片广为传播。

0674 老军乡祝庄村

简　介：祝庄村有5个社，274户，884人，耕地面积4000亩，保灌面积1387亩，人均1.6亩。2011年村民人均纯收入4801元。种植业、畜牧业及劳务输出是村民收入主要来源，而种植业、畜牧业收入占人均纯收入的35%，收入的65%来自于劳务输出。

0675 位奇镇汪庄村

简　介：汪庄村位于位奇镇的最西边，距集镇13公里；辖8个村民小组，417户，1726人；有耕地面积4367亩，人均占有耕地2.5亩。

0676 东乐镇山羊堡村

简　介：山羊堡村位于山丹县最西端，西与甘州区石岗墩滩相邻，南与民乐县六坝滩接壤，是山丹县最早规划的移民村。该村自1991年移民开发至今，陆续组建村民小组11个，360户，1600人；开发耕地5500亩。全村以种植、养殖、劳务为主要支柱产业。2013年村民人均纯收入达到了8380元。

0677 位奇镇马寨村

简　介：马寨村位于县城东南侧，距离县城16公里。全村共有11个社，426户，1843人；耕地面积6850亩，人均4.5亩。2011年村民人均纯收入6013元。目前，村支柱产业以劳务输出、养殖为主。全村现有养殖大户4户，肉牛和肉羊饲养量分别达到60头、120只。该村新增土地流转800亩。

0678 清泉镇红寺湖村

简　介：红寺湖村位于龙首山北麓，距县城

25 公里，与阿拉善右旗接壤，地理环境特殊，农户居住分散。该村辖 6 个村民小组，287 户，993 人；拥有耕地面积 1300 亩，粮食面积 1300 亩，产量 530 吨。2013 年村民人均纯收入 8031 元。种植业、劳务输出、畜牧业已成为全村经济发展和群众增收的支柱产业。2005 年撤乡并镇后，原来的红寺湖乡并入清泉镇，设成了村级组织。村委会设在原乡政府。

0679 霍城镇周庄村

简　介：周庄村位于祁连山北麓，共辖 8 个村民小组，399 户，1749 人；有耕地面积 6200 亩。2013 年村民人均纯收入 7045 元。种植业、劳务输出、畜牧业已成为全村经济发展和群众增收的支柱产业。

0680 陈户镇盘山村

简　介：盘山村位于焉支山北麓，是县内信教群众聚居区之一。该村现有 5 个村民小组，252 户，1004 人，劳动力 606 人。该村实际播种面积 948 亩，人均不足 1 亩。村民收入主要来源于种植传统农作物和劳务输出，2013 年人均纯收入为 6858 元。

0681 位奇镇东湾村

简　介：东湾村位于山丹县城东南 4 公里处，山马公路东侧。全村现有 7 个社，244 户，941 人，其中乡村从业人员 567 人；拥有耕地面积 2400 亩，粮食面积 3423 亩，产量 1488 吨。2013 年村民人均纯收入 8851 元。

0682 大马营镇圈沟村

简　介：圈沟村位于焉支山北麓，辖 6 个村民小组，197 户，866 人，其中乡村从业人员 495 人。该村有耕地面积 6843 亩，其中粮食面积 5770 亩，产量 2203 吨；油料面积 1650，产量 330 吨。2013 年村民人均纯收入 6264 元。

0683 陈户镇王城村

简　介：王城村位于陈户镇政府西3公里处，共有8个社，现有人口1857人，443户；另有搬迁点2个，270人。村里有耕地面积11000亩，配水面积4103亩，机井14眼，属井河混灌区。2013年村民人均纯收入为7790元。

0684 位奇镇四坝村

简　介：四坝村地处县城9公里，山马公路穿村而过，交通便利，区位优势明显。该村现有6个社，243户，912人。全村现有耕地面积5000亩，机井7眼，人均占有耕地4.8亩，属井河混灌区。

0685 大马营镇双泉村

简　介：双泉村地处祁连山北麓，距山丹县城65公里，是山丹县东南端最边远的村。该村东依国家4A级旅游景区焉支山，南与中牧山丹马场接壤。马场广阔的土地和草场资源，为双泉村劳务输转、承包土地、发展畜牧业提供了得天独厚的条件。双泉村辖6个合作社，443户，1878人，全村有979个劳动力，占总人口的52%，其中初中以上文化程度561人，占总劳力57.3%。这些人受教育程度较高，头脑灵活，接受新知识、新事务较快，劳务输出的适应性强。

0686 陈户镇沙河湾村

简　介：沙河湾村距乡政府所在地约3公里，有6个社，325户，1212人。全村每年务工人数大约有760人，2013年人均纯收入7384元。全村主导产业以种植、养殖、劳务为主。全村共有耕地面积4500亩，今年土地流转2300亩，主要种植洋芋和食葵，小麦。2013年全村完成渠道建设18公里，田间道路8公里，平整土地1500亩。

0687 李桥乡下寨村

简　介：下寨村现有6个村民小组，207户，694人，其中劳动力606人。该村地处山区，现有水浇地2000亩，人均占有2.8亩。

0688 陈户镇东门村

简　介：东门村位于山丹县城东南20公里处，国道312线穿村而过，交通便利，区位优势明显。全村有10个村民小组，385户，1604人，其中劳动力815人。全村现有耕地5380亩，其中常年播种3430亩，主要种植作物为小麦、啤酒大麦、沙旱地西瓜、优质饲草。通过多年的发展，全村主要形成了草畜、劳务和特色种植三项主导产业。2013年人均纯收入为8305元。

0689 大马营镇城南村

简　介：城南村位于县城南40公里处，共辖8个村民小组，425户，1404人，其中乡村从业人员785人。该村耕地面积6071亩，2013年村民人均纯收入7376元。种植业、劳务输出、畜牧业已成为全村经济发展和群众增收的支柱产业。

0690 霍城镇东山村

简　介：东山村位于霍城镇政府东南20公里处，山大沟深，交通闭塞，共辖7个村民小组，272户，1062人，其中乡村从业人员591人。该村耕地面积5100亩，粮食面积4370亩，产量1709吨；油料面积6000，产量177吨。2013年村民人均纯收入6458元。

0691 清泉镇郑庄村

简　介：郑庄村总面积1458亩，耕地面积1258亩，人口1184人，劳动力683人，种植面积1258亩。全村种植作物为马铃薯、花卉制种、小麦。全村土地流转500亩，其中种植花卉200亩，马铃薯300亩。

0692 位奇镇张湾村

简　介：张湾村位于位奇镇东南方向，距集镇6公里，辖10个生产合作社，410户，1710人，共有劳动力1098人，其中女劳动力563人；有耕地面积7000亩，人均耕地4.1亩。

0693 霍城镇西坡村

简　介：西坡村地处山丹县南部，霍城镇乡政府西南面，北与王庄村接壤，南与泉头村交界，西连上、下河西村，东与刘庄村毗邻。该村地形大致由南向北倾斜，全村被南北走向的西泉路划开，海拔2300—2600米之间，地形较为破碎。该村耕地分布在公路两岸，是山坡地。境内河流属祁连山雪水系，主要是长坪湖湾，湖道自南向北有东湖嘴、中湖嘴、西湖嘴直通到北台子水库汇合。一年四季基本有湖水流过。该村气候属于大陆性气候，系中温带干旱、半干旱地区。西坡村共辖8个村民小组，386户，1561人，其中乡村从业人员866人。该村耕地面积6400亩，粮食面积6350亩，产量2636吨；油料面积300亩，产量145吨，2013年村民人均纯收入7254元。

0694 大马营镇花寨村

简　介：花寨村位于焉支山南麓，共辖11个村民小组，509户，1654人；有耕地面积7080亩。2013年农民人均纯收入8349元。

0695 陈户镇刘伏村

简　介：刘伏村位于山丹县城东南20公里处，现有4个社，224户，902人；现有耕地9080亩，常年播种面积8040亩。该村主要种植作物为小麦、啤酒大麦、旱地西瓜、蔬菜制种。2013年村民人均纯收入为8011元。

0696 位奇镇高寨村

简　介：高寨村距县城东南8公里处，共有5个社，463户，1898人，耕地1.5万亩，配水面积8800亩，机井19眼。该村土地资源丰富，水肥条件优越，群众生活宽裕、基础较好，是省列新农村建设试点村。该村水土资源丰富、土壤肥沃，具有大部分农作物生长的土壤条件和气候，人均耕地面积相对充裕。

0697 清泉镇东街村

简　介：东街村地处山丹县东大门，国道312线穿村而过，交通发达，地理位置优越。该村现有11个社，642户，2487人；有可耕地2850亩。

0698 位奇镇新开村

简　介：新开村位于山丹县位奇镇以西，距镇中心8公里；现有17个社，678户，2768人。该村耕地面积12000亩，其中保灌面积4800亩，人均耕地面积4.8亩。全村共养殖羊3万多只，年出栏1万只。

0699 老军乡李泉村

简　介：李泉村共有4个社160户，682人。全村共有劳动力334人，耕地面积3500亩，常年耕种面积1260亩，其中保灌面积660亩，人均0.9亩。村民收入主要来源于劳务输出、种植、养殖以及野生蘑菇采收及贩运。2013年村民人均纯收入6834元。

0700 霍城镇王庄村

简　介：王庄村位于军马场三场边缘，该村海拔高度在2300－2400米之间，属于干旱型气候，区内光照充足，全年日照时数为2993小时。共辖6个村民小组，249户，1015人，耕地面积3700亩。2013年农民人均纯收入7304元。

0701 大马营镇前山村

简　　介：前山村位于焉支山脚下，平均海拔高度在2200-2500米之间，属于干旱型气候，区内光照充足，全年日照时数为3000小时。前山村现有8个村民小组，326户，1378人，其中劳动力709人。全村现有可耕地8102亩，实际播种面积8070亩，均为山旱地。劳务输出、畜牧业已成为全村经济发展和群众增收的支柱产业。

0702 清泉镇北湾村

简　　介：北湾村位于山丹县城郊西北方向6公里处，辖6个社，416户，1670人。该村乡村从业人员925人，耕地面积2068亩，粮食面积1860亩，产量779吨，村民人均纯收入8632元。作为城郊村，该村拥有通信便捷、地理位置优越等条件。

0703 陈户镇陈户村

简　　介：陈户村距离陈户镇政府东南7公里处，共有5个社，现有人口1452人，380户。全村参合人员1422人，参保人员885人。2013年村民人均纯收入5050元。全村共有耕地3600亩，机井6眼。种植业和养殖业是该村的主导产业，种植业以小麦、大麦、葵花种植为主。

0704 陈户镇山湾村

简　　介：山湾村辖9个社，406户，1705人。该村现有耕地面积5400亩，水浇地面积3661亩，土地流转面积2700亩；畜存栏2700头（只）。全村2013年人均纯收入6450元，近几年形成了以马铃薯种植、肉羊养殖为主的主导产业。

0705　清泉镇南湾村

简　介：南湾村地处山丹县西南处，距山丹县城3公里，佛山路、南湾路贯穿全村，交通便捷，通信发达，旅游资源丰富，区位优势明显。全村共有9个社，475户，1780人，其中劳动力1218人，占总人口的68.4%；耕地面积2212亩，人均耕地0.8亩；主要种植优质小麦、啤酒大麦、玉米、洋葱、脱毒马铃薯等农作物。2013年全村人均收入为3320元。

0706　东乐镇城东村

简　介：城东村占居东乐城东之半壁，故名城东村。城东村东连五墩村，西接城西村，南越前山头，跨东乐南滩与民乐县六坝镇接壤，北隔山丹河与大寨村相望。该村辖东乐城东街和东沙河、叶家庄两个自然村，5个村民小组，250户，1017人，耕地面积2500亩，保灌面积2200亩，人均2亩。改革开放以来，该村部分村民率先涉足建筑和粮油、煤炭贩运行业，经过长期打拼，经济实力不断增强，效益突出。村民爱好戏曲艺术，清道、咸以前即成立有秦腔戏曲班底。民国时期，该村有著名须生刘积苍与其子刘元泰，俩人技艺精湛，弟子众多，颇具影响。另有当代中国著名书法家赵正，别名黎泉，其书作享誉国内外。城东门外原有建于明永乐年间的河西名刹"胜泉寺"，因其建筑年代久远，气势恢宏，且在释迦摩尼佛像内藏有佛骨舍利子，被永乐皇帝敕封，因此也叫敕封胜泉寺。此外，城东门外还有明开国名将冯胜当年驻军屯田所开凿的古井一眼，世称"冯胜泉"。可惜这享誉史册的两大东乐胜迹已湮灭，化为一段历史佳话。

0707　陈户镇孙营村

简　介：孙营村共有10个社，423户，1509人。全村现有耕地4500亩，其中水浇地2270亩。该村主导产业为种植业和养殖业，主要种植作物为小麦、啤酒大麦、食葵和孜然等经济作物，养殖业以养羊为主。2013年全村劳务输出人数700人以上，人均纯收入7158元。

0708 李桥乡河湾村

简　　介：河湾村总共有8个村民小组，321户，1090人；主要经济来源为劳务输出，占总收入的70%。

0709 老军乡峡口村

简　　介：峡口古城堡位于山丹县城东南30公里处，是古丝绸之路上的一个驿站，现在的峡口，正式的地名叫峡口村。村里的大部分居民都住在峡口城堡里，城堡的西边厚实而高大的城墙上，有一个瓮城带一个拱形门洞，那条旧日的丝绸之路大道就从门洞下穿过。这座城与长城休戚相关，是历代驻兵、屯粮、屯军马的军事基地，也是沿长城古道通商、通邮的必经之路。该城为长城的附属城，是古丝绸之路的重要驿站，是古代中原通往西域的必经之地。它扼甘凉咽喉，锁金川大地，军事地理位置十分显要。峡口历史记载最早起于汉代，称泽索谷，明清时期扩大防卫，属山丹卫管辖。明万历二年（公元1574年），都司赵良臣在石碑上题名"峡口古城堡"，至今已有400多年历史。历史上的峡口城肩负着官吏接待、军粮供给、通邮通商等职能，政治、军事、文化地位十分突出，是目前保存最为完整的一段土筑长城，现已列入全国重点文物保护单位，被专家誉为"中国的露天长城博物馆"。峡口村附近及汉明长城内外，发现大量的古岩画，羊、狗、牛、鹿、骆驼等图案栩栩如生，形状各异。据文物专家鉴定为战国时期游牧民族用刀斧雕刻成形，距今有2000多年历史。

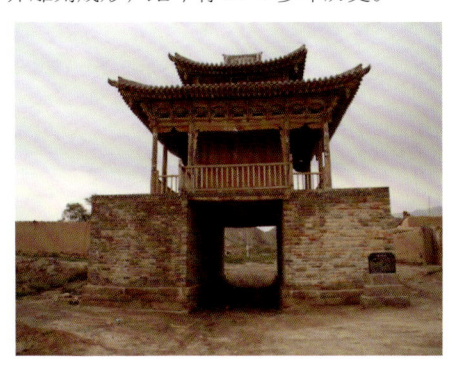

0710 大马营镇马营村

简　　介：马营村有9个社，425户，1735人，劳动力1041人。该村有耕地面积10718亩，。

（二十二）张掖市民乐县

0711 南丰乡张家沟湾村

简　介：张家沟湾村主要生产油菜籽、大麦、小麦。有 227 户，909 人，耕地面积 4723 亩。

0712 洪水镇李尤村

简　介：李尤村距县城约 4.5 公里，共有 6 个村民小组，242 户，856 人。现有耕地面积 5060 亩，人均耕地 6 亩。2013 年全村人均纯收入 7415 元。现任村干部 3 名，群团负责人 2 名。

0713 南丰乡杨圈村

简　介：杨圈村主要生产油菜籽、小麦，现有 176 户，698 人；耕地面积 3474 亩。

0714 三堡镇陈家庄村

简　介：陈家庄村下辖 3 个自然村，4 个村民小组，204 户，899 人。该村主产小麦、大麦；特产有中药材、大蒜。该村土地宽阔，发展前景大。

0715 丰乐乡何庄村

简　介：何庄村地处祁连山浅山区，有 3 个村民小组，410 户，1531 人；有耕地面积 5190 亩，全部为山旱地。2013 年农民人均纯收入 3484 元。

0716 洪水镇刘总旗村

简　介：刘总旗村地处县城北 6.3 公里处，有 8 个村民小组，316 户，1258 人；有耕地面积 9317 亩，人均 7.4 亩。该村有离任村干部 11 名，群团负责人 4 名；有现任村干部 4 名，群团负责人 3 名，支委委员 7 名，村委委员 5 名。2013 年全村人均纯收入 5448 元。村级活动场所建于 2008 年，建筑面积 90 平方米，其中党群活动室面积 54 平方米。

0717 洪水镇费家寨村

简　介：费寨村因传说一名姓费家的将军在此居住过，因此取名为费家寨村，后又更名费寨村。费寨村位于民乐县城东南 3 公里处，东面临山，西接国道 227 线，南连黄青村，北靠吴庄村，是一个区位优势明显，极具发展潜力的自然村。全村现有农户 327 户，1317 人，耕地 4400 亩。村内有党员活动室、会议室、办公室、农家书屋 3 间 50 平方米，办公设施、电教设备齐全。

0718 南古镇景会寺村

简　介：景会寺村因村内的景会寺而得名。景会寺初建于明英宗天顺初年，僧人河迦舍念野憩梦警创立此寺。天顺四年（1460 年）敕赐寺额曰"景会"，明嘉靖三年（1524 年）毁于战火。到了嘉靖二十五年（1546 年），河迦舍念的四世孙、高僧罗素领真捐献自家的良马 100 匹，同地方人一起聚资重建，完成了殿堂、禅房的主体工程，但尚未金装彩塑。嘉靖二十五年（1546 年）他赴京进贡，拜见了嘉靖皇帝，袭授法缘清净喇嘛职务，回来后殚精竭虑，益励前修，历十年之久，方才大功告成。寺院规模宏大，殿宇辉煌。兵部尚书赵锦在《重建景会寺碑记》中说："舍念创建百年之前，领真重建百年之后，祖孙相承，咸有一德。"给予了极高的评价。清同治四年（1865 年）回民起义首领白彦虎出扁都口，陷永固城、大马营、南古城，火烧了圣天寺，景会寺庙也未能幸免，只留下了一座碑，现存于南古镇景会小学。

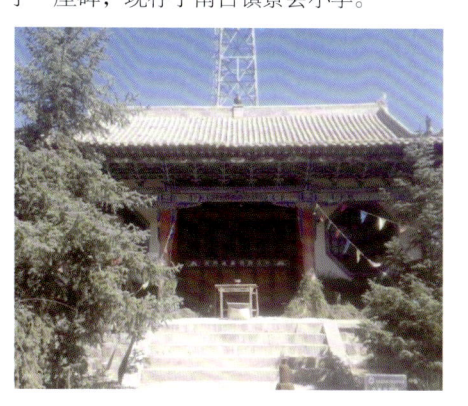

甘肃省文化资源名录 第三十二卷 地名文化Ⅲ 村、社区

0719　新天镇三寨村

简　　介：三寨村东至大东干，南至二寨，西至大河沿，北至闫户地；盛产小麦、大麦、豆类、洋芋等作物，经济作物主要为果类、中药材。

0720　六坝镇铨将村

简　　介：铨将村地处六坝镇西南端，与五坝村、韩武村、海潮坝村相邻。全村共265户，1158口人；有耕地总面积5100亩，人均耕地4.4亩。全村人均纯收入3350元。

0721　六坝镇柴庄村

简　　介：柴庄村地处六坝镇东北端，与六坝镇四坝村、赵岗村、五庄村、三堡镇、民联乡相邻，和山丹县相接壤，共有281户，1061人，其中青壮年劳力有742人。每年村里外出务工人员达360人。该村自然条件优越，土壤肥沃，全村有耕地总面积5054亩，人均耕地4.7亩，比较适合于种植各种经济作物，尤其是马铃薯和中药材，效益都比较好。

0722　南古镇毛城村

简　　介：毛城村共有耕地面积2440亩，2003年农业增加值达到240万元，人均纯收入达到3153元。该村农业生产以种植业为主，兼营畜牧业和工业。由于该村海拔较低，可种植玉米和各类蔬菜，是栽植苹果梨、果酥梨、各类苹果较早的村之一。目前，该村年可产各类果品50多吨，林果业收入已成为村民的主要收入来源。

0723　六坝镇五庄村

简　　介：五庄村地处六坝镇政府以东12.5公里，227国道以东约7.5公里，共有11个村民小组，365户，1456人，耕地面积7656亩，人均5.14亩。2013年全村人均纯收入5500元。

0724 六坝镇六坝村

简　介：六坝村地处六坝镇政府所在地，海拔1800米，地理交通、自然优势明显。全村共有36个村民小组，1018户，4420人，耕地面积11270亩。全村经济快速发展，村民收入稳步增加。

0725 南古镇东朱村

简　介：东朱村共有耕地面积3918亩，2003年工农业增加值达到477万元，同年人均纯收入达到3240元。该村农业生产以种植业为主，兼营畜牧业和工业。村上成立有农副产品运销协会，有50%的农民以经销农副产品为主，主要经营小麦、大麦、豆类等各类农副产品。

0726 六坝镇五坝村

简　介：五坝村现有22个村民小组，634户，2864人。该村耕地面积19600亩，2014年共流转土地7900亩，连片种植黄芪1600亩，板蓝根500亩，洋葱1500亩，食葵500亩，大田玉米500亩，洋芋600亩，旱地柱子300亩，紫花草700亩。

0727 南古镇左卫寨村

简　介：左卫村拥有4个村民小组，共有202户，892人，耕地面积3344亩。

0728 南古镇左卫营村

简　介：左卫营村共有耕地面积1530亩，农业增加值达到227万元，人均纯收入达到3350元。该村农业生产以种植业为主，兼营畜牧业和工业。该村建筑业发展较快，成立了民乐县建筑公司。全村有50%的劳动力以搞建筑业为主，家庭收入的45%来自建筑业收入。

0729 南古镇王庄村

简　介：王庄村共有耕地面积3404亩。2003年农业增加值达到400万元，人均纯收入达到3125元。该村农业生产以种植业为主，兼营畜牧业。

0730 南古镇克寨村

简　介：克寨村共有耕地面积3208亩。2003年农业增加值达到310万元，人均纯收入达到3189元。该村农业生产以种植业为主，兼营畜牧业和工业；由于海拔较低，可种植玉米和各类蔬菜。该村是栽植苹果梨、早酥梨、各类苹果较早的村之一，现在可年产各类果品1740多吨，林果业收入已成为该村农民的主要收入来源。

0731 洪水镇老罐嘴村

简　介：老罐嘴村共有9个村民小组，222户，906人，有耕地面积1844亩，是洪水紫皮大蒜最有名的主产地。

0732 洪水镇黄青村

简　介：黄青村设8个村民小组，341户，1303人，有耕地面积6510亩，盛产民乐大蒜和油菜籽。

0733 南古镇黑崖头村

简　介：黑崖头村共有耕地面积1350亩。2003年农业增加值达到129万元，人均纯收入达到3250元。该村农业生产以种植业为主，兼营畜牧业和工业。由于该村海拔较低，可种植玉米和各类蔬菜。该村是栽植苹果梨、早酥梨、各类苹果较早的村之一，现在年可产各类果品880多吨，林果业收入已成为该村农民的主要收入来源。玉米制种业和中药材产业，也是村民收入的重要补充。

0734 南古镇下花园村

简　介：下花园村共有耕地面积1783亩，2003年农业增加值170万元，人均纯收入3046元。该村农业生产以种植业为主，兼营畜牧业和工业。由于该村海拔较低，可种植玉米和各类蔬菜。

0735 六坝镇赵岗村

简　介：赵岗村有9个村民小组，315户，1286人，耕地面积4224亩。2013年全村人均纯收入7858元。2014年，赵岗村抢抓县上支持中药材产业发展的政策机遇，把中药材调整为首位产业；同时，引进葵花新品种发展新兴特色产业，并引导种植大户流转二组土地2000亩，连片种植黄芩370亩、黄芪340亩、商品葵花1200亩。为保障作物灌溉，提高产出效益，村里敷设管灌工程7.8公里。目前，村里中药材及葵花长势喜人，预计黄芩亩均产量可达800公斤，亩均收入可达2200元；商品葵花亩均产量可达350公斤，亩均收入可达2500元。

0736 西上坝村

简　介：西上坝村现有7个村民小组，279户，1246人；耕地面积3596亩。2014年，经农业产业结构调整，主要种植一些传统作物，其中，种植小麦1349亩，大麦562亩，大田玉米1175亩，马铃薯216亩，葵花42亩，以板蓝根、黄芪为主的中药材252亩，饲草31亩。

0737 南古镇何庄村

简　介：何庄村共有耕地面积1305亩，农业增加值达到151万元，人均纯收入达到

3350元。该村农业生产以种植业为主，兼营畜牧业和工业。该村地处乡政府所在地，个体私营经济发展较好，现有个体式商户10户。

0738 六坝镇金山村

简　介：金山村距县城30公里，离镇政府8公里，位置优越；有8个村民小组，152户，649人；拥有耕地6500亩，人均耕地10.5亩。村子北边是数万亩的荒滩，发展养殖业具有得天独厚的条件。该村气候干燥，日照时间长，昼夜温差大，是玉米、蔬菜制种最理想的地方；有机井4眼，灌溉条件十分优越；拥有劳动力320人，占总人口的51%。村里自来水、电视机、电话入户率达100%；六太路贯穿全村，交通十分便利；参加农村养老保险的309人，其中60岁以上享有养老金的76人，医疗保险全面覆盖；党支部、村委会班子健全，村干部3人。2013年农民人均纯收入为7321元。

0739 六坝镇新民村

简　介：新民村是移民村，村民于1997年由甘南州舟曲县迁移而来。全村现有5个村民小组，119户，493人；有耕地1420亩。

0740 六坝镇北滩村

简　介：北滩村地处六坝镇东北端，与六坝镇四堡村、六坝村、五庄村、金山村，及民联乡相邻，和山丹县相接壤，全村共256户，1098人。该村自然条件优越，土壤肥沃，有耕地总面积8350亩，人均耕地7.6亩；人均纯收入达1860元，在全镇处于中等水平。截至2014年上半年，全村通上自来水、电，安上有线电视的计220户。该村建有小学1所，校舍建筑面积2500平方米，拥有教师7人，在校学生161人。全村农村义务教育在校小学生161人。村委会由支书、主任、副主任、文书组成，下设10个村民小组。

0741 六坝镇王官村

简　介：王官村有10个村民小组，447户，

1862口人，耕地面积6324亩，人均面积3.6亩。2013年人均纯收入7843元。种植结构以制种玉米和小麦为主。

0742 六坝镇海潮坝村

简　介：海潮坝村共有5个村民小组，174户，668人，其中劳动力362人；有耕地面积6000亩。2013年农民人均纯收入7248元。

0743 新天镇周陆村

简　介：周陆村共有4个村民小组，168户，721人。该村耕地面积3350亩，以发展籽猪贩运为主要市场。

0744 新天镇薛寨村

简　介：薛寨村，1972年由薛寨、林山合并为胜利大队，1979年分设薛寨大队，1983年改设为薛寨村委会。该村东至林山，南至沙滩，西至大河，北至二寨，盛产小麦、大麦、玉米、中药材、苹果梨等。

0745 顺化乡列四坝村

简　介：列四坝村共有324户，1425人，耕地面积：水地2500亩，旱地3500亩。该村东至洪水镇友爱村，西至曹营村，南至肃南县大泉沟乡，北至民南公路。

0746 洪水镇单庄村

简　介：单庄村原名单家庄，此名是因最早迁移到此地的人姓单而起名单家庄的。单庄村地处县城西北4公里处，辖4个村民小组，259户，1243人，有耕地面积4027亩。村内有党员活动室、会议室、办公室、农家书屋3间50平方米，办公设施、电教设备齐全。

0747 丰乐乡卧马村

简　介：卧马山村有6个村民小组，291户，1124人，有耕地面积3969亩，全部为丘陵状贫瘠山旱地。2013年农民人均纯收入3475元。

0748 顺化乡青松村

简　介：青松村共辖3个自然村，即石蹄子、单家圈、八里沟，共162户，724人；有耕地面积1800亩，以种植小麦、豌豆、洋芋为主。

0749 三堡镇韩庄村

简　介：韩庄村拥有行政组15个，440户，1829人；村北有汉墓群。该村主产大麦、小麦；特产有苹果梨、中药材。全村有温室大棚238座。

0750 南丰乡双庄村

简　介：双庄村主要生产油菜籽、大麦；有村民小组4个，273户，1155人。全村有耕地面积6900亩。

0751 南丰乡渠湾村

简　介：渠湾村有4个村民小组，461户，1646人；有耕地面积5858亩，主要生产油菜籽、大麦。

0752 民联乡张明村

简 介：张明村共有3个村民小组，682人，204户，耕地面积2627亩。

0753 南丰乡何庄村

简 介：何庄村主要生产油菜、大麦；有324户，1186人。全村有耕地面积6800亩。

0754 洪水镇下柴庄村

简 介：下柴庄村地处民乐县城西郊2公里处。全村有8个村民小组，402户，1589人，其中男846人，女743人，劳动力928人。全村有耕地3435亩，退耕还林地2936亩，人均占有耕地2.1亩，人均退耕还林地1.85亩。2012年，村"两委"班子筹措资金修建了占有120平方米的农家书屋1处，内设有党员活动室、会议室、办公室、农家书屋。书屋办公设施、电教设备齐全。

0755 新天镇马庄村

简 介：马庄村上世纪八十年代以前隶属于杏元大队，土地下放后成为独立行政村，2005年与穆寨、黑寨合为一个村。该村东至黑寨，南至杏元地，西至杏元，北至李寨支渠。

0756 南丰乡炒面村

简 介：炒面村主要生产油菜籽、青稞、大麦，有村民小组8个，681户，2943人；有学校1座，耕地面积10500亩。

0757 洪水镇戎家庄村

简　介：戎庄村地处县城以东2公里处，因陕西戎姓人在此落户而得名戎庄村。戎庄村共有4个村民小组，173户，723人，有耕地面积2500亩。村内有党员活动室、会议室、办公室、农家书屋2间40平方米，办公设施、电教设备齐全。

0758 顺化乡新天乐村

简　介：新天乐村共有366户，1610人，耕地面积5200亩，以种植小麦、啤酒大麦、洋芋、油菜、胡麻为主。

0759 三堡镇何家沟村

简　介：何家沟村下辖3个自然村，共有5个村民小组，227户，885人。益民东干、新227线纵穿该村南北。该村主产大麦、小麦、洋芋。特产有苹果梨、中药材。

0760 民联乡黄庄村

简　介：黄庄村共81户，422人，有2个村民小组，耕地面积2401亩。

0761 丰乐乡张满村

简　介：张满村共有14个村民小组，649户，2313人；共有耕地面积12369亩，其中退耕还林面积7000亩，以水浇地为主。2013年村民人均纯收入9682元。

0762 南丰乡永丰村

简　介：1958年永丰村与卫庄村、杨圈村、牛庄同为一村，取名为保卫大队，1973年5月划分为3个自然村。该村主要生产油菜籽、大麦；有102户，413人；有耕地面积1800亩。

0763 丰乐乡新庄村

简　介：新庄村分3个村民小组，225户，841人；有耕地面积6800亩，其中水地3700亩，旱地3100亩。

0764 南丰乡秦庄村

简　介：秦庄村主要种植油菜籽、大麦、青稞。该村有村民小组5个，281户，1100人，有耕地面积4700亩。

0765 南丰乡张连庄村

简　介：张连庄村以种植油籽、小麦为主。该村有村民小组3个，315户，1264人，有耕地面积5900亩。

0766 新天镇上姚村

简　介：上姚村共有村民小组7个，285户，1185人。全村共有耕地5777亩，以种植小麦、大麦、豆类、中药材为主，属于民乐县二类地区。

0767 洪水镇吴家庄村

简　介：吴庄村位于城郊东南2公里处，共有8个村民小组，314户，1298人，耕地面积4077亩，人均3.1亩。2013年全村人均纯收入8628元。

0768 新天镇大王庄村

简　介：大王庄村共有3个村民小组，9个村组干部，其中村干部3名，组干部6名；共有农户150户，560人。村民人均纯收入2995元。全村以种植小麦、中药材、大麦、薯类、胡麻、饲草为主。

0769 顺化乡油房村

简　介：油房村辖3个村民小组，156户，631人；有耕地面积2080亩。该村距乡政府1公里，东与张宋村为邻，西邻顺化堡村，北与松树村邻，以种植小麦、大麦、油籽、大蒜、洋芋等农作物为主。

0770 新天镇下姚村

简　介：下姚村共有3个村民小组，198户，781人，共有村组干部9人，其中村干部3人，组干部6人。全村已全面实现"五通"。该村以种植小麦、大麦、中药材、饲草为主。

0771 永固镇东街村

简　介：东街村1958年分化为南关大队、西街大队、东街大队。1961年南关和西街合为南关大队，东街独立为东街大队，1987年称为东街村委会。

0772 民联乡西寨村

简　介：西寨村在公社化时期与王郎、东寨、屯粮共属屯粮大队管辖，1975年与王郎、东寨、屯粮分村另立，成为独立的合作经济组织，延续至今。西寨村共6个村民小组，216户，994人，耕地面积5277亩。

0773 丰乐乡易湾村

简　介：易湾村位于丰乐乡南9公里处，共有7个村民小组，384户，1481口人。该村现有耕地面积6164亩，退耕还林面积950亩。2013年农民人均纯收入2578元。

0774 三堡镇徐庄村

简　介：徐庄村有行政组4四个，205户，873人，益民西干纵穿南北。该村主产小麦、大麦、洋芋；特产大蒜、中药材。

0775 三堡镇宏寺村

简　介：宏寺村地处新国道227线东侧，南与三堡镇韩庄村相邻，东与民联乡太和村交界，北与六坝镇赵岗村相邻，交通便利，地理条件优越。该村现共有6个村民小组，233户，1021人，其中劳动力669人。该村农业种养结构基本合理，传统农业种植以小麦、大麦、洋芋、中药材等为主。

0776 新天镇新天堡村

简　介：新天堡村共有8个村民小组，397户，1686人。全村共有耕地面积6050亩，农业基础设施良好。村里建有戏台1座，边上修建商业门店10多座。该村属于民乐县二类地区。

0777 顺化乡下天乐村

简　介：下天乐村有农户271户，1159人，耕地面积4800亩。该村交通方便，地理位置优越，土壤肥沃，适宜种植多种农作物，现种植小麦、啤酒大麦、洋芋、胡麻、豌豆等农作物。

0778 丰乐乡涌泉村
简　介：涌泉村有6个村民小组，247户，920人；有耕地9961亩，以水浇地为主。2013年村民人均纯收入9872元。

0779 永固镇邓庄村
简　介：邓庄村现有3个村民小组，174户，721人；拥有耕地2450亩。

0780 顺化乡张宋村
简　介：张宋村有耕地面积4750亩，以种植小麦、洋芋、啤酒大麦、大蒜为主。

0781 三堡镇全营村
简　介：全营村有行政小组6个，224户。该村主产小麦、大麦和油菜。

0782 洪水镇益民村
简　介：益民村地处城区西边，有7个村民小组，341户，1361人，耕地面积868亩。

0783 三堡镇下吾旗村
简　介：下吾旗村有6个村民小组，288户，1170人。全村共有耕地面积5520亩。

0784 洪水镇新丰村
简　介：新丰村坐落于县城西南方向，共有

人口 2300 多人，612 户，耕地面积 4200 多亩。

0785 洪水镇乐民村

简　介：乐民村地处县城北郊，辖 10 个村民小组，508 户，2053 人，现村有耕地面积 1600 亩，人均耕地不足 1 亩。2013 年村民人均纯收入 8560 元。

0786 新天镇山寨村

简　介：山寨村共有 10 个村民小组，1589 人，401 户，耕地面积 7066 亩。该村共有村组干部 14 人，其中村干部 4 人，组干部 10 人。

0787 顺化乡顺化村

简　介：顺化村辖 13 个村民小组，540 户，22412 人，有耕地面积 6700 亩，以种植小麦、啤酒大麦、洋芋、油菜等作物为主。

0788 洪水镇里仁寨村

简　介：里仁寨村地处县城北 6 公里处，"里仁"是"里外仁义"四个字的简称，以前的老先生取名时就希望全村人民一直能够践行这四个字，形成良好的村风。全村有 2 个村民小组，150 户，569 人，耕地面积 2110 亩，人均 4 亩。

0789 新天镇二寨村

简　介：二寨村东至林山地，南至林山，西至大堵麻河，北至三寨。该村盛产小麦、大麦、豆类、洋芋等作物，经济作物主要为果类、中药材。

0790 顺化乡旧堡村

简　介：旧堡村辖6个村民小组，247户，1023人；有耕地面积3407亩。该村东与顺化堡村为邻，西接海潮坝河，北与宗家寨村为邻。

0791 丰乐乡双营村

简　介：双营村共有9个村民小组，332户，1392人；有耕地面积9300亩，以水浇地为主。2013年村民人均纯收入9836元。

0792 南丰乡边庄村

简　介：边庄村主要种植油菜、大麦。该村有村民小组且4个，283户，1196人，耕地面积5800亩。

0793 洪水镇烧房村

简　介：烧房村地处县城2公里处，有3个村民小组，168户，708人，耕地面积1289亩，人均1.8亩。全村以发展劳务经济为主，以工促农，依托城郊优势和烧房村蔬菜种植专业合作社的区位优势，率先开创了"一村一品"的特色服务模式，为村民生产生活提供了更高质量的服务。

0794 永固镇南关村

简　介：南关村共有16个村民小组，2975人，760户；共有耕地9460亩。

0795 新天镇韩营村

简 介：韩营村共有两个自然村，10个村民小组。小刘庄为韩营村第六组，314户，1226人。全村共有耕地面积6310亩，以种植小麦、大麦、中药材为主。该村是镇政府所在地，是全镇经济文化中心，有73户商业门店，该村属民乐县二类地区。

0796 新天镇太平村

简 介：太平村现有9个村民小组，3个自然村：太平、胡庄、李庄，共303户，1264人，耕地面积6950亩。全村耕地平阔地广，以种植小麦、大麦、豆类、中药材为主。

0797 新天镇马均村

简 介：马均村共有8个村民小组，300户，1252人；有村小学1所。该村现有耕地面积6610亩，以种植业为主。作物有小麦、大麦、豆类、中药材。农田灌溉主要利用瓦房城水库的水。

0798 顺化乡松树村

简 介：松树村辖6个村民小组，265户，1195人，耕地面积3685亩。该村东邻洪水大河，西邻新天乐村，南邻油房村、张宋村，北接下天乐村。

0799 丰乐乡刘庄村

简 介：刘庄村共有4个村民小组，201户，775人。该村有耕地面积8500亩，其中退耕还林面积2900亩，以水浇地为主。2013年村民人均纯收入9872元。

0800 民联乡杨庄村

简 介：杨庄村共有4个村民小组，155户，623人，耕地面积3038亩。

0801 民联乡复兴村

简 介：复兴村共有8个村民小组，384户，1690人，耕地面积8018亩。

0802 民联乡顾寨村

简 介：顾寨村共有4个村民小组，168户，792人，耕地面积3617亩。

0803 顺化乡宗寨村

简 介：宗寨村共246户，9532人，耕地面积3320亩，以种植小麦、啤酒大麦、豌豆、洋芋、胡麻、油菜为主。

0804 新天镇吴油村

简 介：吴油村共有5个村民小组，215户，816人；共有耕地面积3609亩，主要耕作小麦、大麦、豆类、中药材。该村已实现通路、通电，通自来水。村民人均纯收入2930元。

0805 永固镇八卦村

简 介：八卦村现有3个村民小组，346户，1418人；共有耕地8488亩。

0806 新天镇杏园村

简　介：杏园村东至马庄地，南至新天堡地，西至吕庄，北至李寨地。

0807 三堡镇新庄村

简　介：新庄村有行政小组4个，243户，1020人，新227线、益民东干纵穿南北。该村主产大麦、小麦、洋芋；特产苹果梨、板蓝根。

0808 民联乡东鹁鸽堂村

简　介：东鹁鸽堂村于公社化时期与屯粮、西寨、王郎合称屯粮大队，隶属民联公社，1975年与三村独立分散，形成东寨村合作经济组织延续至今。该村辖7个组，218户，953人，耕地面积5046亩。

0809 丰乐乡武城村

简　介：武城村位于丰乐乡南10公里处，共有5个村民小组，227户，867人；有耕地面积2870亩，以山旱地为主。2013年村民人均纯收入2574元。

0810 洪水镇友爱村

简　介：友爱村位于民乐县城西侧，距离县城4公里，东靠洪水大河，途经洪水镇下柴村，北接顺化乡列四坝村，有耕地面积3456亩，退耕还林地面积5874.7亩。该村共有13个村民小组，526户，2100人；2013年人均纯收入5290元。2008年，村"两委"班子筹措资金改建了文化活动室5间150平米，内设有图书室、棋牌室、老年人活到室。图书室共有图书6类，2000余册。村文书担任农家书屋管理员，负责农家书屋日常开放借阅。图书年内借阅人数达190人（次）。友爱村原为王庄村、蒋庄村、曹庄村三个村，1958年3个自然村合为一个村，起名为友爱村，意为友好合作。

0811 顺化乡土城村

简　介：土城村以盛产小麦为主，近年来发展多种生产经营，如优质啤酒大麦、大蒜、洋芋、胡麻等。

0812 洪水镇新墩村

简　介：新墩村原先和汤庄村同属一个村，后来因村子人口较多，管理难度较大，迁移至现在的地址，因村北有个土墩，又是新搬迁的住户，所以起名为新墩村。新墩村地处县城南2公里处，辖4个村民小组，172户，707人，耕地面积2355亩。村内有农家书屋4间，占地56平方米，书屋内桌、凳、椅等设施齐全。

0813 三堡镇团结村

简　介：团结村主产啤酒大麦、油菜；下辖8个村民小组，146户，658人。新227线纵穿南北。

0814 顺化乡上天乐村

简　介：上天乐村地处民南公路沿线，交通方便，有7个村民小组，1422人，耕地面积4750亩，以种植小麦、啤酒大麦、豌豆、洋芋为主。

0815 民联乡下翟寨村

简　介：下翟寨村共有2个村民小组，50户，228人，耕地面积1743亩。

0816 洪水镇叶官村

简　介：叶官村距洪水镇政府4.5公里。全村占地面积4766亩，共有7个村民小组，

221户，1080人。叶官村原名叶官寨，是相传在很久以前有一位姓叶的将军带领士兵在此地打过仗，且战功赫赫，叶官寨村名由此而来，随着社会的发展叶官寨改名叶官村。

0817 永固镇总寨村

简　介：总寨村现有10个村民小组，493户，2030人；拥有耕地9903亩。

0818 民联乡上翟寨村

简　介：上翟寨村共有6个村民小组，360户，1607人，耕地面积5467亩。

0819 洪水镇汤庄村

简　介：汤庄村位于城郊东南1.5公里处，共有8个村民小组，304户，1277人，耕地面积5077亩，人均5亩。2013年村民人均纯收入8320元。

0820 南古镇西朱村

简　介：西朱村共有耕地面积4551亩，2003年工农业增加值达到476万元，人均纯收入达到3230元。农业生产以种植业为主，兼营畜牧业和工业。该村畜牧业发展较好，养猪大户有8户。年畜牧业收入占农业总收入的30%以上。

（二十三）张掖市临泽县

0821 平川镇四坝村

简　介：四坝村南临黑河，北依四坝渠；有总面积14500亩，其中国有土地3287亩，2004年全村耕地4762亩。该村辖14个村民小组，645户，2478人，汉族为主，回族有6个小组。

0822 板桥镇西湾村

简　介：西湾村位于镇政府北，东靠壕洼干渠，南接东湾村，西临黑河，北与东柳村接壤。该村总人口2731人，总面积12179亩，有国有土地1296亩，集体土地10883亩。

0823 新华镇向前村

简　介：向前村地处新华镇西南边缘，坐落在国道G31线两侧，东以小东沟为界与西街相邻，西至新华镇开发区和小泉子林场相连，南以兰新铁路为界，北到西海支薬与亢寨村相交。该村总面积7051亩，其中国有土地385亩，集体土地6666亩。

0824 平川镇芦湾村

简　介：芦湾村东连单家庄，西接四坝村，南临黑河，北邻单家庄。该村总面积9110亩，其中国有土地1791亩，集体土地7319亩，2004年全村耕地3051亩。芦湾村辖8个村民小组，367户，1472人，均为汉族。

0825 倪家营乡高庄村

简　介：高庄村地处小彩上段，小彩自刀山崖外向东条状分布，南北为戈壁；中以西沟与马郡村为界；地势自西向东倾斜。该村总面积24482亩，其中国有土地329亩，集体土地24153亩。

0826 沙河镇合强村

简　介：合强村位于沙河镇东北部3公里处，共有15个合作社，649户，2140人，耕地4500亩。

0827 沙河镇东寨村

简　介：东寨村东邻东渠崖村，南连倪家营乡黄家湾村，西接西寨村，北邻五三村，总人口1902人，总面积4999亩，其中国有土地153亩，集体土地48746亩。2004年，全村耕地1818亩。该村辖7个村民小组，282户，1075人。

0828 倪家营乡倪家营村

简　介：倪家营村上接江家墩村，下连下营村，东接江淮，西临大沙河，以"霓加堡"为中心，总面积5970亩，其中国有土地162亩，集体土地5808亩。该村辖8个村民小组，260户，988人，均为汉族。

0829 鸭暖乡小鸭村

简　介：小鸭村东与箭台村接壤，西与张湾村为临，北临黑河，南接双墩子村。该村总人口2098人，总面积15286亩，其中国有土地2054亩，集体土地13232亩。

0830 沙河镇新民村

简　介：新民村东北邻甘州区小河乡西六村，南连倪家营乡江淮村，西接临倪公路，总人口1258人，总面积13616亩。

0831 鸭暖乡大鸭村

简　介：大鸭村东与昭武村相接，西临大沙河，南连沙河林场，北连暖泉冀。该村总面积14664亩，总人口3009人，其中国有土地525亩，集体土地14139亩。

0832 蓼泉镇上庄村

简　介：上庄村地处蓼泉镇以西，东连堡子村，南临国营新华农场，西接双一村，北邻黑河。该村总面积15950亩，其中国有土地1320亩，集体土地14630亩。

0833 板桥镇板桥村

简　介：板桥村位于板桥镇南，东依合黎山，南连古城村，西临黑河，北与东湾村接壤。该村总人口2265人，总面积8975亩，其中国有土地1002亩，集体土地7973亩。

0834 沙河镇兰家堡村

简　介：兰家堡村东连汪庄村，南临戈壁，西、北接化音村，总面积7014亩，其中国有土地291亩，集体土地6723亩。

0835 平川镇三一村

简　介：三一村位于平川镇以西，东邻平川村，西连单家庄村，南以张罗公路为界，北至一工城村。该村总人口2670人，总面积12981亩，其中国有土地415亩，集体土地12566亩。

0836 蓼泉镇双泉村

简　介：双泉村东至上庄村，南邻国营新华农场，北临黑河。该村总面积45287亩，其中国有土地2121亩，集体土地43166亩。

0837 新华镇胜利村

简　介：胜利村位于镇中境内，东与王寨村接壤，西与农场蓁与宣威村相望，南至南山坡村与东柳村相连，北至白家湖与国营新华农场三站相连。该村总面积12583亩，其中国有土地199亩，集体土地12384亩。该村地势南高北低。

0838 倪家营乡下营村

简　介：下营村西接倪家营村东、南一带隔小河与江淮相连。该村总面积6549亩，其中国有土地6549亩，集体土地6541亩。

0839 沙河镇化音村

简　介：化音村南连蓝家堡村，西和新华镇大寨村接壤，北衔小屯乡，总面积23420亩，总人口1394人，其中国有土地422亩，集体耕地22998亩。

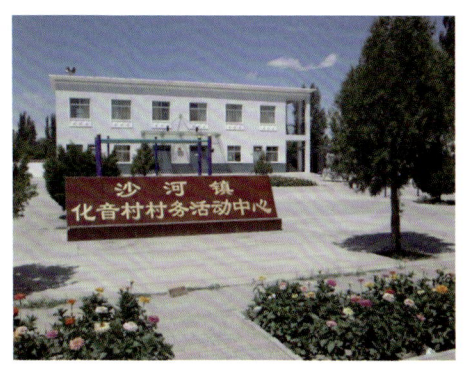

0840 鸭暖乡暖泉村

简　　介：暖泉村东连昭武村，西连大沙河，南接大鸭村，北依黑河。该村总面积12050亩，总人口1809人，其中国有土地3334亩，集体土地8716亩。

0841 蓼泉镇下庄村

简　　介：下庄村地处蓼泉镇西端，东连双二村，西南临高台街，北邻黑河。该村总面积14345亩，其中国有土地2285亩，集体土地12060亩。

0842 倪家营乡梨园村

简　　介：梨园村东与寺湾村接壤，西、北临肃南裕固族自治县白银乡，南临梨园河。总面积4720亩，其中国有土地1803亩，集体土地2917亩。梨园村海拔1743米，辖5个村民小组，248户，862人，均为汉族。

0843 蓼泉镇唐湾村

简　　介：唐湾村处在蓼泉镇的东端，东接鸭暖乡野沟湾村，西连沟湾村，南与国营五泉林场接壤，北邻黑河，总面积9528亩，其中国有土地133亩，集体土地8095亩。

0844 鸭暖乡曹庄村

简　　介：曹庄村东接合理村，西邻小屯村，南至马营村，北临五泉林场。该村总面积8595亩，其中国有土地64亩，集体土地8534亩。境内地势较为平坦，为河水、泉水混灌区；为沙质土壤，盐化严重。

0845 板桥镇东柳村

简　介：东柳村位于镇政府西北 7 公里，东接西湾村，南临黑河，西邻西柳村，北与壕洼一村接壤。该村总人口 2004 人，总面积 16325 亩，其中国有土地 1311 亩，集体土地 15014 亩。

0846 板桥镇壕洼村

简　介：壕洼村位于板桥镇北端，东靠壕洼干渠，南连县园艺场，西接东柳村。该村总面积 7854 亩，其中国有土地 271 亩，集体土地 7583 亩。

0847 鸭暖乡古寨村

简　介：古寨村东连五泉林场，南邻张庄村，西临临泽牛场，北接沙窝，总面积 23614 亩，其中国有土地 295 亩，集体土地 23319 亩。2004 年全村耕地 2648 亩，辖 8 个村民小组，227 户，875 人，均为汉族。

0848 板桥镇友好村

简　介：友好村位于镇东南、张罗公路以西，东北依合黎山，南连红沟村，西临黑河，北与古城村接壤。该村总人口 1171 人，总面积 6022 亩，其中国有土地 741 亩，集体土地 5281 亩。

0849 平川镇黄家堡村

简　介：黄家堡村位于平川镇东端，东、南临黑河，北与板桥镇东柳村接壤，总面积 20295 亩，其中国有土地 3007 亩。

0850 新华镇亢寨村

简　介：亢寨村距镇政府西北3公里，东以小东沟河为界与新华村相望，西与新华农场相邻，南连向前村，北临沙滩村。该村总面积7022亩，其中国有土地287亩，集体土地6735亩。

0851 沙河镇沙河村

简　介：沙河村东连西关村，南接共和村，西邻汪庄村，北临曹家湖，总人口2492人，总面积3261亩，其中国有土地117亩，集体土地3144亩。

0852 平川镇五里墩村

简　介：五里墩村位于平川镇政府以东。东接黄二村，西连平川村，南临黑河，北依巴丹吉林沙漠。该村总人口2254人，总面积19729亩，其中国有土地507亩，集体土地19222亩。

0853 新华镇宣威村

简　介：宣威村位于新华镇政府所在地，其居民点坐落在公路两侧。该村东靠胜利，北望华兴村，西临西街村，南靠南柳村，总面积10553亩，其中国有土地338亩，集体土地10251亩。

0854 板桥镇土桥村

简　介：土桥村位于镇治东南14公里处，处于黑河北岸，合黎山脚下，南连甘州区靖安村，西临黑河，北与红沟村相邻，东北接合黎山。该村总人口1354人，总面积11286亩，其中国有土地3151亩，集体土地8135亩。

0855 新华镇富强村

简　介：富强村共有12个合作社，523户，1710人，耕地面积4885亩。近年来，全村硬化道路8.7公里，已建成千头肉牛养殖场2个，建设农业温室葡萄14座及钢架拱棚55座。

0856 鸭暖乡华强村

简　介：华强村东连五泉村，南接沙河镇闸湾村，西邻马营村，北与合理村和五泉林场接壤，总面积8400亩，其中国有土地8300亩。

0857 平川镇贾家墩村

简　介：贾家墩村位于平川镇西端，东连沙沟村和四二村，东北与三三村相连，南邻五坝渠，西与高台县合黎镇五一村接壤，北至合黎山南缘。该村总人口2520人，总面积6623亩，其中国有土地204亩，集体土地6419亩。

0858 新华镇新柳村

简　介：新柳村位于新华镇南缘，祁连山北麓；东望梨园口，西眺明水河，北与胜利、向前、西街村接壤，总面积12371亩，其中国有土地193亩，集体土地12178亩。

0859 沙河镇西寨村

简　介：西寨村东邻东寨村，南连倪家营乡黄家湾村，西接共和村，北邻顾庄村，总人口1817人，总面积1214亩，其中国有土地38亩，集体土地1176亩。

0860 蓼泉镇蓼泉村

简　介：蓼泉村东至湾子村，南连沙窝，西接寨子村，北临城北村，总面积21730亩，其中国有土地382亩，集体土地21348亩。

0861 蓼泉镇新添村

简　介：新添村地处蓼泉镇治西，东至寨子村，南临南沙窝，西接堡子村，北邻黑河。该村总面积18374亩，其中国有土地3346亩，集体土地15028亩。

0862 蓼泉镇墩子村

简　介：墩子村地处蓼泉镇东，东至沟湾村，南临国营五泉林场，西至湾子村，北临黑河。该村总面积6311亩，其中国有土地1316亩，集体土地4995亩。

0863 新华镇大寨村

简　介：大寨村位于新华镇东南，兰新铁路与国道G312线在该村东缘交汇，南临祁连山，北至西平滩洪新沟与小屯乡白寨村相邻，东有铺加渠径流与沙河镇化音村相邻，西以前北沟为界与长庄村相濡。该村总面积14732亩，其中国有土地399亩，集体土地14333亩。

0864 鸭暖乡小屯村

简　介：小屯村东靠临平公路，西至张庄村，南临白寨村，北邻张庄村林场，总面积11826亩，其中国有土地309亩，集体土地11517亩。

0865 沙河镇西头号村

简　介：西头号村东与甘州区小河乡接壤，南以国道G312线为界，北与新丰村相连，西临大沙河，总人口1258人，总面积4181亩，其中国有土地面积124亩，集体土地4057亩。

0866 板桥镇红沟村

简　介：红沟村位于板桥镇东南，东北依合黎山，南接土桥村，西临黑河，北与友好村接壤，总人口1340人，总面积7809亩，其中国有土地1154亩，集体土地6655亩。

0867 蓼泉镇湾子村

简　介：湾子村地处蓼泉镇治东，东至墩子村，南临小屯乡古寨村，西连蓼泉村、城北村，北连黑河，总面积17245亩，其中国有土地820亩，集体土地16425亩。

0868 新华镇长庄村

简　介：长庄村南临西干葉大岗子，北连西平滩，以排阴沟、石家地为界与小屯乡白寨村接壤，东以前北沟为界与大寨村相邻，西以陈家沟为界与小堡村相邻，总面积12211亩，其中国有土地331亩，集体土地11880亩。

0869 沙河镇新丰村

简　介：新丰村西临大沙河，东连甘州区小河乡，北与沙河林场和五泉林场接壤，南邻西头号村，总人口1613人，总面积7526亩，其中国有土地面积439亩，集体土地7078亩。

0870 倪家营乡马郡村

简　介：马郡村南、北为戈壁，末段由沙河、新沟、上坝三渠横贯，南有耕地星罗棋布。该村西连高庄村，北为戈壁滩，至乡治8公里。该村总面积14389亩，其中，国有土地114亩，集体土地14283亩。

0871 板桥镇西柳村

简　介：西柳村位于镇政府西北10公里处，东接东柳村，南临黑河，西邻平川镇，北与壕洼村接壤，总面积18353亩，其中国有土地1189亩，集体土地17164亩。

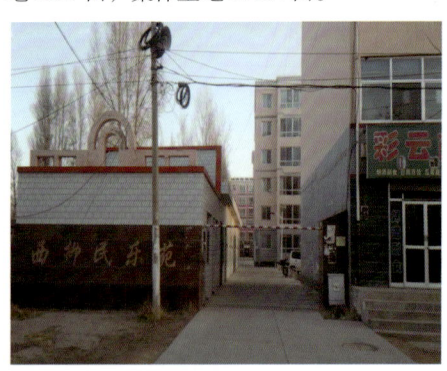

0872 鸭暖乡五泉村

简　介：五泉村东连大沙河，南临沙河镇闸湾村，西接临板公路，北与五泉林场接壤。该村地势西南高、东北低，为泉水、河水混灌区，多涌泉沼泽，土质盐碱大。该村总面积11541亩，其中国有土地604亩，集体土地10937亩。

0873 平川镇三二村

简　介：三二村东邻单家庄村，西接三三村，北临合黎山，南以张罗公路为界，总人口1503人，总面积10278亩，其中国有土地215亩，集体土地10063亩。该村原辖10个生产队，1975年将第十生产队划入芦湾大队。

0874 蓼泉镇寨子村

简　介：寨子村地处蓼泉镇治西，东至蓼泉村、城北村，南临沙窝，西接新添村，北邻黑河，总面积7032亩，其中国有土地234亩，集体土地6798亩。

0875 沙河镇花园村

简　介：花园村东临大沙河，西连前进村，南邻何庄村，北接闸湾村，总人口1277人，总面积7486亩，其中国有土地83亩，集体土地7403亩。

0876 新华镇明泉村

简　介：明泉村位于新华镇西，东与西接村接壤，南临西海之渠，北邻国道 G312 线，总面积 9679 亩，均为集体土地。

0877 沙河镇西关村

简　介：西关村东临城关村，南接顾庄村，西连共和村，北邻县城，总人口 1453 人，总面积 3574 亩，其中国有土地 368 亩，集体土地 3206 亩。

0878 平川镇三三村

简　介：三三村东接三二村，南以张罗公路为界，与芦湾、四一、沙沟、贾家墩 4 村隔路为邻，西、北两边临合黎山，总人口 2230 人，总面积 10076 亩，其中国有土地 328 亩，集体土地 9748 亩。

0879 倪家营乡南台村

简　介：南台村南依山峦，北临河，西与关栅口和肃南白银乡接壤，东邻红山湾村，总面积 4077 亩，其中国有土地 738 亩，集体土地 3339 亩，耕地面积 1104 亩。该村辖 3 个村民小组，146 户，569 人，均为汉族。

0880 平川镇一工程村

简　介：一工程村东至平川墩，西至哑巴山，北至一工程开发区，南至平川林场和三一林场，总人口 1510 人，总面积 10844 亩，其中国有土地 209 亩，集体土地 10635 亩。全村耕地 3532 亩，辖 7 个村民小组，217 户，861 人，现有居民多为汉族，土族有 21 人。

0881 倪家营乡汪家墩村

简　介：汪家墩村位于上营与倪家营之间，北临大沙河，南接砾砂戈壁，为全乡的中心区域。该村总面积9206亩，其中国有土地296亩，集体土地8910亩。

0882 鸭暖乡昭武村

简　介：昭武村东至张湾村，西接大鸭村，南临五泉林场，北依黑河，总人口2309人，总面积21433亩，其中国有土地2507亩，集体土地18926亩。

0883 新华镇新华村

简　介：新华村位于镇政府西北，东与宣威村相濡，西隔小东沟河与亢寨村相望，南以红一支藁为界与西街相邻，北有农场藁径流与沙滩村和良种场相邻，总面积3095亩，其中国有土地159亩，集体土地2936亩。2004年全村耕地1712亩，辖4个村民小组，210户，780人。

0884 平川镇平川村

简　介：平川村东接五里墩村，西连三一村，南临黑河，北邻一工程村，总人口1123人，总面积10748亩，其中国有土地1019亩，集体土地9729亩。

0885 沙河镇闸湾村

简　介：闸湾村东联沙河林场，南接花园村，西邻前进村，北临小屯乡华强村、五泉村，总人口1540人，总面积6508亩，其中国有土地面积171亩，集体土地6337亩。

0886 板桥镇古城村

简　介：古城村位于板桥镇治以南，张罗公路以西，东依合黎山，南连友好村，西临黑河，北与板桥村接壤，总人口1500人，总面积7842亩，其中国有土地508亩，集体土地7334亩。

0887 新华镇西街村

简　介：西街村位于新华镇西街一带，南至兰新铁路，西以西海支渠为界与向前村相望，北与新华村一社、宣威村十社交错，东与宣威一、二、七社相濡，整体上与向前、亢寨、新华、宣威交错在一起，总面积5082亩，其中国有土地122亩，集体土地4960亩。

（二十四）张掖市肃南裕固族自治县

0888 马蹄藏族乡马蹄村
简 介：马蹄村是一个半农半牧行政村，市级新农村建设示范村。全村有81户，265人，其中有劳动力150人。全村草原面积10.07万亩，可利用面积9.05万亩。

0889 皇城镇水关村
简 介：水关村地处皇城镇东南方向，是一个藏汉杂居的多民族聚居村，现有人口119户，431人，草原面积195024亩，耕地386.2亩。本村的主导产业为畜牧业，是皇城镇细毛羊养殖的主要村。2013年全村经济总收入达739.2万元，人均纯收入达1万多元。

0890 马蹄藏族乡徐家湾村
简 介：徐家湾村是一个汉族聚居的半农半牧村。全村37户，103人，有耕地570亩，草场0.53万亩。村里饲养各类牲畜40头（只），其中大畜40头。全村经济总收入85万元，人均纯收入3820元。

0891 明花乡刺窝泉村
简 介：刺窝泉村共有49户，138人，其中劳动力84人。全村现有耕地6950亩，可利用草原面积53693亩。2011年村民人均纯收入6700元。该村主要种植玉米、小麦、苜蓿草等经济作物，是一个以农为主，农牧结合的自然村。2014年全村牧草种植面积达到2500亩。

0892 皇城镇北峰村

简　介：北峰村位于皇城镇中心地带，是一个以裕固族为主的多民族聚居村，现有82户，231人。全村有60户现定居在"皇馨小区"和"沃尔朵小区"，居民住楼比列占全村总户80%。全村有71户以养殖高山细毛羊、土种羊和牦牛为主要经济来源，另有11户以种植农产品和发展第三产业为主要经济来源。北峰村草原14.7万亩，耕地297亩，饲养各类牲畜1.3万头（只）。畜牧业是全村的经济支柱，细毛羊饲养是全村的主导产业，更是群众增收的主要产业。

0893 马蹄藏族乡石峰村

简　介：石峰村是一个汉族聚居的半农半牧村。全村61户，229人；有耕地886亩，草场0.92万亩。

0894 祁丰藏族乡祁文村

简　介：祁文村位于祁丰乡后山地区，与祁青工业园区和镜铁山矿相邻，是一个纯牧业村。村委会现建于祁丰乡河南片，现有牧户36户，89人。全村草原可利用面积60.1万亩。2010年，全村人均纯收入7826元。

0895 明花乡灰泉子村

简　介：灰泉子村位于明花乡西南段，地处甘肃河西走廊中段、巴丹吉林沙漠西南缘，与酒泉市肃州区接壤。全村共有44户，125人，其中劳动力80人。该村居住有裕固、汉、藏等民族，其中裕固族占全村总人口数的90%。该村男女比例为2∶1，文化程度多为初中。全村经济发展以农业为主。该村属地为典型的走廊冲积、洪积倾斜平原区，平均海拔1381米。主要的地貌类型有沙漠、戈壁、盐湖、沙漠草场、荒漠草场、灌木林地、湿地、耕地等。该村主要经济林有苹果、梨、杏、葡萄等；主要的中药材有甘草、黄芪等；主要农作物有大麦、小麦、玉米、棉花、孜然、紫花苜蓿；等等。

0896 大河乡旧寺湾村

简　介：旧寺湾村位于县城西侧，距离县城 4 公里，平均海拔 1600 米，年均温 9℃，年降水量 535 毫米。全村可利用草场面积 19911 亩，人均 284.4 亩；耕地面积 106 亩，人均 1.6 亩，以种植小麦、土豆、大豆为主。旧寺湾村共有 25 户，70 人。全村劳务输出 20 人，其中从事个体及运输的 9 户，养殖户 11 户；现有劳动力 30 人。2014 年村民人均纯收入 11018 元，经济来源以劳务输出、舍饲养殖为主。全村只有约 1.5 公里公路从境内穿过，路宽 3.5 米。全村人畜饮用自来水。

0897 马蹄藏族乡圈坡村

简　介：圈坡村是一个汉族聚居的半农半牧村。全村 66 户，190 人；有耕地 658 亩，草场 0.59 万亩，饲养各类牲畜 1055 头（只），其中大畜 453 头，小畜 652 只。全村经济总收入 131 万元，人均纯收入 4038 元。群众居住相对集中。

0898 祁丰藏族乡红山村

简　介：红山村是一个农牧兼营的村，现有农牧民 119 户，329 人，其中劳动力 196 人，60 岁以上老年人 47 人。全村草场总面积为 39 万亩，可利用草原面积 33.9 万亩，耕地 380 亩，三荒地 250 亩。2013 年末牲畜饲养总量达 15941 头（只）。目前，细毛羊养殖达 1100 多只，藏西羊 6000 多只，山羊 1200 多只，人均收入达 11495 元。

0899 明花乡黄河湾村

简　介：黄河湾村现有人口 167 户，512 人，耕地面积 6745 亩，牲畜存栏 5696 头（只）。2014 年全村经济总收入达到 755 万元，实现农牧民人均纯收入 9696 元。2014 年全村共种植农作物 7036 亩，主要种植玉米、小麦、番茄、洋葱等农作物。

0900 大河乡金畅河村

简　介：金畅河村距县城 17 公里，位于县城西北方向，共有 74 户，其中农业户 61 户，122 人；城镇化民户 13 户，20 人。全村现有劳动力 77 人，草原面积 44990.88 亩。

0901 明花乡前滩村

简　介：明花乡前滩村是一个以农为主，农牧结合的的少数民族聚居村，共 42 户，118 人，经济总收入 233 万元，农牧民人均纯收入 7030 元。全村现有耕地 6205 亩，可利用草原面积 51624 亩，主要种植玉米、小麦、苜蓿草等作物，是一个以农为主，农牧结合的自然村。

0902 大河乡大滩村

简　介：大滩村地处肃南裕固族自治县大河乡中部，是一个纯牧业村，主要居住有裕固、藏、汉三个民族。全村现有 81 户，216 人，其中劳动力 125 人；有草场总面积 33.4 万亩，可利用面积 28.8 万亩，共饲养各类牲畜 10500 多头只，其中细毛羊 10100 只，适龄母畜 6230 只，占细毛羊总数的 62%。

0903 皇城镇红旗村

简　介：红旗村位于皇城镇南部，东临营盘村，北连东庄村，西靠东大河。全村有 120 户，共 401 人。该村以种植大麦、洋芋、养殖黄牛、细毛羊为主导产业。村民的收入经济来源包括传统种植业、新型养殖业和农闲期间外出务工；村域面积约 2 平方公里，其中耕地面积 1709 亩。

0904 明花乡深井子村

简　介：深井子村位于肃南县明花乡以西莲花片内，与金塔县盐池乡接壤。全村现有28户，87人。全村可利用草原面积227122亩，其中牧户可利用草原面积173473亩，集体可利用面积53650亩，集体禁牧20908亩。该村总耕地面积800亩，其中种植苜蓿479亩，其他以小麦和各类经济作物为主。有各类牲畜4634只（头）。全村以种植小麦、苜蓿、肉苁蓉为主；饲养以小规模散养为主。

0905 康乐乡大草滩村

简　介：大草滩村是一个以裕固族为主、多民族聚居的牧业村，地处康乐乡西南边境。全村99户，298人，草原面积209002亩，畜牧业是该村的支柱产业。

0906 大河乡喇嘛湾村

简　介：喇嘛湾村地理位置邻近县城，位于县城东北方向，村落呈东西走向，是一个包括汉族、裕固族在内的多民族村落。全村共128户，314人，其中劳动力185人，现外出打工住在本村的89户。现有草原面积17万亩，其中禁牧13万亩；耕地222.4亩。该村主要经济收入为劳务输出、种植蔬菜大棚、半舍饲养殖及经营农牧家乐。2011年村民人均纯收入8373元。

0907 康乐乡德合隆村

简　介：德合隆村位于康乐乡的西南部，地处大石山区，自然环境相对恶劣。全村共有78户，218人，主要居住有裕固族、汉族、藏族等民族，其中裕固族占全村总人口92%。全村草原总面积433880亩，其中禁牧面积251363.86亩。全村共饲养各类牲畜9080头（只），其中大畜972头（匹），小畜8108只。畜牧业是该村的支柱产业，由于该村地处边远后山地区，牧民居住分散，生产生活多有不便，畜产品买卖难一直制约着牧民经济收入的提高。

0908 皇城镇东顶村

简　介：东顶村地处祁连山北麓，位于国道312线南面30公里处，依山傍水，距最近的乡镇所在地22公里，离最近的县城永昌县31公里，交通便利，地理区位优越。该村居住着藏、汉、回、土等四个民族147户，623人。该村草原总面积23.9万亩，耕地总面积783.3亩，全村以细毛羊养殖为主要收入来源，从事畜牧业户119户。去年底绵羊存栏2.9万只，牛287头，产出细毛羊重140余吨，牛羊肉300余吨，啤酒大麦70余吨。2013年全村人均纯收入为12143元，近几年人均增幅19%。2013年全村劳务输出人数达到60人，劳务收入达100万元。

0909 马蹄藏族乡八一村

简　介：八一村2010年拥有村民94户，286人；有耕地218亩，草场20.18万亩，饲养各类牲畜22600头（只），其中大畜475头，小畜22107只。全村年经济总收入256万元，人均纯收入5716元。群众居住相对分散。

0910 明花乡双海子村

简　介：双海子村地处巴丹吉林沙漠腹地，建于2001年9月，是一个移民村，现有农牧户107户，298人。该村有耕地2908亩，户均耕地30亩左右。近年来村民以种植玉米、甘草、番茄、西瓜等经济作物为主业，大力发展订单农业、设施农业。

0911 康乐乡墩台子村

简　介：墩台子村地处城郊结合处，系半农半牧村，现有汉、藏族、回、土、裕、东乡族等六个民族，共128户，351人。有劳力313人，其中男劳动力164人，女劳动力157人。全村草原总面积为151393亩，耕地面积590亩。

0912 康乐乡杨哥村

简　介：杨哥村位于康乐乡西南部，地处大石山区。全村共有草原面积250843亩；共有农户74户，269人。该村由汉、藏、回、裕固等民族组成，以少数民族为主。

0913 康乐乡赛鼎村

简　介：赛鼎村是一个以裕固族为主、多民族聚居的牧业村。全村121户，346人，是甘肃高山细毛羊主产区。全村草原面积226798亩，至2014年末，大畜存栏825头（只），高山细毛羊存栏17590只。赛鼎村委会于2013年新建办公室2间、会议室1间、活动室1间，建筑面积200平方米。村里有配种站3座。

0914 康乐乡红石窝村

简　介：红石窝村地处康乐乡西南边境，是一个以裕固族为主、多民族聚居的牧业村，现有87户，261人。该村草原面积195938亩，各类牲畜存栏11980头（只），2013年经济总收入450万元，人均纯收入11205元。畜牧业是该村的支柱产业，为提高科技含量，减少畜牧产品流通环节，走集约化经营道路，方便牧民生产，增加牧民收入，村里在天涝池修建剪毛棚、配种站各1座。

0915 马蹄藏族乡黄草沟村

简　介：黄草沟村是一个以藏族为主的纯牧业村。全村49户，172人，有耕地460亩，草场5.27万亩，饲养各类牲畜12865头（只），其中大畜218头，小畜12647只。全村年经济总收入176万元，人均纯收入6038元。群众居住相对集中。

0916 皇城镇西城村

简　介：西城村位于皇城镇西北角33公里处，是一个以牧业为主，兼有半农半牧户的行政村，共90户，265人，其中纯牧户57户，半农半牧户33户。该村是以裕固族为主，有藏、汉、土等其它民族的少数民族聚居村。全村共有可利用草原156094.35亩，人均耕地面积2.91亩，有效灌溉面积747亩。2013年末各类牲畜存栏数达两万余头（只），其中细毛羊11916只，土种羊6282只，牛1878头。

0917 马蹄藏族乡东城子村

简　介：东城子村是一个以藏族为主的纯牧业村。全村94户，374人，有耕地861亩，草场13.51万亩，饲养各类牲畜30063头（只），其中大畜475头，小畜180只。全村年经济总收入347万元，人均纯收入5701元。群众居住相对集中。

0918 皇城镇河西村

简　介：河西村地处祁连山北麓，依山傍水，位于国道312南面30公里处，距离最近的乡镇皇城镇19公里，离最近的县城永昌县31公里，交通便利，地理区位优越，居住着藏、汉、土等三个民族173户，660人。河西村共有草原面积276137亩，耕地934亩，主要经济作物有大麦，土豆等，饲养各类牲畜4.2万头（只）。全村以细毛羊养殖为主要收入来源，2013年人均纯收入为11713元。2013年全村劳务输出人数达到60人，劳务收入达120万元；全村参加新型农牧村合作医疗人数为645人，参合率达到98%；参加农牧村社会养老保险人数为387人，参保率达到58.6%。

0919 康乐乡隆丰村

简　介：隆丰村位于县城9公里处，有草原面积375200.20亩，耕地354亩。该村居住有汉、裕固、藏、回、土等民族166户，430人。2014年末全村拥有各类牲畜11246头（只），经济总收入43355470元，人均纯收入10129元。

0920 祁丰藏族乡珠龙关村

简　介：珠龙关村是肃南县祁丰藏族乡最西端的一个行政村，全村总面积541.6平方公里，其中草原面积51.57万亩，可利用草原39.27万亩；耕地150亩，可利用50亩。全村总人口59户，155人，以畜牧业为主，辖区有工矿企业26户。珠龙关村所在地，既有广袤的草原，又有丰富的矿产资源，现已探明开采的有钨、钼、铁、煤、白云石等数10个矿种，依托旅游资源、工业园区发展第三产业，收入可观。

0921 皇城镇金子滩村

简　介：金子滩村是一个以裕固族为主的多民族聚居村，现有农户89户，266人（派出所户籍人口数为90户，271人），其中劳动力178人。该村民族结构为：裕固族183人，汉族79人，藏族5人。全村实有可利用草原131329.49亩，耕地326亩，草原生态补奖面积为154075亩。

0922 大河乡西岔河村

简　介：西岔河村位于大河乡西北18公里处，是一个以牧业为主的半农半牧村，居住有裕固、藏、汉等民族，共有140户、453人，其中劳动力218个。该村草原面积54.5万亩，其中禁牧面积24.9万亩，草畜平衡面积29.5万亩；耕地面积725亩。2013年末饲养各类牲畜共21225头（只），其中细毛羊16147只，牦牛2432头。2013年全村经济总收入达到645万元，人均纯收入达到11181元。

0923 大河乡天桥湾村

简　介：天桥湾村位于县城正南面，距县城1公里，村域地势相对平坦，交通便利。全村总面积约55万亩，平均海拔2400米，年降雨量600毫米。村中有约2公里公路。该村共有草场12万亩，可利用面积9万亩，主要经营高山细毛羊和牦牛等牲畜；拥有耕地面积为315.85亩，人均占有耕地0.9亩，以种植小麦、土豆、大豆为主，少量种植药材、胡麻、菜籽等经济作物；造林面积为

483亩，以杨树、松树为主，无经济林。该村共有134户，347口人，其中劳动力190人。村民全部为牧业人口。该村主要经济来源为农业收入、牧业收入、屠宰贩销收入和劳务输出。

0924　皇城镇西水滩村

简　介：西水滩村是一个以裕固族为主的多民族聚居村，现有人口58户，162人，其中劳动力94人，占总人口的58%。该村民族结构为：裕固族53户，139人；汉族5户，23人。全村实有可利用草原96438亩，耕地124亩，草原生态补奖面积为113140亩，现饲养各类牲畜约12000头（只）。2013年经济总收入190多万元，人均纯收入达11800元，年均增收1237元，增幅16.77%，位居全镇第三位。全村人口参加农村合作医疗162人，参加新型农村社会养老保险162人。全村畜牧业人口大致分布于三个牧业点，分别是：长沟区域、小东石门区域、沙坝台区域。

0925　白银蒙古族乡西牛毛村

简　介：西牛毛村位于肃南县城东北37公里处，是一个半农半牧以牧为主的村，居住着蒙古、藏、汉等3个民族。全村共有67户，188人，其中蒙古族106人，占全村人口的60.9%。全村共有劳动力119人，共有耕地面积167亩，境内有可利用草原面积32.6万亩。草场类型大体属荒漠草场、半荒漠草场、高山草甸草场。截至2013年末全村共有牲畜3856头（只），其中大畜20头，小畜3836头（只）。2013年全村经济总收入达474.2万元，人均纯收入达到11436元。

0926　祁丰藏族乡祁林村

简　介：祁林村是一个以畜牧业为主、农业为辅的自然村。全村草原总面积25万亩，其中可利用草原17万亩，禁牧6万亩，主要经营绒山羊，2008年绒山羊饲养量3227头（只），细毛羊饲养量381头（只），马、牛、猪等其他牲畜饲养量112头（只）。全村耕地总面积330亩，以种植粮食作物和饲草料为主，其他作物为辅。2008年全村种植大田小麦50亩、大田玉米100亩、胡麻30亩，制种玉米30亩，制种花卉20亩，制种洋芋23亩，制种大豆17亩，种苜蓿等饲草料50亩，种植果树蔬菜等其他作物10亩。全村现有农牧户46户，157人，其中藏族141人。

0927 康乐乡巴音村

简　介：巴音村是一个以裕固族为主、多民族聚居的牧业村，地处康乐乡中部，全村有66户，213人，其中劳动力118人。该村草原面积113005亩，耕地365亩。畜牧业是该村的支柱产业。

0928 马蹄藏族乡嘉卜寺村

简　介：嘉卜斯村是一个纯牧业村。全村59户，194人；有耕地210亩，草场9.87万亩。

0929 马蹄藏族乡南城子村

简　介：南城子村是一个以藏族为主的纯牧业村。全村68户，245人。群众居住两地，一部分居住东城子，一部分居住在大泉沟。该村有耕地455亩，草场3.49万亩。群众居住相对集中。

0930 明花乡中沙井村

简　介：中沙井村位于明花乡西北边缘，现有人口97户，252人。该村可利用草原面积12.9万亩，耕地面积2301亩。

0931 皇城镇北湾村

简　介：北湾村位于皇城镇中心地带，是一个以裕固族为主的多民族聚居村，现有98户，231人。全村有71户以养殖高山细毛羊、土种羊和牦牛为主要经济来源。另有11户以种植农产品和发展第三产业为主要经济来源。现有北湾村草原11.5万亩，耕地960亩，饲养各类牲畜1.3万头（只）。畜牧业是全村的经济支柱，细毛羊是全村的主导产业，是群众增收的主要来源。

0932 祁丰藏族乡青稞地村

简 介：青稞地村地处祁连山沿山地区，现有农牧民81户，232人，其中劳动力161人。2011年村里实施整村禁牧，人均纯收入9600元。

0933 皇城镇长方村

简 介：长方村地处皇城镇东南方向，是一个藏汉杂居的多民族聚居村，现有人口161户，564人；有草原面积30万亩，耕地460亩。该村的主导产业为畜牧业，是皇城镇细毛羊养殖的主要村。2013年全村经济总收入达630余万元，人均收入达1万多元。

0934 皇城镇向阳村

简 介：向阳村位于镇政府以东10公里处。畜牧业是全村的经济支柱，绵羊是全村的主导产业。全村居住有裕固族154人，占全村人口54.2%；藏族5人，占全村人口1.8%；汉族99人，占全村人口34.8%；土族2人，占全村人口0.7%；回族24人，占全村人口8.5%。全村共有5个民族，78户，284人。该村有草原面积92213亩，耕地871亩，饲养各类牲畜11717头（只）。2013年，全村经济总收入达260.5万元，人均收入达9173.2元。该村从事畜牧业39户，153人，收入152.04万元，占全村50%；从事种植业20户，93人，收入70.1万元，占全村25.6%；其他19户，占全村24.4%。

0935 大河乡光华村

简 介：光华村是一个以养殖甘肃高山细毛羊为主的纯牧业村。全村有牧户86户，263人，居住有裕、藏、汉等3个民族。草原总面积41.16万亩，其中禁牧面积10.21万亩，休牧面积18.13万亩，夏场面积12.82万亩。

0936 祁丰藏族乡瓷窑口村

简 介：瓷窑口村现有人口74户，225人。该村可利用草原面积307085亩，禁休牧面积为298000亩，耕地面积165亩。2011年全村修建小型农田水利建设U型饮水灌溉工程3公里，通过此项工程解决了全村74户，225人饮水及耕地灌溉困难的问题，将有效改善基础设施建设，推动种植业结构调整，增加农牧民收入。该村现在主要发展舍饲喂养，养殖高山细毛羊。

0937 祁丰藏族乡文殊村

简 介：文殊村位于祁丰藏族乡西边陲，东与祁丰学校相接，北靠山脚下沿，西至祁丰乡游客接待中心，南与文慧桥河岸相对。该村总人口81户，207人，以藏族为主，共有藏、汉、裕固、回、黎等5个民族。

0938 大河乡营盘村

简 介：营盘村共有农牧户77户，201人。其中男95人，女106人；在校中小学生24名；劳动力（60岁以下）130人，其中男62人，女68人。每年春耕结束后该村赴外县务工人员仅有10人，在本县务工人员有77人，村民年人均收入为9820元。全村255亩土地，共有草场3.36万亩，经营各类牲畜2574头（只）。

0939 祁丰藏族乡腰泉村

简 介：乡腰泉村共有农牧户84户，195人。该村现有土地总面积1168521亩，草原面积824493亩，其中草原可利用面积710289亩，禁牧面积15万亩，修亩10万亩；饲养各类牲畜11806头（只），其中，大牲畜7头，羊11799只，山羊3943只，绵羊7856只。2010年底，全村农牧民人均纯收入达8800元。

0940 大河乡白庄子村

简 介：白庄子村位于县城入口，距离县城5公里，平均海拔1400米；共有79户，218人；

村域面积 39371 亩，耕地面积 216 亩。2014 年村民人均纯收入 12200 元。目前，该村支柱产业以劳务输出、舍饲养殖为主。

0941 大河乡西柳沟村

简　介：西柳沟村位于县城西北角，现有农牧民 60 户，189 人，其中劳动力 93 人；现有耕地 254 亩，草原面积 4.8 万亩；舍饲养殖牲畜 1300 头（只）。2013 年全村经济总收入为 258 万元，村集体经济收入为 11 万元，人均纯收入为 11886 元。

0942 明花乡许三湾村

简　介：许三湾村位于明花乡政府所在地，建于 2001 年，是肃南县较早开发建设的移民村，村民大多数是于 1992 年和 1995 年从全县各乡镇分批迁入的。全村共有 12 个村民小组，176 户，576 人．少数民族占全村总人口的 36%。该村现有耕地面积 3383 亩，主要经济作物有番茄、制种玉米、中药材等。2014 年全村人均纯收入为 8000 多元。

0943 祁丰藏族乡甘坝口村

简　介：甘坝口村是一个以牧为主，农牧兼营的行政村，全村居住着藏、汉、裕固等几个民族，共有 97 户，224 人，其中劳动力 125 人；拥有耕地 470 亩，主要种植小麦、大田玉米、苜蓿等农作物；有草原面积 24 万亩。2011 年底全村经济总收入达 171 万元，农牧民人均纯收入达 8157 元。

0944 明花乡湖边子村

简　介：湖边子村是以牧业为主的自然村，地处明花乡西部，南与黄土坡村、贺家墩村相邻，西与深井子村为邻，东、北与高台盐池相邻，共有人口 52 户，125 人，其中男 65 人，女 60 人。该村劳动力 50 人，总面积 152757.63 亩，可利用草原总面积是 87757.98 亩，耕地总面积有 1061 亩，以种植小麦、大麦、玉米、牧草等作物为主。经济收入来源以牧业和农业为主，副业为辅。副业主要有挖锁阳、割芨芨草等。

0945 祁丰藏族乡观山村

简 介：观山村位于祁连山主峰脚下，周边与酒泉市接壤，总面积97万亩，其中可利用草原面积58万亩，未利用草原面积29万亩。全村现有人口54户，187人。藏族占总人口的90%，95%的藏民从事牧业生产，其他的从事第三产业。2010年实现人均纯收入8815元，比全乡人均纯收入略高989元。2011年，该村对23.18万亩草原实行禁牧，总禁牧草原面积达到29.18万亩。

0946 马蹄藏族乡大都麻村

简 介：大都麻村是一个以藏族为主的纯牧业村。全村84户，308人；有耕地530亩，草场16万亩。

0947 皇城镇宁昌村

简 介：宁昌村地处高台县最东段，距镇政府30公里，总面积129.1平方公里，是一个居住着汉、裕固、藏、回、蒙、土等多民族的聚居村，现有人口158户，480人。该村有草原面积19.3万亩，耕地402亩。畜牧业是全村的经济支柱，高山细毛羊养殖是全村的主导产业。

0948 康乐乡青台子村

简 介：青台子村地处省道213线(张肃公路)95公里处，共有19户，46人。全村共有草原总面积9832亩；2010年末共经营各类牲畜264(头、只)，其中绵羊261只，大畜4头；有耕地103亩；有机动车辆10台。村里电视、电话入户率皆达100%。现在，村班子队伍整体素质高，村容整洁，村风文明，社会稳定和谐。青台村是半农半牧村，村民经济收入主要来源于外出务工、经商、汽车出租。

0949 皇城镇营盘村

简 介：营盘村地处祁连山北麓，是一个以传统畜牧业生产为主的纯牧业村。该村居住有裕固、回、汉等民族115户，343人；有草原22.7万亩，耕地1100亩；农作物以大麦、青稞、燕麦为主。全村草场面积共有15.94万亩，其中实施退牧还草工程的4.24万亩。2014年全村牲畜存栏达22000多头（只），经济总收入498万元，人均纯收入13982元。全村参加农村合作医疗324人，参加新型农村社会养老保险221人。该村产业优势主要以高山细毛羊为主。该村草原辽阔，地势平坦，风景优美，距离皇城镇较近，交通便利，适合于发展旅游业。

0950 明花乡南沟村

简 介：南沟村位于明花乡西南2公里处，共有111户，268人，其中劳动力155人。少数民族占全村总人口的90%以上。该村有草原面积327120亩，耕地面积3097亩，主要种植番茄、制种玉米、中药材等经济作物。2014年人均纯收入达8000多元。

0951 明花乡小海子村

简 介：小海子村是一个以西部裕固族为主体的移民村，现有土地60平方公里，草原面积249687亩，其中可利用草原面积18万亩，耕地3327亩。全村共有128户，316人，其中劳动力151人。2014年全村牲畜存栏8680头（只），其中绵羊3600只，山羊4680只，牛349头，骆驼51峰。2013年全村经济收入487.68万元，人均纯收入9684元。

0952 明花乡上井村

简 介：上井村现有农牧民102户，245人。全村现有可利用草原面积140820亩，饲养各类牲畜6423头（只）；有耕地7765亩，主要种植洋葱、番茄、中药材、制种玉米等。

0953 康乐乡榆木庄村

简 介：榆木庄村位于213省道61公里处，距离肃南县城东44公里。全村共有82户，226人，居住着裕固、汉、蒙古3个民族。该村有草原12万亩，耕地185亩，拥有各类机动车辆50余辆。该村主导产业以农业、运输、种殖业为主。2011年，全村经济总收入324.01万元，集体积累达到107余万元，农牧民人均纯收入达到8126元。

0954 康乐乡桦树湾村

简 介：桦树湾村是一个半农半牧的自然村，共有88户，238人，其中劳动力98人，有回、土、藏、裕固4个少数民族。该村现有耕地288亩，人均占有1.1亩，可利用草场面积20120亩。

0955 康乐乡上游村

简 介：上游村位于康乐乡东北面，距乡政府驻地25公里；有草原总面积251024亩。全村农牧户53户，180人，居住着汉、裕、回、藏等民族，其中少数民族占总人口的90%。

0956 白银蒙古族乡白银村

简 介：白银村是白银蒙古族乡所辖、一个以畜牧业为主，农业为辅的村，居住着蒙古、裕固、藏、汉等4个民族。全村共有83户，256人；共有耕地550亩。截至2013年末，全村共有牲畜1408头（只），其中大畜35头，小畜1373头（只）。2013年，全村经济总收入达402.5万元，人均纯收入达到9595.94元。

0957 白银蒙古族乡东牛毛村

简 介：东牛毛村属白银蒙古族乡管辖，居住着蒙古、裕固、藏、汉等4个民族，共有67户，191人，其中蒙古族112人，占全村人口的58%。全村共有耕地932.88亩，林地面积5万亩，可利用草原面积23.5万亩，目前已全部列入禁牧范围。截至2013年末，全村共有牲畜5281头（只），其中大畜63头，小畜5218头（只）。2013年，全村经济总收入达506.73万元，人均纯收入11024元。

0958 明花乡贺家墩村

简 介：贺家墩村有农户46户，97人，其中劳动力44人，新分户14户，耕地面积3820亩，可利用草原面积107288亩。全村以种植小麦、苜蓿为主。长期以来，由于受自然条件的限制，贺家墩村经济社会发展相对滞后。

0959 皇城镇大湖滩村

简 介：大湖滩村是全县纯牧业村之一，东与北极村相邻，南与省种羊场和营盘村隔河相望，西与青海省接壤，北与营盘村、金子滩村、西城村相邻。全村有裕固、藏、回、汉等民族，总面积16万平方公里；现有人口93户，313人，草原15万亩，耕地600亩。大湖滩村以畜牧业为主，农业为辅。

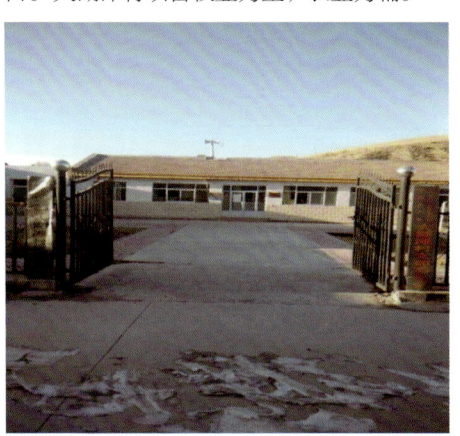

0960 明花乡黄土坡村

简 介：黄土坡村位于肃南县明花乡以西莲花片内，与酒泉市清水镇接壤。全村现有34户，92人，总耕地面积1500亩。全村以种植小麦、苜蓿、玉米为主要经济来源。

0961 皇城镇东庄村

简 介：东庄村属纯农业村，现有155户，543人，其中村部63户，239人，新房子60户，224人，全家外出32户，80人。该村拥有耕地3100亩，草原19051亩，黄牛存栏441头，绵羊存栏2293只。近年来，村里成立细毛羊养殖合作社1个；完成农村危旧房改造60户，标准化暖棚94座；铺设通村油路3公里，水泥硬化村内街道2.6公里；完成自来水主管道改造2.4公里；改造农电线路3公里；新建农灌水渠3公里。

0964 马蹄藏族乡大泉村

简　介：大泉村是一个汉族聚居的半农半牧村，共有54户，174人；有耕地614亩，草场0.58万亩。群众居住相对集中。

0962 马蹄藏族乡正南沟村

简　介：正南沟村有农牧户94户，286人；有耕地218亩，草场20.18万亩。群众居住相对分散。

0965 马蹄藏族乡新升村

简　介：新升村是一个汉族聚居的半农半牧村，共有47户，134人；有耕地549亩，草场0.53万亩。群众居住相对集中。

0963 马蹄藏族乡芭蕉湾村

简　介：芭蕉湾村有农牧数89户，284人；有耕地310亩，草场28.15万亩；饲养各类牲畜23580头（只），其中大畜299头，小畜23281只。2010年全村经济总收入233万元，人均纯收入5491元。群众居住相对分散。

0966 祁丰藏族乡堡子滩村

简　介：堡子滩村位于乡政府所在地，交通便利，现有农牧户 69 户，挂名户 2 户，总人口 196 人，其中劳动力 109 人。全村可利用草原面积共 76.3 万亩，耕地 140 亩，共禁牧 25.1 万亩。2011 年各种牲畜年末存栏量为 18401 头只，人均纯收入 9653 元。

(二十五)张掖市高台县

0967 骆驼城镇团结村

简 介：团结村，1956年为高台农场五站，1984年成立乡政府时建团结村委会至今。该村位于乡北6公里处，耕地面积861亩，拥有3个自然村，86户，381人。村落分布向南北沿伸，呈南北3条街，房屋均为平房土木结构。该村以生产小麦、玉米为主，生产甜菜、黑瓜子为辅；畜牧业以养猪、养鸡为主。有乡村路与公路相连。

0968 新坝镇新生村

简 介：新生村，1958年新建大队，位于新坝镇西1公里处，耕地面积5370亩；拥有17个自然村，428户，1929人。聚落呈东西一条街条状，居住在山区，房屋均为土木结构平房。村民种植以小麦、玉米为主。该村东距元红公路1华里，能通行汽车。

0969 罗城乡下庄子村

简 介：下庄子村，解放初属四维区四乡管辖，1953年建下庄子初级社属罗城乡管辖，1957年建高级社，1958年属罗城大队，1961年分建下庄子大队属罗城公社，1983年设下庄子村至今。该村位于黑河东岸，罗城乡西北2公里处；耕地面积842亩，总人口449人，总户数117户，自然村3个。该村经济以农业为主，主产小麦、玉米、甜菜。该村距罗天公路1公里，可通行汽车。

0970 南华镇先锋村

简 介：先锋村，1957年为先锋高级社，1958年为先锋大队，1967年属南华公社，1983年社改乡时改为先锋村委会至今。该村位于南华镇东侧，甘新公路沿线，有耕地面积1795亩，总人口858人，总户数208户，自然村3个。顺甘新公路、高火路延伸呈十字交叉，房屋多数为土木结构、砖木结构，有少数楼房，大部分为平房。该村属南华镇驻地，交通便利。主要粮食作物为小麦、玉米，甜菜、蚕豆为经济作物，养猪为畜牧业。国道312线与高火公路在该村交接，交通便利。

0971 合黎镇六一村

简 介：六一村属一区七乡，1953年建六坝东乡，1955年属六坝乡，1957年建高级社，1958年建六一大队属城关公社，1961年属六坝人民公社，1983年改社分社时建六一村委会。该村位于合黎镇南0.5公里处，南邻黑河，北依合黎，耕地面积1952亩，总人口1018人，总户数236户，耕地为旱田河水灌溉地，自然村分布集中，属农业区。粮食作物以小麦、玉米为主，经济作物以大棚蔬菜为主。该村交通便利，有公路通往合黎镇、高台等。

0972 巷道镇王家村

简　介：王家村，解放初属二区，1953年属胡家东三乡，1955年成立王家初级社，属东联高级社，1958年属东联大队，1961年建王家树窝子属正远，1978年改名王家大队，1983年成立王家村委会。该村位于正远东部4公里处，南靠红联村，东临巷道镇，北接五里墩，有耕地面积1365亩，总户数148户，总人口689，自然村4个。该村地势平坦，土壤肥沃，属高产农业区，主产小麦、玉米、瓜菜等。距巷正公路1华里，向西通往正远，向东通往高台，可通行汽车。2005年1月全县合乡并镇时，将正远乡合入巷道乡。

0973 合黎镇六四村

简　介：六四村，解放初属一区八乡，1953年建六坝西乡，1955年属六坝乡，1957年建高级社，1958年建六四大队属城关人民公社，1961年属六坝公社，1983年成立乡政府时设为六四村委会。该村位于合黎镇西5公里处，东为六三村、南邻黑河，有耕地面积944亩，总人口459人，总户数114户，自然村3个。耕地为旱田，以河水灌溉。3个自然村，均属农业区。粮食作物以小麦、玉米为主，经济作物有蔬菜、辣椒等；有乡村公路西通七坝、罗城，东与高台、平川公路相连。

0974 新坝镇上坝村

简　介：上坝村为祁连区二乡，1953年建河西堡乡属五区，1958年建上坝大队属新坝公社，1983年建上坝村委会。该村位于新坝镇以北5公里处。耕地面积4872亩，总人口1250人，总户数291户，自然村10个。粮食种植以小麦、玉米为主；经济作物有黄豆、葵花籽、大葱、土豆等。元红公路横穿其境，可通行汽车。

0975 罗城乡双丰村

简　介：双丰村，明时置城，清增驿员，解放初属四维区，1958年建双丰大队，1968年建盐池公社双丰大队，1983年为双丰村至今。双丰村地处老盐池乡以西，西接酒泉，东连盐池村委会，北临金塔，南接肃南明花区；耕地面积141亩，总人口447人，总户数110户。该村以产盐、硝及放牧为主业，有少量耕地；有公路通往盐池与高盐公路相接，可通行汽车。

0976 巷道镇高地村

简　介：高地村属一区，1953年建高帝乡，1955年建6个初级社，1957年建高级社，1958年高帝大队属城关公社，1967年属小寺公社，1964年属巷道公社，1969年改名为高地，1983年社改乡时设高地村委会。该村位于县城西郊，南接南湾，北连黑河，西临小寺，有耕地面积2398亩，总人口1372人，总户数339户，自然村9个。农业作物以粮食为主。该村距高罗公路1公里，可通行汽车。

0977 罗城乡张家墩村

简　介：张家墩村，解放初属四维区五乡，1953年属花墙子乡，1955年建初级社，1957年建张家墩高级社，1958年属花墙子大队，1978年两队合一为张家墩大队，1983年建张家墩村委会至今。该村位于罗城乡政府东南105公里的黑河西岸，北邻黑泉，镇江与胭脂堡村隔河相望；有耕地面积401亩，总人口237人，总户数93户。该村规模较小，以农业为主，水资源丰富。高盐公路横穿其境。

0978 宣化镇东庄村

简　介：东庄村解放初属二区九乡，1953年属贞号乡，1955年建5个初级社，1957年并入贞号高级社，1958年属宣化人民公社与高桥合建六联大队，1961年属贞号公社分建东庄大队，因地处东面而得名。1964年宣化与东庄合并为东庄大队，村名延用至今。该村位于宣化南3公里处，有耕地面积2074亩，自然村17个，283户，1149人。该村土质肥沃，交通便利，主要生产小麦、玉米、西瓜、水果、棉花等。东庆村距高盐公路3公里，可通行汽车。

0979 骆驼城镇健康村

简　介：健康村，1975年为巷道农场，1984年建乡政府时设健康村至今。该村位于乡东1公里处，耕地面积1207亩，总户数115户，总人口467人。以生产小麦、玉米为主，甜菜、大瓜子为辅，畜牧以养牛、猪为主。有公路通该村，可通行汽车。

0980 新坝镇照中村

简　介：照中村，解放初属祁连区一乡，1953年属五区暖泉乡，1955年属新坝东乡，1957年建高级社，1958年建照中大队，1961年分建暖泉公社。照中村分照一、照二、照中三个大队，1964年合建新坝公社仍为照中，1983年改为新坝乡照中村委会。该村位于新坝镇东北5公里处，耕地面积2525亩，总人口981人，总户数217户，自然村7个。粮食作物以小麦、玉米为主。该村西距元红公路3公里，可通行汽车。

0981 罗城乡罗城村

简　介：罗城村属四维区四乡，1953年属四区为罗城乡，1956年建初级社，1957年建罗城高级社，1958年建罗城大队属罗城公社，1961年分为罗城、下堡、万丰、下庄子4个大队，1964年罗城、下堡合为罗城大队，1983年成立罗城村委会。该村距县城西北90华里，是罗城乡政府所在地；拥有耕地面积2632亩，总人口1716，总户数339户，自然村8个。该村以农业为主，主要的农作物是小麦、玉米，因属罗城乡政府驻地，商业、服务业较发达。该村向北有罗天公路，向南有高罗公路通往高台，距高盐公路2公里，可通行汽车。

0982 南华镇墩仁村

简　介：墩仁村解放初为一区一乡，1953年为八区北利沟乡，1955年建墩仁初级社，1957年建高级社，1958年建墩仁大队属城关人民公社，1961年属小海子公社，1964年属南华公社，1983年社改乡时改为墩仁村委会至今。该村位于南华镇以东5公里处，甘新公路北侧。耕地面积4180亩，总人口3256人，总户数288户，自然村10个。粮食以小麦、玉米为主；经济作物以甜菜、黄豆等为主，以养猪为辅。该村距国道312线2公里，可通行汽车。

0983 巷道镇元新村

简　介：元新村解放初属二区，1953年建元号乡，1956年建初级社，1958年建元号大队，属城关公社，1961年属正远公社，为卫东大队，1980年分三个大队，建元新大队，1983年改为元新村委会至今。该村位于正远东西部。有耕地面积1521亩，总人口544人，自然村2个。经济以农业为主，粮食作物主要是小麦、玉米；经济作物主要是甜菜、蔬菜等。有公路2公里通往正远。

0984 新坝镇官沟村

简　介：官沟村，解放初为祁连三乡，1953

年建新坝乡，1958年属新坝乡人民公社建官沟大队，1961年新坝公社分建6个社，官沟仍属新坝公社，1964年建新坝元山子、暖泉三社合并为新坝公社，1983年改为新坝乡官沟村。该村位于县西南50公里；有耕地面积2543亩，总人口854人，总户数195户，自然村6个。官沟村为新坝镇驻地，分布公路两旁，房舍均为土木结构平房，种植以蔬菜、小麦、玉米为主。西距元红公路1.5公里。

0985 骆驼城镇永胜村

简　介：永胜村，1975年为正远农场，1984年建乡政府时，建永胜村至今。该村位于乡西1公里处，有耕地面积1898亩，总人口585人，总户数151户，自然村4个。该村有南北两条街，都为平房土木结构。粮食作物以小麦、玉米为主，经济作物以黑瓜子、甜菜为主。畜牧业以养猪、羊、鸡为主。有公路通过该村，有班车通行。

0986 巷道镇西八里堡村

简　介：西八里堡村，解放初属二区五乡，1953年建西八里堡乡，1955年建初级社，1957年建高级社，1958年建西八里堡大队属城关公社，1961年属小寺公社，1964年属巷道公社，1983年社改乡时设西八里堡村委会。该村位于县城西5公里，西临大湖湾水库，北依黑河，东接小寺。该村有耕地面积2774亩，总人口1759人，总户数400户，自然村10个。农作物以粮食为主。高罗公路横穿其境，交通便利。

0987 罗城乡常丰村

简　介：常丰村，解放初属四维区六乡，1953年建常丰乡属四区，1955年建初级社，1957年建常丰高级社，1958年建常丰大队属罗城公社，1961年属河西公社，1964年仍属罗城公社，1983年社分设时成立罗城乡常丰村。该村位于黑河南岸，南连河西，北隔黑河与侯庄相望；有耕地面积2693亩，总人口1397人，总户数362户，自然村11个。该村属典型的农业区，因地处黑河沿岸，水资源较丰富。粮食作物以小麦、玉米为主。高盐公路通往常丰村，可通行汽车。

0988 骆驼城镇新建村

简　介：2000年成立骆驼城乡新建、骆驼城、西滩村委会。新建村位于骆驼城镇西部，该村共有10个社，总人口625人，总户数171户。

0989 合黎镇八坝村

简　介：八坝村属四区一乡，1953年属七坝乡，1955年属六坝乡，1957年建高级社，1958年建八坝大队属城关公社，1961年属六坝公社，1983年建立乡政府时设立八坝村委会。该村位于黑河北岸，东接七坝，西接黑泉、九坝；有耕地面积835亩，总人口541人，总户数140户，自然村2个。本村地处合黎镇的最西边，耕地均为旱田，为砂质壤土，以黑河水灌溉，气候温和灌溉便利，是较好的农业发展区。种植的粮食作物主要有小麦、玉米；经济作物主要种植棉花、辣椒、胡麻、瓜类等。有乡村公路，西达五坝、罗城，东到六三村与高台平川公路相连，高罗班车由此通过。

0990 骆驼城镇西滩村

简　介：为了解决中部干旱地区群众的温饱问题，从1959年开始该地区的群众陆续迁址高台，并在骆驼城以西成立西滩村委会，归县城移民站管理。该村位于骆驼城古遗址西南，东临新民。有耕地面积1414亩，总人口707人，总户数199户，自然村3个。西滩村以农业为主，主要农作物有小麦、玉米。

房屋均为土木结构。该村有简易公路可通往正远、宣化，南距国道 312 线 7 公里。2000 年成立骆驼城乡新建、骆驼城、西滩村委会。

0991 巷道镇三桥村

简　介：三桥村，原名三桥湾，解放前属一区四乡，1955 年成立 4 个初级社，1957 年合为巷道高级社，1958 年属城关人民公社巷道大队，1959 年建三桥为场院大队，1961 年属巷道公社，1963 年并为三桥湾大队，1976 年原场院改为巷道公社农科站，1983 年社改乡时设三桥村委会。该村位于巷道镇 3 华里处，东接八一，西接巷道，有耕地面积 1674 亩，总人口 1857，总户数 251，自然村 4 个。粮食作物以小麦、玉米为主，经济作物以蔬菜为主。该村有巷廖公路通过，距高火公路 1 公里。

0992 黑泉乡向阳村

简　介：向阳村，新中国成立初属常明区，1953 年属三区永丰乡，1955 年建 3 个初级社，1956 年合并为石家庄高级社，1958 年以阴沟桥得名建阴沟桥大队属宣化公社，1961 年属定安公社，1964 年属黑泉公社，1967 年改名向阳大队，1970 年仍改名阴沟桥，1983 年社改乡时改为向阳村村委会至今。该村位于黑泉乡东南 12 公里处，有耕地面积 1563 亩，总人口 730 人，总户数 176 户，自然村 6 个。该村沿乡村路两旁分布；以生产小麦、玉米、大米为主，以生产甜菜、菜豆、黄豆和养羊为辅。该村距高盐公路 2 公里，可通行汽车。

0993 巷道镇正远村

简　介：正远村，解放初属柔远区六乡，1953 年为二区正远乡，1958 年属城关人民公社，1961 年建正远人民公社，1964 年将红联公社并入，为正远公社正远大队，1966 年改为红卫大队，1970 年改为正远大队，1983 年成立正远村委会。该村为正远乡政府驻地，位于正远乡中部；有耕地面积 2114 亩，总人口 1157 人，自然村 4 个。经济以农业为主，主产小麦、玉米、胡麻、甜菜等。该村有公路通往县城、宣化、骆驼城等地。2005 年 1 月全县合乡并镇时，将正远乡合入巷道乡。

0994 新坝镇小坝村

简　介：解放初属祁连区二乡，1953 年建河西坝乡属五区，1956 年建三联丰社，1958 年建小坝大队，1983 年改为新坝乡小坝村委会。该村位于新坝镇以北 5 公里处，耕地面积 4913 亩，总人口 1208 人，总户数 267 户，自然村 10 个。分散居住在山区，均为平房土木结构。粮食以小麦、玉米为主。距元红公路 1 公里，距国道 312 线 2.5 公里。

0995 新坝镇红崖子村

简　介：崖子村，解放初属祁连五区，1953 年属红崖西乡，1955 年建红崖初级社，1956 年建红崖高级社，1958 年建红崖大队，1961 年分建红崖子公社仍为红崖大队，1983 年红崖子改乡时设红崖村委会。该村位于乡西北 1 公里处，有耕地面积 3728 亩，总人口 475 人，总户数 121 户，自然村 5 个。该村粮食作物以小麦为主，经济作物有蚕豆、洋芋、胡麻等，牧业以养牛、羊、鸡为主。距元红公路 2 公里。2005 年 1 月全县撤并乡镇时，撤红崖子乡将该村并入新坝乡。

0996 宣化镇台子寺村

简　介：台子寺村，解放初属柔远区十乡，1953 年建台子寺乡属九区，1954 年属六区，1955 年撤区并乡成立台子寺乡建八个初级社，1957 年并为台子寺高级社，1958 年建台子寺大队属宣化公社，1983 年社改乡时成立台子寺村委会。该村位于宣化镇最东头，南连王马湾，东接西八里，西邻站北。该村有耕地面积 3209 亩，总人口 1566 人，总户数 386 户，自然村 9 个。该村土质盐碱大，地下水位较高，是生产甜菜的主要村；同时也种玉米、小麦、蚕豆等。该村距高盐公路 1 华里，可通行汽车。

0997　南华镇明水村

简　介：国家为了解决中部干旱地区人民的温饱问题，从 1986 年起，该区的群众陆续迁址高台，1994 年 7 月经县政府同意正式成立明水村委会，归南华镇管理。该村东邻明水河，有耕地面积 4584 亩，总人口 2292 人，总户数 504 户，其中土族 2 户，回族 1 户；有自然村 7 个。该村经济类型以农业为主，主要种植小麦、玉米。村民房屋均为土木结构平房。有乡村路 5 公里可通国道 312 线。

0998　新坝镇西上坝村

简　介：西上坝村，解放初属祁连区五乡，1953 年属五区红崖西乡，1955 年建初级社，1957 年建霞光大队，属新坝公社，1961 年分为霞光、东上坝、西上坝 3 个大队，属红崖子公社，1983 年社改乡时改为西上坝村委会至今。该村位于乡西南 2 公里处，东连东上坝，西邻石关河，北接霞光，南靠祁连山；有耕地面积 3214 亩，总人口 586 人，总户数 132 户，自然村 9 个。该村以产小麦、洋芋为主。有公路通红崖子。2005 年 1 月全县撤并乡镇时，撤红崖子乡并将该村并入新坝乡。

0999　新坝镇光明村

简　介：光明村，解放初属祁连五乡，1955 年建光明初级社，1958 年建光明大队，属新坝公社，1961 年改变体制属红崖子乡，1964 年建红崖子公社光明大队，1983 年社改乡时，改光明村委会。该村位于乡北 4 公里处，西接红沙河，北连马营，南连红崖，东临黄蒿。全村有耕地面积 2485 亩，总人口 336 人，总户数 74 户，自然村 5 个。聚落在山区，住地分散，呈杂乱状，房屋均为平房，土木结构。粮食作物以小麦、洋芋为主。有公路通过该村，向西到红沙河，向南到红崖子，可行汽车。2005 年 1 月全县撤并乡镇时，撤红崖子乡并将该村并入新坝乡。

1000　新坝镇照一村

简　介：照一村，解放初属祁连区一乡，1952 年属五区暖泉乡，1957 年建照中高级社，1958 年建照中大队属新坝人民公社，1961 年分建暖泉公社，照中分为照一、照二、照中三个大队，1964 年并建新坝公社仍为照一大队，1983 年改为照一村委会。照一村地处摆浪河东岸，位于新坝镇东北 2 公里处，北接照二，东连暖泉。耕地面积 896 亩，总人口 446 人，总户数 97 户，自然村 6 个。聚落分布东西延伸呈条状。以粮食作物以小麦、玉米为主。该村西距元红公路 2.5 公里，东距元白公路 3 公里，可通车。

1001　新坝镇元山子村

简　介：元山子村，解放初属祁连区二乡，1952 年建元山子乡属五区，1957 年建元山子高级社属河西坝乡，1958 年建元山子大队，属新坝人民公社，1961 年分建元山子公社，1964 年仍归入新坝公社，1983 年改为新坝乡元山子村委会至今。该村位于甘新公路沿线，南距乡 9 公里，北接明花区，东连顺德，西接红崖子乡。有耕地面积6037亩，总人口1137人，总户数267户，自然村12个。该村聚落南北分布，居住分散，均为平房土木结构。粮食作物以小麦、玉米为主，经济作物有甜菜、黄豆、葵花籽、大蒜、蔬菜等。国道312线横穿其境，向南有元红公路通新坝、红崖子，可通行汽车。

1002 新坝镇新沟村

简　介：新沟村，解放初属祁连区一乡，1953年属五区顺德乡，1957年建高级社，1958年建新沟大队属新坝公社，1961年属暖泉公社，1964年仍属新坝公社，1983年改为新坝乡新沟村委会至今。新沟位于新坝镇东北15华里处，有耕地面积4110亩，总人口1178人，总户数270户，自然村8个。粮食作物以小麦、玉米为主，经济作物以黄豆、洋芋、蔬菜为主。元白公路横穿其境。该村距国312线4公里。

1003 罗城乡花墙子村

简　介：花墙子村，解放初属四维区五乡，1953年属四区建花墙子乡，1956年建初级社，1957年建花墙子高级社，1958年建花墙子大队属罗城公社，1961年分为花墙子、临河、张家墩3个大队，1964年花墙子和临河两大队并为花墙子，1983年成立花墙子村委会。该村位于罗城东南14华里处，东临黑河，北为后头湖水库，西接沙滩；耕地面积3448亩，总人口1801人，总户数436户，自然村10个。该村属农业区，农作物以小麦、玉米、水稻为主。高罗公路横穿其境，可通行汽车。

1004 新坝镇小坝村

简　介：小坝村，解放初属祁连区二乡，1953年建河西坝乡属五区，1956年建三联丰社，1958年建小坝大队，1983年改为新坝乡小坝村委会。该村位于新坝镇以北5公里处，耕地面积4913亩，总人口1208人，总户数267户，自然村10个。粮食以小麦、玉米为主。该村距元红公路1公里，距国道312线2.5公里。

1005 骆驼城镇骆驼城村

简　介：2000年成立骆驼城乡新建、骆驼城、西滩村委会。骆驼城村位于骆驼城乡西面，共有7个村民小组，耕地6200亩，总人口1312人，317户。

1006 巷道镇殷家庄村

简　介：殷家庄村，解放初属二区六乡，1953年属正远乡，1955年属夏家庄农业社，1958年属正远大队，1961年建殷家庄大队，1966年改为永红大队，1969年仍为殷家庄大队，1983年改为殷家庄村委会。该村位于正远东南部，东临红联，南接元新；耕地面积2133亩，总人口922人，自然村4个。该村属农业区，主产小麦、玉米、胡麻等。有公路距正远1.5公里。2005年1月全县合乡并镇时，将正远乡合入巷道乡。

1007 巷道镇殷家桥村

简　介：殷家桥村，1954年建殷家桥初级社，1958年属正远大队，1961年建殷家桥大队属正远公社，1966年改名建新大队，1970年仍改为殷家桥大队，1983年殷家桥村属正远乡。该村位于正远南部，南连亨号，西接宣化，北连巷道；拥有耕地面积2471亩，总人口1154人，自然村4个。该村经济以农业为主，主产小麦、玉米，经济作物为胡麻、甜菜等。该村有乡村公路2.4公里，通往正远。2005年1月全县合乡并镇时，将正远乡合入巷道乡。

1008 南华镇义和村

简　介：义和村，解放初属一区一乡，1953年建八区义和乡，1955年建义和社，1957年建义和高级社，1958年建义和大队属城关人民公社，1961年属南华公社，分为义和、义号两个大队，1964年并为义和大队，1969年改为57大队，1971年仍恢复为义和大队，1983年改乡时改为义和村委会至今。该村位于南华镇东西2公里处，东接墩仁，北连礼号；拥有耕地面积4329亩，总人口1801人，总户数438户，自然村9个。粮食生产以小麦、玉米为主，经济作物以甜菜、豆类、蔬菜为主。该村南距国道312线1公里，西距高火公路2公里，可通行汽车。

1009 新坝镇古城沟村

简　介：古城沟村，解放初属祁连区六乡，1953年属五区二坝沟乡，1955年建黎明社，1956年建高级社，1958年建古城沟大队属新坝，1961年属二坝公社，1964年属红崖子公社，1983年社改时，改为古城沟村委会。该村距乡东11华里，东连曙光，西接六洋坝，南靠东村，北邻西庄子；拥有耕地面积3262亩，总人口341人，总户数87户，自然村7个。该村以产小麦、洋芋为主，以养牛、羊为辅。2005年1月全县撤并乡镇时，撤红崖子乡将该村并入新坝乡。

1010 新坝镇霞光村

简　介：霞光村，解放初属祁连区五乡，1953年属五区红崖东乡，1955年建霞光初级社，1956年建霞光高级社，1958年建霞光大队属新坝公社，1961年分建红崖公社为霞光大队，1983年社改乡时，设霞光村委会至今。该村靠红崖子乡西侧；有耕地面积3080亩，总人口597人，总户数147户，自然村6个。沿公路分布，呈条状，房舍均为平房土木结构。粮食作物以小麦为主，经济作物主要有蚕豆、胡麻、洋芋等，牧业以养牛、羊为主。元红公路向东通新坝、元山子，向北通红沙河。该村为红崖子乡驻地。2005年1月全县撤并乡镇时，撤红崖子乡将该村并入新坝乡。

1011 宣化镇乐三村

简　介：乐三村，新中国成立初属常明区，1953年改为九区，1954年改为六区乐善乡，1955年建许家社，1957年属乐善高级社，1958年属乐善大队，1961年乐善大队为三个队，该队以序数名为乐三大队，1983年成立乐三村委会。乐三村位于宣化北面，东接殷家庄子，西接楼庄子，北邻黑河，南邻朱家堡；拥有耕地面积855亩，总人口645人，总户数147户，自然村4个。该村地处宣化镇西北部，土质肥沃，水源充足，是生产水稻的优越地区。距高盐公路2公里，可通行汽车。

1012 巷道镇元丰村

简　介：元丰大队原属元号，因体制变改，元号分为3个大队，解放初属二区八乡，1953年建元号乡，1956年建合作社，1958年建元号大队，1961年建正远公社，1968年建卫东大队，1980年分为3个大队建元丰大队，1983年改为元丰村委会至今。该村位于正远南部，东接元新，西接亨份；拥有耕地面积1583亩，总人口617人，自然村2个。该村地势平坦，属农业区，粮食作物以小麦、玉米为主，经济作物主要是胡麻、甜菜等。有公路1.8公里通往正远。2005年1月全县合乡并镇时，将正远乡合入巷道乡。

1013 新坝镇西大队村

简　介：西大队村，解放初属祁连区6乡，

1953年建正边乡，1955年建二坝沟社，1956年建高级社，1958年建二坝沟大队属新坝，1961年建二坝沟公社，1964年并入红崖子公社定为西大队，1983年社改乡时，改为西大队村委会。该村位于乡东南5公里，东连东村，西接和平，南临肃南，北接六洋坝；拥有耕地面积5927亩，总人口462人，总户数109户，自然村7个。聚落分布在山区，沿公路延伸，呈东西一条街，房屋都为土木结构平房。村里以产小麦、洋芋为主，以养牛、羊为辅。该村距元红公路4公里。2005年1月全县撤乡并乡镇时，撤红崖子乡并将该村并入新坝乡。

1014 宣化镇宣化村

简　介：宣化村，解放初属柔远区，1952年改为二区，1953年为九区建宣化镇，1954年属六区，1956年建宣化高级社，1958年为宣化大队，1961年将蒋家庄、上庄、顾家堡分出仍为宣化大队，1983年建宣化镇宣化村委会。该村位于宣化镇以北1公里处，耕地面积1995亩，总人口913人，总户数219户，自然村5个。该村地处宣化镇以北1公里处，土质肥沃，条件优越，交通方便，主产玉米、小麦、甜菜等。高盐公路横穿其境，向东通往高台，向北通往黑泉，可通行汽车。驻宣化堡。

1015 巷道镇南湾村

简　介：南湾村，解放初属一区，1956年成立10个初级社，1961年属巷道公社分为南湾、槐树、沙坡3个大队，1963年仍合并南湾大队，1983年社改乡时，设南湾村，1985年分为南湾、槐树、沙坡3个村委会。该村位于县城南郊，东连巷道，西接正远；拥有耕地面积1172亩，总人口993人，总户数244户，自然村4个。经济作物以蔬菜、瓜果为主，农作物以小麦、玉米为主。巷正公路横穿其境，交通十分便利。

1016 宣化镇高桥村

简　介：高桥村，解放初属常明区二乡，1953年属站南乡，1955年建3个初级社，1957年建高级社，1958年与东庄、寨子合并建立联大队属宣化公社，1961年属贞号公社，1964年分建高桥大队，1983年社改乡时设高桥村委会至今。高桥村，位于宣化镇西北5华里处，西接寨子，东连站南，北连定安，南邻东庄；拥有耕地面积1633亩，总人口950人，总户数220户，自然村7个。该村地处宣化镇西部，土质肥沃，主产小麦、玉米、棉花、甜菜等。距高盐公路1.5公里，可通行汽车。

1017 宣化镇站南村

简　介：站南村，解放初属常明区二乡，1953年建南乡，1955年建5个初级社，1956年合并为站南高级社，1958年成立宣化公社站南大队，1983年社改乡时成立站南村委会。站南村位于宣化镇西南部，耕地面积2726亩，总人口1773人，总户数429户，自然村12个。该村地处镇政府南部，是宣化镇农贸市场主要驻地。村民主要种植小麦、玉米、甜菜等。村里距高盐公路1.5公里，可通行汽车。

1018 巷道镇小寺村

简　介：小寺村，解放初属二区四乡，1953年建小寺乡，1955年建初级社，1957年建小寺高级社，1958年建小寺大队属城关人民公社，1961年建小寺公社，1964年并入巷道公社为小寺大队，1983年社改乡时设小寺村委会。小寺村位于高地西北部，西连西八里堡，北依黑河，南接五里墩。该村耕地面积 2239 亩，总人口 1431 人，总户数 334 户，自然村 10 个。该村属农业区，粮食以小麦、玉米为主。距高罗公路 1.5 公里，交通便利。

1019　宣化镇上庄村

简　介：上庄村，属柔远区一乡，1952 年改为二区，1953 年改为五区，1954 年改为六区，1955 年建初级社，1957 年属顾家堡高级社，1958 年属宣化大队，1961 年分建上庄大队属宣化公社，1983 年成立上庄村委会。该村位于宣化镇东北角，东接西八里，西连顾家堡，南靠台子寺，北邻黑河。耕地面积 516 亩，总人口 284 人，总户数 72 户，自然村 2 个。该村地处宣化东北角，土地肥沃，水资源丰富，主产小麦、玉米、甜菜、蚕豆等。距高盐公路 1.5 公里，可通行汽车。

1020　合黎镇七坝村

简　介：七坝村，解放初属四区一乡，1953 年属七区建下坝乡，1955 年属六坝乡，1957 年建高级社，1958 年建七坝大队属城关公社，1961 年属六坝人民公社，1983 年成立乡政府时设七坝村委会。该村位于合黎镇以西十七华里处，耕地面积 2532 亩，总人口 1097 人，总户数 269 户，自然村 10 个。该村地处合黎镇的西面，高罗公路由本村通过，耕地均为旱田沙质土，以黑河水灌溉，气候适宜，灌溉方便，是良好的农业区。适宜种植的粮食作物有小麦、玉米，经济作物主要有胡麻、甜菜，近年又发展了辣椒、棉花、瓜果等。有乡村路西通八坝、罗城，东到六三村与高台至平川公路连接。

1021　骆驼城镇红新村

简　介：红新村，1956 年为高台农场（四站）西站，1984 年建乡时设红新村至今。该村位于乡东北 3.5 公里处，耕地面积 1344 亩，总人口 490 人，总户数 110 户，自然村 5 个。聚落分布东西沿伸，呈东西 2 条街，房屋都为平房土木结构。该村以产小麦、玉米为主，以生产黑瓜子，甜菜为辅。

1022　新坝镇曙光村

简　介：曙光村，解放初为祁连区三乡，1953 年属五区新坝乡，1955 年建高级社，1958 年建曙光，1983 年改为新坝乡曙光村委会至今。该村位于新坝镇南 1 公里处，西连古城沟，东邻摆浪河。该村有耕地面积 3969 亩，总人口 1789 人，总户数 398 户，自然村 15 个。该村耕地均为旱地，自然村大部分在山区，村民居住较为分散。粮食作物有小麦，经济作物为胡麻、葵花；畜牧业以养羊为主。该村西距元红公路 2 公里，可通汽车。

1023　宣化镇利号村

简　介：利号村，解放初属柔远区九乡后改为二区，1953 年建利号乡属九区，1954 年属六区，1955 年撤区并乡属台子寺乡成立三个初级社，1957 年建利号高级社，1961 年属贞号公社，1964 年属宣化公社，1983 年改建为宣化镇利号村委会。该村位于宣化南面 3 公里处，耕地面积 1782 亩，总人口 943 人，总户数 219 户，自然村 7 个。该村地处宣化镇东部，土质肥沃，交通便利，主产小麦、玉米、甜菜和棉花。该村距高盐公路 2.5 公里，可通行汽车。

1024　南华镇永进村

简　介：国家为了解决中部干旱地区群众的温饱问题，从 1988 年开始让该地区群众陆续迁址高台，并在南华镇东南的南寨子村林场、县商业局农场一带成立了永进村筹委会，归县移民站管理。1994 年 4 月经县政府同意成立永进村委会，归南华镇政府管理。该村位于南华镇东南7公里处，北距南寨子3公里，西距高台县火车站5公里；拥有耕地面积1585亩，总人口634人，总户数151户（土族1户），自然村6个。该村以农业为主，主要种植小麦、玉米。房屋均为土木结构平房。有乡村路2公里通往国道312线。

1025 新坝镇顺德村

简　介：顺德村，明清称顺德一堡，解放初属祁连区一乡，1953年建顺德一乡属五区，1958年建顺德大队属新坝公社，1961年属暖泉公社，1964年仍属新坝公社，1983年改为新坝乡顺德村委会至今。顺德村位于新坝镇东北9华里处；有耕地面积3562亩，总人口1010人，总户数233户，自然村9个。该村粮食作物以小麦、玉米为主。元白公路横穿其境，北距国道312线2公里。

1026 骆驼城镇果树村

简　介：1984年建骆驼城乡政府，1992年成立果树村。该村位于乡政府东偏南1.5公里处，有耕地面积1700亩，总人口385人，总户数95户。该村以生产小麦、玉米为主，甜菜、大瓜子为辅，畜牧以养猪、鸡为主。

1027 巷道镇巷道村

简　介：巷道村，土改时属一区四乡，1955年建初级社，1957年并为高级社，1958年建巷道大队，属城关公社，1961年属巷道人民公社，1983年社改乡时设村委会。该村位于巷道镇中部，距县城东南2公里；有耕地面积1607亩，总人口1076人，总户数403户，自然村6个。巷道村经济类型以蔬菜为主，粮食作物为小麦、玉米。该村交通发达，有高罗、巷廖、巷正公路通过。

1028 新坝镇和平村

简　介：和平村，新中国成立初属祁连区五乡，1953年建红崖东乡属五区，1955年建和平初级社，1956年建和平高级社，1958年建和平大队属新坝大队，1961年属红崖子公社，1983年社改乡时，建和平村委会。该村位于红崖子乡南9华里，有耕地面积5427亩，总人口901人，总户数207户，自然村11个。该村以生产小麦、洋芋为主，以养牛、羊为辅。该村距元红公路5公里。2005年1月全县撤并乡镇时，撤红崖子乡并将其并入新坝乡。

1029 巷道镇东联村

简　介：东联村，解放后属二区五乡，1953年建胡家东湾，1956年由8个初级社合并为东联高级社，村名谓联合之意，1958年属城关公社，建东联大队，1961年属正远乡，1983年成立东联村委会。该村位于正远村东3公里处，东靠王家，北连五里墩村；有耕地面积2092亩，总人口1072人，自然村4个。主要农作物以小麦、玉米为主，还有部分经济作物。该村距巷正公路1公里，距高盐公路2公里，可通行汽车。2005年1月全县合乡并镇时，将正远乡合入巷道乡。

1030 黑泉乡九坝村

简　介：九坝村，解放初属四维区二乡，1953年属永源乡，1955年建九坝初级社，1957年建高级社，1958年建九坝大队属罗城公社，1961年属十坝公社，1964年属黑泉公社，1967年改为绿洲大队，1970年仍改为九坝，1983年社改乡时改为九坝村委会至今。该村位于黑泉乡东南黑河北岸，有耕地面积748亩，总人口468人，总户数118户，自然村4个。聚落沿公路两侧分布，呈东西一条大街，房屋均为土木结构平房。村民以生产小麦、玉米为主，以生产甜菜、西瓜、葵花和养羊为辅。高罗公路横穿其境，可通行汽车。

1031 巷道镇利沟村

简　介：利沟村，1961年建利沟大队，1966年改名为红星大队，1973年仍改为利沟大队，1983年成立利沟村委会。该村位于正远最西部，西接宣化，东连亨号；有耕地面积2399亩，总人口1028人，自然村7个。该村经济以农业为主，主产小麦、玉米。有乡村路2.5公里通往正远。2005年1月全县合乡并镇时，将正远乡合入巷道乡。

1032 巷道镇东湾村

简　介：东湾村，属一区四乡，1955年成立5个初级社，1957年并为东湾高级社，1958年建东湾大队属城关公社，1961年属巷道公社，1983年社改乡时，设东湾村。该村位于县城东郊，南连巷道，东接八一，北临黑河；拥有耕地面积2004亩，总人口1440人，总户数328户。农作物以蔬菜、粮食为主。该村紧邻巷廖、高罗、巷正、高火公路。

1033 新坝镇边沟村

简　介：边沟村，1956年属五星社，1958年属新坝公社光明大队，1961年分建红崖子公社，分建边沟大队，1983年社改时建边沟村委会。边沟村位于乡西3华里处，北有小泉，东接霞光，南连西上坝，西邻肃南大河区；有耕地面积2794亩，总人口466人，总户数104户，自然村6个。村民以生产小麦、洋芋、蚕豆为主，以养牛、羊为辅。该村向北有公路通红沙河，向东通红崖子。驻邓家疙瘩。2005年1月全县撤并乡镇时，撤红崖子乡并将其并入新坝乡。

1034 新坝镇西庄村

简　介：西庄村，解放初属祁连区三乡，1953年属五区，1957年成立高级社，1958年建西庄子大队属新坝人民公社管辖，1983年改为西庄子村委会。该村在新坝镇西2公里处，有耕地面积2657亩，总人口728人，总户数172户，自然村5个。房屋建设呈东西一条街，均为土木结构，呈条状分布。农作物种植以小麦、玉米为主，经济作物主要有胡麻、瓜子、葵花等。畜牧以养牛、羊、鸡为主。该村东距元红公路2公里，可通行汽车。

1035 黑泉乡沙沟村

简　介：沙沟村，解放初属四维区九乡，1953年属三区建镇江乡，1956年建初级社，1957年建高级社，1958年建沙沟大队属罗城公社，1961年属黑泉公社，1967年改为红光大队，1970年恢复为沙沟，1983年社改乡时改为沙沟村委会至今。沙沟村位于黑泉以北3公里处，有耕地面积1045亩，总人口505人，总户数124户，自然村3个。聚落分布向东西延伸，呈东西一条街，村民房屋均为平房土木结构。沙沟村以生产小麦、玉米、大米为主，以种植甜菜、蚕豆等为辅。该村距高盐公路1华里，可通行汽车。

1036 骆驼城镇前进村

简　介：前进村，1975年为宣化农场，1984年建乡政府时建前进村至今。该村位于乡政府西北1.5公里处，有耕地面积1375亩，总人口576人，总户数143户，自然村5个。聚落分布向东西延伸，呈东西6街，房屋均为平房土木结构。村民以生产小麦、玉米、黑瓜子、甜菜为主，以养猪、鸡为辅。距公路100米，可通行汽车。

1037 新坝镇六洋坝村

简　介：六洋坝村，解放初属祁连区四乡，1953年属五区正边乡，1955年建初级社，1956年建高级社，1958年建六洋坝大队属新坝公社，1961年属红崖子公社，1983年社改乡时，改为六洋坝村委会。该村位于乡东3公里处，东连古城沟，北接黄蒿，西连红崖子乡，南邻西村；有耕地面积4429亩，总人口414人，总户数108户，自然村7个。聚落分散在山区，房屋都为土木结构平房。村民以生产小麦、洋芋为主。元红公路经过该村。2005年1月全县撤并乡镇时，撤红崖子乡将其并入新坝乡。

1038 新坝镇黄蒿村

简　介：黄蒿村，解放初属祁连区五乡，1953年属红崖西乡，1955年建团结、胜利初级社，1956年建高级社，1958年建黄蒿大队，属新坝公社，1961年属红崖子公社，1983年社改乡时，改为黄蒿村委会至今。该村位于乡东北3公里处，东接西庄子，南连六洋坝；有耕地面积4002亩，总人口455人，总户数130户，自然村8个。村民以产小麦、洋芋为主，以养羊为辅。该村南距元红公路2公里。2005年1月全县撤并乡镇时，撤红崖子乡并将其并入新坝乡。

1039 合黎镇五四村

简　介：五四村，解放初属一区六乡，1953年建合黎乡，1955年并入五坝乡，1957年建高级社，1958年建五四大队属城关人民公社，1961年属五坝人民公社，1964年属六坝人民公社，1983年成立合黎乡时设立五四村委会。五四村属五坝西片，西以夹山与六一村为界，东为五三村，南部紧邻黑河；有耕地面积2478亩，总人口1501人，总户数354户，自然村8个。该村耕地全为旱地以黑河水灌溉，土质疏松，气候适宜，是很好的农业区。粮食作物以小麦、玉米为主，经济作物主要是辣椒、蔬菜等。

1040 宣化镇贞号村

简　介：贞号村解放初属二区九乡，1953年属九区，建贞号乡，1954年属六区，1955年属台子寺乡，建3个初级社，1957年建贞号高级社，1958年属宣化公社，建贞号大队，1961年建贞号公社，1964年并入宣化公社，为贞号大队，1983年改建为宣化镇贞号村委会。该村位于宣化南2公里处。耕地面积1781亩，总人口1046人，总户数226户，自然村6个。地处宣化南部约1公里处，土质肥沃，农业生产发展好，有经济林基地，是科技推广的试点村。该村交通便利，主产小麦、玉米、西瓜、甜菜、棉花等。距高盐公路2公里，可通行汽车。

1041 南华镇胜利村

简　介：胜利村，解放初为一区二乡，1953年属八区信号乡，1956年建胜利初级社，1957年并入信号高级社，1958年建胜利大队属城关公社，1961年属南华公社，1983年社改乡时改为胜利村委会至今。该村距南华镇西北1公里，位于高火公路西侧；有耕地面积1950亩，总人口815人，总户数200户，自然村5个。聚落分布呈东西走向、南北走向，以十字分布，南北东西各2条街，房屋多为平房土木结构，少量砖木结构。粮食以小麦、玉米为主，经济作物以甜菜、瓜类、蔬菜为主，畜牧业以养猪、羊为主。该村东距高火公路1华里，南距国道312线1公里，可通行汽车。

1042 南华镇南岔村

简　介：南岔村，解放初为一区二乡，1952

年属八区成号乡，1953年建初级社，1957年建高级社，1958年建南岔大队属城关公社，1961年属南华公社，1967年改红星大队，1972年仍改南岔大队，1983年社改乡时，设南岔村委会至今。南岔村距南华镇以西2公里，位于甘新公路沿线。耕地面积2547亩，总人口1297人，总户数319户，自然村6个。聚落分布呈东西、南北走向，呈南北1条街，东西4条街，房屋均为土木结构平房。该村粮食作物以小麦、玉米为主，经济作物以甜菜、瓜类为主；畜牧业以养猪、羊为主。国道312线横穿该村，距高火公路2公里，可通行汽车。

1043 合黎镇六三村

简　介：六三村，解放初属一区八乡，1953年建六坝西乡，1955年并六坝乡，1957年建高级社，1958年建六三大队属城关人民公社，1961年属六坝公社，1983年成立乡政府时设为六三村委会。该村位于合黎镇西三华里处，有耕地面积1910亩，总人口1182人，总户数293户，耕地均为旱田，河水灌溉。村子在高罗公路两侧分布，属农业区。粮食作物主产小麦、玉米，经济作物主要种植蔬菜、甜菜、辣椒等。有公路可达合黎、高台等。

1044 合黎镇五二村

简　介：五二村，属一区六乡，1953年建五坝东乡，1955年并入五坝乡，1957年建高级人民公社，1964年属六坝公社，1981年六坝公社更名为合黎公社，1983年社改乡时设立五二村至今。五二村东接五一村，西接五三村，位于黑河北岸；有耕地面积1796亩，总人口1104人，总户数262户，自然村7个。该村耕地均为旱田，灌溉全为河水，村子全部在高平公路两侧。粮食作物是小麦、玉米，经济作物主要是辣椒、各种蔬菜、甜菜、棉花。高台至平川的公路横穿全村，有公共汽车通往高台、贾家墩。

1045 宣化镇站北村

简　介：站北村，解放初属常明区二乡，1953年建站北乡属九区，1954年属六区，1955年建九个初级社，1957年合并为站北高级社，1958年建站北大队属宣化公社，1964年仍合建站北大队，1983年社改乡时设站北村委会。站北村位于宣化镇东南部，有耕地面积3221亩，总人口1617人，总户数383户，自然村9个。距高盐公路1公里，交通便利。可通行汽车。该村土质肥沃，农业生产发展好，主产小麦、玉米、甜菜等。

1046 南华镇信号村

简　介：信号村，解放初属一区二号，1953年属八区建信号乡，1956年建信号初级社，1957年建高级社，1958年建信号大队属城关人民公社，1961年属南华公社，1969年改名红卫大队，1970年仍改为信号大队，1983年社改乡时改为信号村委会至今。该村距南华镇西北5公里，东靠礼号村，西连成号，北接巷道镇；有耕地面积4766亩，总人口1615人，总户数398户，自然村11个。聚落分布呈东西、南北走向，呈东西3条街，南北9条街，房屋多为平房土木结构，少数为砖木结构。粮食作物以小麦、玉米为主，经济作物以甜菜为主，畜牧业以养猪、羊为主。该村东距高火公路1公里，可通行汽车。

1047 巷道镇沙坡村

简　介：沙坡村，解放初属一区，1956年成立10个初级社，1961年属巷道公社，分为南湾、槐树、沙坡3个大队，1963年仍合为南湾大队，1983年分为南湾、槐树、沙坡3

个村委会至今。该村位于巷道镇的西部，有耕地面积1112亩，总人口812人，总户数191户，自然村4个。农作物、经济作物以粮食、蔬菜为主。该村北距高罗公路1公里，南距巷正公路1公里，可通行汽车。

1048 黑泉乡黑小坝村

简　介：黑小坝村，解放初属常明区八乡，1953年属三区黑泉乡，1956年建3个初级社，1957年并为两个高级社，1958年建黑小坝大队属宣化公社，1961年属黑泉公社，1967年改名为红旗大队，1970年改为小坝公社，1981年地名普查时因与新小坝大队重名又改为黑小坝大队，1983年建乡时建黑小坝村委会至今。该村位于黑泉乡东北2公里处，有耕地面积1753亩，总人口1102人，总户数270户，自然村7个。该村以生产小麦、玉米为主，以生产甜菜、蚕豆等为辅，特产大米。距高盐公路1华里，可通行汽车。

1049 宣化镇利丰村

简　介：利丰村，解放初为柔远渠九乡，后改为二区，1953年建利号乡改九区，1954年属六区，1955年建3个初级社，1957年并入利号高级社，1958年建利号大队属宣化公社，1961年属贞号公社，分建利丰、利民、利沟3个大队，1964年属宣化公社，为利丰大队，1983年改建为利丰村委会。该村位于宣化南约4公里处，地处宣化镇南部，耕地面积2441亩，总人口1106人，总户数253户，自然村6个；土质肥沃，交通便利，灌溉方便，主产玉米、小麦、甜菜等。距高盐公路2.5公里，距巷正公路3公里，可通行汽车。

1050 新坝镇照二村

简　介：照二村，解放初属祁连区一乡，1953年属暖泉乡，1955年属新坝乡，1957年建照中高级社，1958年建照中大队属新坝公社，1961年分建暖泉公社，照中大队分为照一、照二、照中三个大队，1964年建新坝公社，1983年改为新坝乡照二村委会。照二村位于新坝东北7华里处，有耕地面积1254亩，总人口728人，总户数170户，自然村7个。聚落南北延伸，呈南北一条街，居住分散，房屋均为土木结构平房。该村粮食作物以小麦、玉米为主，经济作物以土豆、黄豆、葵花籽为主。该村西距元红公路1公里。

1051 巷道镇元号村

简　介：元号村，解放初属二区，1953年建元号乡，1956年建元号初级社，1958年建元号大队，属城关公社，1961年属正远公社，卫东大队，1980年分为元号、元新、元丰3个大队，1983年成立元号村委会。元号村位于正远东南部，西邻元新村。该村有耕地面积1431亩，总人口575人，自然村3个。该村经济以农业为主，主产小麦、玉米、胡麻、甜菜、水果等。该村北距巷正公路1公里，可通行汽车。驻东贺家墩。2005年1月全县合乡并镇时，将正远乡合入巷道乡。

1052 宣化镇寨子村

简　介：寨子村，解放初属常明区，1953年属站南乡，1955年建初级社，1958年建六联大队属宣化公社，1961年属贞号公社，1964年分建陈家寨子大队属宣化公社，1971年简化为寨子大队，1983年社改乡时成立寨子村委会。该村位于宣化镇西北部约3公里处，东连定安，南接高桥，西为三溢渠林场。该村耕地面积1135亩，总人口585人，154户，自然村4个。该村土质肥沃，交通便利，主产小麦、玉米。该村距高盐公路1公里，可通行汽车。

1053 巷道镇渠口村

简　介：渠口村，解放初属一区三乡，1955年建初级社，1957年建高级社，1958年建渠口大队属城关公社，1961年属巷道公社，1983年社改乡时设渠口村委会。该村位于巷道镇东部，距乡政府6.5公里；有耕地面积851亩，总人口509人，总户数122户，自然村3个。粮食作物以小麦、玉米为主。巷廖公路通过该村，距巷正、高罗公路7公里。

1054 城关镇国庆村

简　介：国庆村，1958年为国庆大队属城关公社，1976年属巷道公社，1985年划归城关镇成立国庆村。该村位于城关镇解放南路以西，纳凌渠以南；有人口803人，223户，自然村5个。农业、商业为其主业，粮食作物为小麦、水稻。

1055 南华镇明永村

简　介：明永村，1994年属南华乡明水村，由于明水村土地面积范围广，人口与耕地分散，为便于管理，将明水村分为明水和明永，明永村位于南华镇东南部，共有3个社，220户，924人。

1056 巷道镇槐树村

简　介：槐树村，解放初属一区，1956年成立10个初级社，1961年属巷道公社，分为槐树、南湾、沙坡3个大队，1963年合为南湾大队，1985年分为南湾、槐树、沙坡3个村委会至今。该村位于巷道镇西南部，有耕地面积1032亩，人口752人，180户，自然村4个。巷正公路横穿其境，距高罗公路2公里，可通行汽车。

1057 巷道镇果园村

简　介：果园村，解放初属一区三乡，1955年建初级社，1957年合并果园高级社，1958年建果园大队属城关公社，1961年属巷道人民公社，1983年社改乡时设果园村委会。果园村位于渠口以西2公里处，有耕地面积1271亩，总人口736人，171户，自然村4个。农作物以粮食和蔬菜为主。巷廖公路横穿全村。

1058 合黎镇五三村

简　介：五三村，解放初属一区六乡，1953年建五坝四乡，1955年并入五坝乡，1957年建立高级社，1958年建五三大队属城关人民公社，1961年属五坝公社，1964年属六坝公社，1983年改社分设时改为五三村委会至今。该村位于旧五坝堡，东为五二村，西接五四村，南是黑河；总人口1313人，总户数305户，自然村9个。耕地均为旱田，河水灌溉，9个自然村居住分散属农业区。粮食作物主产小麦、玉米，经济作物主要种植蔬菜、辣椒等。高台至平川的公路从本村通过。

1059 南华镇礼号村

简　介：礼号村，解放初属一区二乡，1953年为八区礼号乡，1956年建初级社，1957年建高级社，1958年建礼号大队属城关人民公社，1961年属南华公社，1961年改为前进大队，1971年仍改为礼号大队，1983年社改乡时改为礼号村委会至今。该村位于南华镇东北约4公里，南靠义和，北接巷道镇，西连信号村；有耕地面积3540亩，总人口1069人，总户数261户，自然村5个。聚落分布南北延伸，呈南北5条街，房屋均为平房土木结构。粮食作物以小麦、玉米为主，经济作物以甜菜、豆类、蔬菜、瓜类为主，畜牧业以养猪、羊为主。该村西距高火公路2公里，南距国道312线2公里，可通行汽车。

1060 罗城乡万丰村

简　介：万事村，解放初属四维区四乡，1953年属罗城乡，1956年建万丰初级社，1957年属罗城高级社，1958年属罗城大队，1961年建万丰大队，1983年改为万丰村。该村距罗城乡北2公里，有耕地面积1038亩，总人口652人，总户数150户，自然村4个。该村以农业为主，主要作物为小麦、玉米、甜菜等。高罗公路横穿其境，可通行汽车。

1061 合黎镇六二村

简　介：六二村，解放初属一区七乡，1953年建六坝东乡，1957年建高级社，1958年建六二大队属城关公社，1961年属六坝公社，1981年更名为合黎乡六二大队，1983年改乡时设立六二村委会至今。该村位于合黎镇东南，南邻黑河，北邻合黎山；地处六坝堡，辖12个社，293户，1565人，耕地2878亩，以农业为主，主产小麦、玉米。耕地均为旱田，以河水灌溉，土质属砂质壤土，气候温和，是良好的农业区。粮食作物以小麦，玉米为主，经济作物主要有棉花、甜菜、油料、辣椒、瓜菜等。辖区内有中学1所，中心小学1所，个体医疗站1所，乡中心医院1所。该村东有公路通往平川、临泽、张掖；北有简易公路通往芦泉、阿拉善右旗，西有高罗公路（北路）通往罗城，南有公路经六坝大桥至县城。

1062 黑泉乡永丰村

简　介：永丰村，解放初为常明区七乡，1953年为三区永丰乡，1956年成立初级社，1957年并为永丰高级社，1958年建永丰大队属宣化公社，1961年属定安公社，1964年属黑泉乡，1983年社改乡时改为永丰村委会至今。永丰村位于黑泉乡东南部5公里处，有耕地面积4145亩，总人口2121人，总户数502户，自然村12个。聚落分布沿乡村路两旁，呈东西一条长街，居住区整齐划一，均为土木结构平房。粮食作物以小麦、玉米、大米为主。经济作物有黄豆、甜菜、胡麻等，畜牧业以养羊为主。该村西距高盐公路2公里，东距高罗公路（北路）2公里，可通行汽车。

1063 南华镇小海子村

简　介：小海子村，解放初属一区一乡，1953年属八区建小海子乡，1956年建小海子初级社，1957年建高级社，1958年建小海子大队属城关人民公社，1961年属小海子公社，1964年并入南华公社小海子大队，1983年社改乡时为小海子村委会至今。小海子村位于南华镇最东部，与临泽县接壤，北连巷道镇，西临北利沟村，南依榆木山。该村有耕地面积2700亩，总人口878人，总户数217户，自然村7个。粮食作物以小麦、玉米为主，经济作物以甜菜、胡麻、养猪为主。该村南距国道312线4公里，可通行汽车。

1064 新坝镇暖泉村

简　介：暖泉村，解放初属祁连区一乡，1953年建暖泉乡属五区，1955年属新坝东乡建初级社，1957年建暖泉高级社，1958年建暖泉大队属新坝公社，1961年分建暖泉公社，1964年仍归新坝公社为暖泉大队，1983年改为新坝乡暖泉村委会。暖泉村位于新坝镇东5公里处，地势南高北低，北连新沟，西接照一，元肃公路穿村而过；有耕地面积4796亩，总人口1314人，305户，自然村13个。粮食以小麦、玉米为主，经济作物以黄豆、土豆、大蒜、蔬菜为主。元白公路横穿其境，可行汽车。

1065 罗城乡盐池村

简　介：盐池村，明置土城，清设盐池驿，解放初属四维区十乡，1953年建盐池乡属四区，1957年建盐池公社，1958年建盐池大队属罗城公社，1968年建盐池公社盐池大队，1983年改为盐池村至今。盐池村位于老盐池乡东部，东接罗城乡，西邻双丰村，南与肃南为邻，北与金塔接壤；有耕地面积110亩，总人口1272人，总户数323户。该村村民点分布集中，摆布紧凑，呈街巷式分布，绝大部分为土木结构的平房。该村交通便利，向西有公路通往双井子，可通行汽车。2005年1月全县合乡并镇时，将盐池合入罗城乡。

1066 宣化镇顾家堡村

简　介：顾家堡村，解放初属常明区一乡，后属二区，1953年建宣化乡属九区，1954年改为六区，1955年建初级社，1957年建朱家堡高级社，1958年属宣化大队，1961年分建顾家堡属宣化乡，1987年改社分设时成立顾家堡村。该村位于宣化东北4公里处，地处宣化镇东北部，有耕地面积1087亩，总人口524人，125户，自然村6个。该村土质肥沃，交通便利，水资源丰富，是生产水稻的良种地。该村距高盐公路1公里，可通行汽车。

1067 宣化镇乐二村

简　介：乐二村是由乐善大队分设而来。乐善由来以久，明朝就于地建堡，堡内群众历来爱好戏剧，自演自看，后建戏班为乐善班，寓意快乐善良。至今该村村民仍爱唱戏，乐善村解放初为常明区六乡，因人口居住集中，村寨较大，俗称为大寨子。1953年建高级社，1958年建乐善大队属宣化公社，1961年分建为乐二大队，乐二为序数，1983年改社分设时成立乐二村委会。该村位于宣化镇以北5华里处，地处宣化镇北部，东连乐三，西接乐一，北邻黑河，南接蒋家庄；有耕地面积3396亩，总人口2490人，605户，自然村17个。该村土地肥沃，盐碱大，地下水位较高，属四大干渠的下游，水资源较为丰富。该村距高盐公路1.5公里，可通行汽车。

1068 新坝镇楼庄村

简　介：楼庄村，属祁连区二乡，1953年建河西坝乡，1955年成立二联公社，1958年建楼庄，1983年改为楼庄村委会。该村位于新坝镇北4公里处，有耕地面积4392亩，总人口1107人，261户，自然村10个。村民种植以小麦、玉米为主，经济作物以蚕豆、甜菜、油菜、瓜类等为主。该村距元红公路1公里，可通汽车。

1069 南华镇南寨子村

简　介：南寨子村，解放初属一区一乡，1953年属八区北利沟乡，1956年建南寨子初级社，1957年建高级社，1958年建寨子大队属城关人民公社，1961年属南华公社，1969年改名向阳大队，1970年改名南寨子大队，1983年社改乡时改为南寨子村委会至今。南寨子村位于南华镇以东5华里处，有耕地面积2320亩，总人口950人，总户数228户，自然村4个。粮食作物以小麦、玉米为主，经济作物以甜菜、豆类、蔬菜为主，畜牧业以养猪、羊为主。该村距国道312线1华里，可通行汽车。

1070 骆驼城镇新联村

简　介：新联村，1956年为高台农场四站，1984年建乡政府时建新联村至今。该村位于乡政府东北4公里处，有耕地面积2497亩，总人口853人，总户数207户，自然村6个。该村以生产小麦、玉米为主，生产甜菜、黑瓜子为辅；畜牧业以养猪、鸡为主。该村有公路通过，可通行汽车。

1071 罗城乡桥儿湾村

简　介：桥儿湾村，解放初属四维区三乡，1953年属四区红山乡，1956年建高级社，1958年属罗城公社红山大队，1961年分建桥儿湾大队，1983年成立桥儿湾村。该村位于黑河东岸，北邻胭脂堡，与花墙子村隔河相望。该村有耕地面积778亩，总人口377人，总户数93户，自然村3个。该村经济以农业为主，土地多荒地、草地。高罗公路横穿其境，可通行汽车。

1072 罗城乡河西村

简　介：河西村，解放初属四维区，1953年建河西乡属四区，1956年建初级社，1957年建高级社，1958年建河西大队属罗城公社，1961年分建河西、大庄子、蔺家庄3个大队随即又合并为河西大队，1983年改为河西村委会。该村位于黑河西岸，北接常丰，南临红寺坡。有耕地面积2966亩，总人口1514人，346户，自然村11个。该村水资源丰富，属农业区，粮食作物主要是小麦、玉米。高盐公路横穿其境，可通行汽车。

1073 巷道镇五里墩村

简　介：五里墩村，解放初属二区五乡，1956年建初级社，1957年建高级社，1958年建五里墩大队属城关人民公社，1961年属小寺公社，1964年属巷道公社，1983年社改乡时设五里墩村委会。该村位于县城西六华里处，有耕地面积1403亩，总人口787人，175户，自然村5个。农作物以粮食为主。该村距高罗公路1华里，交通便利。

1074 罗城乡天城村

简　介：天城村，解放初属四维区五乡，1953年建天城乡属四区，1958年建天城大队属罗城公社，1961年建天城公社，1964年将天城公社并入罗城公社改为天城大队，1983年建天城村至今。该村位于高台县西北，距县城六十公里。耕地面积2797亩，总人口1589人，其中少数民族1人，总户数390户，自然村11个。该村以农业为主，主要农作物以小麦、玉米、甜菜等为主。居民住房均为土木、砖木平房，呈街巷式分布。罗天公路通过天城村，可通行汽车。

1075 骆驼城镇梧桐村

简　介：1984年建乡政府时建梧桐村至今。该村位于乡政府东北5.5公里处，有耕地面积1312亩，总人口468人，106户，自然村3个。村民以生产小麦、玉米为主，甜菜、大瓜子为辅；畜牧以养猪、鸡为主。有公路穿过其境，有班车通往。

1076 黑泉乡十坝村

简　介：十坝村，解放初属四维区二乡，1953年属四区建永源乡，1956年建初级社，1957年建高级社，1958年建十坝大队属罗城公社，1961年建十坝公社，1964年将十坝公社西部红山区划罗城公社、东部划黑泉公社十坝大队，1967年改为长青大队，1970年改回十坝大队，1980年社改乡时改为十坝村委会至今。该村位于黑河以东，和黑泉乡隔河相望；有耕地面积863亩，总人口480人，总户数106户，自然村4个。沿公路两侧分布，呈东西一条街，均为土木结构平房。村民以生产小麦、玉米为主，以生产葵花、西瓜、甜菜等为辅。高罗公路横穿其境，西距高盐公路1.5公里，可通行汽车。

1077 新坝镇小泉村

简　介：小泉村，解放初属祁连区四乡，1953年属正边乡，1956年建初级社，1957年建高级社，1958年因开挖新渠1条，建新沟大队属新坝公社，1961年属红崖子公社，1981年地名普查因与新坝新沟重名，故改名小泉，1983年改乡时，改小泉村委会。该村位于乡西3公里处，北靠光明，南接边沟，东邻红崖，西邻肃南；有耕地面积4926亩，总人口774人，总户数177户，自然村11个。该村以小麦、洋芋为主，以养牛、羊为辅。有公路通红崖子，驻周家庄。2005年1月全县撤并乡镇时，撤红崖子乡并将该村并入新坝乡。

1078 黑泉乡新开村

简　介：新开村，解放初属常明区九乡，1952年属二区，1953年建新开乡属二区，1955年撤区并乡建初级社属永丰乡，1958年建新开大队属宣化公社，1961年属定安公社，1964年属黑泉公社，1967年改名团结大队，1970年又改回新开，1983年社改乡时改为新开村委会至今。该村位于黑泉东南3公里处，有耕地面积3002亩，总人口1521人，总户数361户，自然村10个。村民以生产小麦、玉米、大米为主，以种植甜菜、黄豆、蚕豆为辅。高盐公路横穿其境，可通行汽车。

1079 巷道镇太安村

简　介：太安村解放后属二区五乡，1953年建胡家东湾乡，1956年建太安高级社，1958年建太安大队属城关公社，1961年属东联公社，1964年属正远公社，1966年改名向阳大队，1968年仍改为太安大队，1983年社改乡时设太安村委会。该村位于正远村东部，北距高盐公路2公里，南距巷正公路2公里；东靠五里墩，南接东联，北连西八里堡。该村有耕地面积2592亩，总人口1073人，自然村5个，经济以农业为主。可通行汽车。2005年1月全县合乡并镇时，将正远乡合入巷道乡。

1080 新坝镇东上坝村

简　介：上坝村，解放初属祁连区5乡，1953年属五区红崖西乡，1955年建初级社，1956年建霞光高级社，1958年属新坝公社霞光大队，1961年分为霞光、东上坝、西上坝3个大队，属红崖子公社，1983年社改乡时改为东上坝村委会至今。该村位于乡南1公里处，有耕地面积2528亩，总人口420人，总户数104户，自然村8个。村民以产小麦、洋芋为主，养牛、羊为辅。该村距元红公路4公里。2005年1月全县撤并乡镇时，撤红崖子乡将该村并入新坝乡。

1081 巷道镇红联村

简　介：该村解放前为丰盛村，解放后为柔远区三乡，1953年建郇家湾乡属二区，1955年建初级社，1956年建高级社，1958年建郇家湾大队，村名均以姓氏得名，1961年属正远公社公社，1967年改名为红联大队，1983年成立红联村委会。该村位于正远东3公里处，东接巷道，西接殷家庄；有耕地面积3788亩，总人口2096人，354户，自然村8个。经济以农业为主，村民主产小麦、玉米。巷正公路横穿全境，向西通往正远，向东通往高台，驻李家桥头。2005年1月全县合乡并镇时，将正远乡合入巷道乡。

1082 巷道镇八一村

简　介：八一村又名东八里堡，东距县城8华里，解放初属一区三乡，1955年建八一、八二、八三初级社，1957年并建八里堡高级社，1958年建东八里堡大队属城关公社，1961年仍为八一、八二、八三大队，属巷道公社，1964年建八一大队，1983年社改乡时设八一村委会。八一村东临果园，西接三桥，北邻黑河，南接南华镇；有耕地面积2815亩，总人口1408人，总户数331户，自然村8个。农作物以粮食、蔬菜为主。有巷廖公路通行。

1083 新坝镇下坝村

简　介：解放后为祁连区，1958年建新坝公社，1964年合并后三个大队为新坝公社管辖，1983年社改乡时成立下坝村委会。该村位于乡政府东北9公里处，有总人口974人，总户数215户，自然村9个。该村呈南北一条街分布，房舍以土木结构为主。粮食作物以小麦、玉米为主，经济作物有黄豆、洋芋、黑瓜籽等。

1084 黑泉乡胭脂堡村

简　介：胭脂堡村，解放初属四维区二乡，1953年属永源乡四区，1956年建永和初级社，1957年建高级社，1958年属罗城公社十坝大队，1961年属十坝公社，1964年建胭脂堡大队属黑泉公社，1967年改名为林海大队，1970年仍改为胭脂堡，1983年社改乡时改为胭脂堡村委会至今。该村位于黑河北岸，有耕地面积1270亩，总人口748人，总户数173户，自然村6个。村民以生产小麦、玉米为主，以菜豆、甜菜为辅。高罗公路横穿其境，可通行汽车。

1085 新坝镇许三湾村

简　介：许三湾村，古地名，清朝时称"许三湾堡"，今属高台县新坝镇。许三湾城及墓群遗址发掘于1958年，共有两处，均为全国重点文物保护单位。

1086 黑泉乡黑泉村

简　介：黑泉村，解放初属常明区，后改为四区，1953年建黑泉乡属三区，1956年成立3个初级社，1957年并为黑泉高级社，1958年建立黑泉大队属宣化公社，1961年属黑泉公社，1967年改名东冈大队，1970年仍为黑泉大队，1983年社改乡时改为黑泉村委会至今。该村位于县城25公里处，东接宣化、合黎，北与阿拉善右旗为邻，南接新坝和肃南明花区，西接罗城；有耕地面积4700亩，总人口2063人，498户，自然村12个。黑全村是黑泉乡驻地。粮食作物以小麦、大米为主，经济作物以蚕豆、胡麻、黄豆、甜菜为主，畜牧业以养鸡、羊为主。该村交通便利，有高罗公路（北路）向西通往罗城，高盐公路穿村而过，可通行汽车。

1087 宣化镇王马湾村

简　介：马湾村，解放初属柔远区十乡，1953年属台子寺乡，1955年成立三个初级社，1957年并为王马湾高级社，1958年属宣化公社台子寺大队，1961年分建王马湾大队，1983年改社分设时成立王马湾村委会。该村位于宣化东南4公里处，南接殷家桥，西接利丰、站北，北连台子寺；有耕地面积2242亩，总人口1147人，总户数262户，自然村5个。该村土质肥沃，条件优越，是生产小麦、玉米、甜菜等作物的农产区之一。该村距高盐公路1公里，可通行汽车。

1088 黑泉乡定平村

简　介：定平村，解放初属常明区五乡，1952年属二区，1953年为三区定平乡，1955年先后建十个初级社，1956年建定平高级社，1958年属宣化公社为定平大队，1961年属定安公社，1964年归黑泉公社，1983年改为定平村委会至今。该村位于黑泉乡南5华里处；有耕地面积4314亩，总人口2293人，549户，自然村11个。分布在高盐公路南侧，呈条状南北一条街，以土木结构平房为主。村民以生产小麦、玉米为主，以生产黄豆、甜菜、蔬菜为辅，以养羊为辅。高盐公路横穿其境，可通行汽车。

1089 新坝镇红沙河村

简　介：红沙河村，解放初属祁连区7乡，1953年建红沙河乡，1955年建初级社，1961年建红沙河高级社，1964年仍旧并入红崖子公社为红沙河大队，1983年社改乡时改为红沙河村委会至今。该村位于红崖子乡西北15公里处，西至马营河；有耕地面积10852亩，总人口2104人，476户，自然村23个。聚落分布在山区，向东西延伸，呈东西一条街，都为平房土木结构。村民以产小麦、洋芋为主，以养牛、羊为辅。2005年1月全县撤并乡镇时，撤红崖子乡将其并入新坝乡。

1090 骆驼城镇新民村

简　介：新民村是个移民村。从1988年开始，为了解决中部干旱地区群众的温饱问题，该地群众陆续迁址到高台，在骆驼城古遗址以东成立新民村筹备会，1993年10月县政府同意成立新民村，归骆驼城乡管理。该村位于骆驼城古遗址东2公里处，东距县打井队2公里。耕地面积6730亩，总人口2292人，293户，自然村4个。新民村经济类型以农业为主，主要种植小麦、玉米，住房均为平房土木结构，有公路可通正远、宣化。

1091 宣化镇蒋家庄村

简　介：蒋家庄村，解放初属常明区一乡，1953年属宣化乡，1955年建初级社，1957年属宣化高级社，1958年建宣化公社，1961年建蒋家庄大队，1983年改为蒋家庄村委会。该村位于县城西11公里处，地处宣化镇政府驻地北部附近，距镇政府0.5公里；有耕地面积1298亩，总人口533人，132户，自然村4个。该村土质肥沃，交通便利，主产小麦、玉米、甜菜等。高盐公路横穿其境，向东通往高台，向北通往黑泉，可通行汽车。

1092 宣化镇乐一村

简　介：乐一村，解放初属常明区，1953年属二区乐善乡，后改为九区，1954年改为六区，1955年建初级社，1957年建乐善高级社，1958年乐善分3个大队，分别以序数得名为乐一、乐二、乐三大队，属宣化镇，1983年成立乐一村委会。该村位于宣化最北部，西南靠定安，北接黑河，东连乐二。有耕地面积861亩，总人口473人，126户，自然村3个。该村土质肥沃，盐碱大，水资源丰富，是生产水稻的产稻区。村民主种玉米、小麦、甜菜等。该村南距高盐公路1华里，可通行汽车。

1093 南华镇成号村

简　介：成号村，解放初为一区二乡，1953年建成号乡属八区，1956年成立初级社，1957年转为高级社，1958年建成号大队属城关公社，1961年属南华公社，1969年改红旗大队，1972年仍改成号大队，1983年社改乡时设成号村委会至今。该村位于南华镇最西面，相距南华镇7公里，东连南岔，西接高台农场；有耕地面积2350亩，总人口874人，214户，自然村7个。聚落分布东西、南北走向，呈"十"字南北、东西2条街，房舍均为平房土木结构。粮食作物以小麦、玉米为主，经济作物以甜菜、葵花、油料为主，畜牧业以养猪、羊、鸡为主。该村南距国道312线1公里,可通行汽车。

1094 骆驼城镇碱泉子村

简　介: 1984年建乡政府时,建碱泉子村委会。该村位于乡政府东9公里;有耕地面积703亩,总人口327人,93户,自然村4个。村民以生产小麦、玉米为主,甜菜、大瓜子为辅。畜牧业以养猪、羊、鸡为主。有甘新公路与简易公路在该村相连,通班车。

1095 巷道镇亨号村

简　介: 亨号村,解放初属二区,1953年建亨号乡,1955年建初级社,1958年建亨号大队,属城关公社,1961年属正远公社,1969年仍为亨号大队,1983年成立亨号村委会。该村位于正远西2公里,西接利沟,东接元丰,北邻殷家桥;有耕地面积2003亩,总人口879人,自然村5个。该村以农业为主,主要作物是小麦、玉米,经济作物有甜菜、胡麻等。有公路通往正远、骆驼城,可通行汽车。2005年1月全县合乡并镇时,将正远乡合入巷道乡。

1096 合黎镇五一村

简　介: 五一村解放初属一区六乡,1953年建五坝东乡,1955年并入五坝乡,1958年属城关人民公社为五一村,1961年属五坝公社,1964年属六坝公社,1981年六坝公社更名为合黎公社,1983年社改乡时设立五一村委会。五一村位于合黎镇最东部,南邻黑河,东面是临泽贾家墩村。有耕地面积2641亩,总人口1423人,326户,自然村8个。耕地均为旱地,以黑河水灌溉,属砂质壤土,土地肥沃,农作物产量较高。高仓村以农业为主,粮食生产小麦、玉米,经济作物主要有胡麻、棉花、甜菜、辣椒等。有公路通往高台县城、临泽、张掖,有班车通过。

1097 罗城乡侯庄村

简　介: 侯庄村,解放初属四维区五乡,1953年属天城乡,1956年建三个初级社,1957年建侯庄高级社,1958年属罗城公社天城大队,1961年属天城公社分建侯庄、赵家沟两个大队,1964年天城并入罗城公社,3个大队合并为侯庄大队,1983年改名为侯庄村委会至今。该村位于黑河北岸,和常丰隔河为邻,西北接天城;有耕地面积2222亩,总人口1171人,274户,8个自然村。该村属典型的农业区,主要农作物有小麦、玉米、甜菜。

1098 新坝镇东大队村

简　介: 东大队村,解放初属祁连区6乡,1953年建正边乡属5区,1955年建二坝沟社,1958年建二坝沟公社,1969年并入红崖子公社,命名东大队。(依二坝沟龙王庙分为东、西大队)1983年社改乡时,改为东大队村委会。该村位于乡东南7公里,北接古城沟,西连西大队,南依祁连山,东连大河湾;有耕地面积5927亩,总人口630人,149户,5个自然村。村民以生产小麦、洋芋为主,以养羊、牛为辅。该村北距元红公路2公里。2005年1月全县撤并乡镇时,撤红崖子乡将该村并入新坝乡。

1099 南华镇智号村

简　介: 智号村,解放初属一区二乡,1953年属八区义和乡,1957年属先锋社,1958年属城关公社先锋大队,1961年从先锋大队分出建智号大队属南华公社,1969年改前锋大队,1970年恢复智号大队,1983年社改乡时改为智号村委会至今。该村位于南华镇正北2公里处,紧靠高火公路东侧;有耕地面积2024亩,总人口798人,192户。聚落分布东西、南北延伸,呈东西一条街,南北3条街，均为土木结构平房。粮食作物以小麦、玉米为主，经济作物以甜菜、蔬菜为主，畜牧业以养猪、羊为主。该村西距高火公路1华里，南距国道312线2公里，可通行汽车。

1100 黑泉乡镇江村

简　介：江村，解放初属四维区九乡，1953年建镇江乡属三区，1955年撤区并乡属黑泉乡建3个初级社，1957年合并为镇江高级社，1958年建镇江大队属宣化公社，1961年属黑泉公社，1967年改名为红星大队，1970年仍改为镇江大队，1983年社改乡时改为镇江村委会至今。该村位于黑泉东北九华里处；有耕地面积1806年，总人口1009人，245户，6个自然村。村民以生产小麦、玉米、水稻为主，以蚕豆、甜菜、蔬菜为辅。高盐公路横穿其境，可通行汽车。

1101 南华镇大庄村

简　介：大庄村，解放初属一区一乡，1953年属八区北利沟乡，1956年建大庄初级社，1957年建大庄高级社，1958年和墩仁为一个大队属城关公社，1961年分建大庄大队属小海子公社，1964年属南华公社，1983年社改乡时改为大庄村委会至今。该村位于南华镇东北约4公里处，东南距墩仁约3华里；有耕地面积2400亩，总人口766人，193户，5个自然村。有南北5条街，房屋均为平房土木结构，少量为砖木结构。粮食作物以小麦、玉米为主，甜菜、豆类为经济作物，以养猪为畜牧业。该村南距国道312线3公里，西距高火公路4公里，可通行汽车。

1102 黑泉乡定安村

简　介：安定村，解放初属常明区乡，1952年为二区，1953年属三区建定安乡，1955年先后建11个初级社，1957年合并为定安高级社，1958年建定安大队，1967年改名为前进大队，1970年仍改为定安，1983年社改乡时改为定安村委会至今。该村位于黑泉乡南12公里处；有耕地面积6032亩，总人口2957人，727户，16个自然村。村民以生产小麦、玉米为主，以种植蚕豆、甜菜、蔬菜和养羊为辅。该村距高盐公路1华里，可通行汽车。

1103 罗城乡红山村

简　介：红山村，解放初属四维区三乡，1953年建红山乡属四区，1955年建红山社，1958年建红山大队属罗城人民公社，1961年将桥儿湾划出仍叫红山大队，1983年建红山村委会。该村位于黑河北岸，北连万丰，西接罗城。耕地面积3707亩，总人口1629人，403户，11个自然村。该村属典型农业区，主要农作物是小麦、玉米。高盐公路横穿其境通往罗城，高罗公路横穿其境，交通便利，可通行汽车。

后 记

在甘肃进行全面性的文化资源普查属于首次,将普查成果汇编成大型的文化资源名录在国内也属于前列。《甘肃省文化资源名录》是按照《甘肃省文化提升行动协调推进领导小组工作方案》和《甘肃省文化资源普查和分类分级评估工作实施方案》要求推出的重要成果。经过甘肃省文化资源普查和分类分级评估工作领导小组办公室组织40多名专家学者,在甘肃省文化资源普查平台数据库基础上,历时两年精心编排,终于完成书稿,这是参与全省文化资源普查的所有工作人员集体智慧的结晶。

甘肃省委原常委、省委宣传部原部长连辑,甘肃省委常委、省委组织部部长梁言顺,甘肃省委常委、省委宣传部部长陈青,先后领导和部署了本名录的编辑出版工作。省委宣传部原副部长、省社科院原院长范鹏研究员协调推进了本名录的编写。甘肃省社科院院长王福生研究员组织实施了本名录的策划设计、内容编排、审定并最终定稿。甘肃省社科院副院长马廷旭研究员负责了审稿、统稿和出版发行事宜。刘玉顺同志全程负责了书稿编排工作。

在《甘肃省文化资源名录》面世之际,感谢甘肃省文化提升行动协调推进领导小组各位领导的大力支持与关心,感谢参与普查工作的各市(州)县(区)、有关省直厅局的鼎力相助,感谢参与普查的专家学者和基层工作人员的辛勤付出,感谢中国书籍出版社为本名录的出版所做的努力,感谢所有关心关注本名录的人们。《甘肃省文化资源名录》是从盘清全省文化资源家底的角度入手,收录范围极其宽泛,有部分内容还存在缺项,有的资源没有资源简介,有的资源缺图片等等,给该书的出版留下了遗憾(该套丛书普查数据截至2012年12月31日)。同时,由于我们的水平有限,可能还有错讹疏漏之处,恳请读者随时批评指正,以便在将来进一步完善和修订。

甘肃省社会科学院
2017年7月

甘肃省文化资源名录
总书目

第 一 卷　可移动文物Ⅰ（金银器、铜器）
第 二 卷　可移动文物Ⅱ（铜器）
第 三 卷　可移动文物Ⅲ（铜器、铁器）
第 四 卷　可移动文物Ⅳ（陶泥器）
第 五 卷　可移动文物Ⅴ（陶泥器）
第 六 卷　可移动文物Ⅵ（陶泥器）
第 七 卷　可移动文物Ⅶ（陶泥器）
第 八 卷　可移动文物Ⅷ（陶泥器）
第 九 卷　可移动文物Ⅸ（砖瓦、瓷器）
第 十 卷　可移动文物Ⅹ（瓷器）
第十一卷　可移动文物Ⅺ（宝、玉石器，石器、石刻）
第十二卷　可移动文物Ⅻ（纺织品、皮革、漆木竹器、珐琅器、玻璃器、骨角牙器、文具乐器法器、绘画）
第十三卷　可移动文物ⅩⅢ（书法、拓片、玺印、货币、雕塑、造像）
第十四卷　可移动文物ⅩⅣ（文献图书、徽章、证件、票据、邮品、度量衡器、交通运输工具、武器装备、航天装备、古脊椎动物化石、人类化石、其他）
第十五卷　不可移动文物Ⅰ（古墓葬、古遗址）
第十六卷　不可移动文物Ⅱ（古建筑、石窟寺及石刻、其他）
第十七卷　红色文化（故居、旧址、纪念地、纪念设施、烈士墓、其他）
第十八卷　历史事件与人物Ⅰ（历史事件、历史人物）
第十九卷　历史事件与人物Ⅱ（历史人物）
第二十卷　历史文献Ⅰ（古籍）
第二十一卷　历史文献Ⅱ（古籍、志书、档案、其他）
第二十二卷　非物质文化遗产Ⅰ（民间文学、民间音乐、民间舞蹈、民间戏剧、曲艺）
第二十三卷　非物质文化遗产Ⅱ（民间杂技、游艺传统体育与竞技、民间美术、民间技艺）
第二十四卷　非物质文化遗产Ⅲ（民间技艺、民间医药、民间信仰、岁时节令、生产商贸习俗、消费习俗、民间知识、人生礼俗）
第二十五卷　建筑、自然景观文化（建筑文化、自然景观文化）

甘肃省文化资源名录
总书目

第二十六卷	文学艺术Ⅰ（文学、艺术）
第二十七卷	文学艺术Ⅱ（艺术）
第二十八卷	饮食文化（酒、茶、饮料、特色饮食、饮食器皿）
第二十九卷	节庆、赛事、文化之乡（节庆、赛事、文化之乡）
第 三 十 卷	地名文化Ⅰ（特色自然地理地名、市州、市县区、乡镇街道、村、社区）
第三十一卷	地名文化Ⅱ（村、社区）
第三十二卷	地名文化Ⅲ（村、社区）
第三十三卷	地名文化Ⅳ（村、社区）
第三十四卷	地名文化Ⅴ（村、社区）
第三十五卷	地名文化Ⅵ（村、社区）
第三十六卷	文化产业、传媒Ⅰ（新闻出版发行服务、广播电视电影服务、文化用品的生产、文化产品生产的辅助生产）
第三十七卷	文化产业、传媒Ⅱ（文化艺术服务、文化信息传输服务、文化休闲娱乐服务、工艺美术品的生产）
第三十八卷	文化产业、传媒Ⅲ（文化创意和艺术服务、文化专用设备的生产、传媒）
第三十九卷	社科研究Ⅰ（机构和团体、著作类、研究报告、学术活动、社科刊物、获奖成果）
第 四 十 卷	社科研究Ⅱ（论文）
第四十一卷	社科研究Ⅲ（论文）
第四十二卷	文化类高等教育、文化艺术机构团体Ⅰ（文化类高等教育、文化艺术机构、文艺团体、文艺表演团体、文艺场馆）
第四十三卷	文化类高等教育、文化艺术机构团体Ⅱ（群众文化艺术馆）
第四十四卷	文化人才Ⅰ（社科人才）
第四十五卷	文化人才Ⅱ（社科人才）
第四十六卷	文化人才Ⅲ（图书情报人才、档案人才、文博人才、新闻人才、出版人才、文艺人才）
第四十七卷	文化人才Ⅳ（体育人才、网络文化人才、动漫人才、民间文化人才）
第四十八卷	宗教文化、民族语言文字Ⅰ（教职人员、宗教经卷）
第四十九卷	宗教文化、民族语言文字Ⅱ（宗教活动场所）
第 五 十 卷	宗教文化、民族语言文字Ⅲ（宗教活动场所、民族语言文字）